CONTES DE LA CHAMBRE DE THÉ

« Espaces libres »

SOPHIE DE MEYRAC

CONTES DE LA CHAMBRE DE THÉ

Préface d'Henri Gougaud

Albin Michel

Albin Michel
■ *Spiritualités* ■

Collection « Espaces libres »
dirigée par Jean Mouttapa et Marc de Smedt

Conter, éventail que l'on déploie
quand chaque pas est un geste
chaque mot un trait d'union
et le silence, le thé du conte

Préface

Sophie de Meyrac a longuement voyagé en Chine, au Japon, au Tibet. Elle n'en a rien rapporté qui ne puisse peupler le moindre livre de philosophie ou de sagesse. Des contes. Seulement des contes, mais qui célèbrent sans bruit ce qui constitue l'essence même de la culture extrême-orientale : le thé, dans lequel, dit Okakura[1], « l'initié est à même de goûter tout à la fois l'exquise retenue de Confucius, le piquant de Lao Tseu et le parfum éthéré du Bouddha Shâkyamuni lui-même ».

Les histoires offertes ici à la dégustation du lecteur sont en effet semblables à ce breuvage qui fut longtemps, avant d'être un plaisir, une médecine. Les contes autant que le thé participent du même art : celui de la relation, du partage, de l'être-ensemble.

Le principe du chado – la voie du thé – est simple. Quelques amis, hors des remuements du monde, se réunissent dans l'espace intime et paisible de la chambre de thé. Lumière ombreuse, une branche fleurie dans un vase, une calligraphie au mur, rien d'autre. Les convives goûtent la

---

1. Okakura Kakuzô, *Le Livre du thé*.

saveur de l'instant, celle de la coupe brûlante, celle des contes qu'ils se disent à mi-voix. Les nouvelles et les disputes du monde n'ont pas ici leur place. Seules sont partagées les paroles sans importance apparente, mais qui pourtant font briller les regards et ouvrent, dans la pénombre de l'esprit, des portes inattendues.

Les contes de la chambre de thé sont ainsi. Ils ont le parfum fragile mais combien émouvant d'un au-delà des apparences où le silence émerveille, où les cœurs battent à l'unisson. Ils constituent une religion, au sens premier du terme : ils nous relient, intimement. Comme le thé. Okakura, encore : « L'art du thé consiste à dissimuler la beauté que l'on est capable de découvrir, et à suggérer celle que l'on n'ose révéler. »

Sophie de Meyrac est une parfaite servante de cet esprit-là. Elle a ce qu'il faut de sobriété, de précision, de sensibilité et de culture, je veux dire : d'attention amoureuse envers les usages de ces pays qui l'ont accueillie. Qu'elle soit ici remerciée pour le plaisir qu'elle m'a donné et qu'elle donnera, assurément, à ceux qui voudront bien franchir le seuil paisible de sa chambre de thé.

Henri Gougaud

Introduction

Le thé, en Asie, est une boisson précieuse. C'est aussi une longue tradition, un art de vivre – on ne consomme pas le thé en sachet au coin d'une table, vite, le matin. Le thé a mûri sous le soleil et la brume, il a été cueilli à la main.

En Chine, il existe des centaines de thés, certains sont des thés de collection, et on parle de grand cru de thé comme de vin. Le thé ne se boit pas, il se sirote. Venant de telle montagne précise, une légende est rattachée à ce lieu, à ce thé. On dit que le thé rend immortel l'ermite ou le poète retiré qui part en randonnée sur les nuages vers l'île des immortels, les légendes racontent leur thé et leurs aventures.

Au Japon, le thé est offert par un maître à son hôte au cours d'une cérémonie qui a lieu dans la chambre de thé, située au cœur du jardin. Le thé est une voie de méditation, le geste pour le préparer est important. Il y a eu de grands maîtres de thé dont on s'inspire encore, contes et anecdotes évoquent ces personnages illustres, qui étaient aussi calligraphes, peintres et poètes.

Le thé a circulé, il s'est répandu en Asie grâce aux caravanes emportant avec elles des briques de thé compressé pour le voyage. Le thé venait du Yunnan et prenait la Route de la Soie par la caravane du Tibet. Le long de la Route s'élèvent des maisons de thé, les *tchay khaneh*. D'un pays à l'autre, c'est toujours le thé mais la tradition change, la manière de le préparer, de le déguster. Ce thé mené par les caravanes est échange et partage. Dans ces maisons de thé de passage, on raconte les histoires venues d'ailleurs en leur donnant d'autres colorations, qui se répandent elles aussi tout le long de la Route de la Soie.

Pour les uns, le thé est cérémonie, pour les autres, dégustation de gourmet ou art de recevoir.

C'est un moment si essentiel de la vie quotidienne qu'au Japon on dit de quelqu'un qu'il a « trop de thé », ou « pas assez » pour signifier qu'il est trop émotif et débordant ou qu'il a le cœur un peu sec.

Le thé est aussi voie intérieure de méditation. Le thé est le temps, l'espace du temps.

Le thé est espace de rencontre également. Chaque culture a sa manière, son univers, une rencontre n'est pas uniforme, rien ne sera jamais réellement mondialisation, même si les échanges économiques se multiplient, même si partout c'est devenu un moment privilégié.

Il est partage universel. En Angleterre, on dit : « *Make tea, not war.* »

*

Ce livre se décline en cinq parties.

La première présente les légendes des noms de thé chinois.

Il y a deux Chine : à la Chine politique d'aujourd'hui, il est difficile d'adhérer pleinement quand on en connaît les effets. Les yeux étant dessillés, on ne peut les refermer. Je voulais dire cette Chine culturelle que j'aime, les peintures, la musique, la fête d'automne, les paysages, le thé, les nombreuses minorités, les immortels, les poètes rencontrés, la montagne magnifique....

Chaque montagne a son thé, chaque thé a son histoire, sa légende. Les légendes sont tirées du livre chinois *Les légendes des noms de thé de Chine*, remis aimablement par M. Durand-Dastès, professeur d'université. Sa traduction a été assurée par une amie indochinoise. J'ai effectué un choix parmi toutes ces histoires qui étaient parfois très semblables et j'en ai adapté certains passages afin de les rendre compréhensibles au public occidental.

La deuxième partie raconte les contes des origines du thé, de ce qui constituera l'univers du thé.

En troisième partie, on trouvera le texte-cadre du spectacle dont les contes figurent dans ce livre, créé pour les Voies de l'Orient à Bruxelles en 1998.

La quatrième partie déploie certains aspects de l'univers du thé. Pour accomplir la cérémonie du thé au Japon, quatre principes sont appliqués qui tiennent en quatre mots : harmonie, pureté, respect, sérénité. La cérémonie est faite aussi de quelques autres éléments clés comme la théière et le bol, tenus par l'hôte et l'invité, leur manière de les prendre et de les recevoir, le moment du thé, l'offrande du thé (l'esprit avec lequel on prépare et l'on goûte le thé), la maison de thé entourée d'un jardin. Ces quatre éléments sont le temps et l'espace bien particuliers de la cérémonie qu'évoquent les contes.

Les contes de la cinquième partie ne parlent pas directement du thé mais appartiennent aux pays qui bordent la Route de la Soie où les caravansérails et les maisons de thé accueillaient le voyageur et la caravane. Ces contes invitent au voyage, invitent à entrer en soi et à faire son chemin. Comme la voie du thé, comme le voyage sur la Route, on quitte le monde pour vivre le voyage, on change, on quitte le thé matériel pour entrer dans son esprit. Pour explorer et pénétrer l'esprit du thé, qui est harmonie, respect, simplicité et sérénité, quelques contes évoquent ces quatre aspects, ponctués d'évocations de certains moments de thé que j'ai vécus, ou d'autres...

                                    *

Ainsi, il y a les contes de thé puis le thé des contes.

Le thé est poésie : à la fin de la longue cérémonie japonaise, celui qui goûte le thé, l'invité, dit une phrase poétique pour célébrer le moment, phrase spontanée qui est le reflet du cœur. Ces contes peuvent être considérés comme autant de phrases poétiques qui font rêver, qui sont un goût du thé, un aspect du thé.

Quelques poèmes, quelques anecdotes, quelques phrases parsèment aussi le livre. Ils ont été écrits par les maîtres zen et les amateurs de thé qui ont marqué l'histoire.

Faire le chemin à travers les contes, devenir présent

à soi-même, goûter le thé des contes… Avec le désir que le lecteur voyage avec lui-même, d'un voyage beau, sincère, j'ai voyagé moi-même.

Voyage, à pied, avec rien, sur la terre immense, sous le ciel vaste : bonheur intense… La Route de la Soie est multiple, elle est la route du parfum, des chevaux, du jade, des pierres précieuses, des médecines, de la religion, du thé. Et des histoires.

Lecteur, je souhaite que ces contes t'apportent paix et bonheur, à tout le moins te fassent rêver, te libérant un moment des tracas et de l'agitation du quotidien ; puisses-tu transmettre cela à ton entourage.

*

Au temps du temps d'autrefois …

C'est la ville ancienne de Xian, aux confins de l'empire. Elle est bordée de hautes murailles, quatre portes aux quatre orients la gardent des tribus barbares. À l'intérieur des murailles, des maisons autour de cours intérieures et de jardins forment parfois un quartier entier. Entre ces murs serpentent des dizaines de ruelles étroites. On ne voit rien, on n'entend rien. De ces quartiers, un silence mystérieux prolonge la marche… Près de la mosquée, les ruelles sont couvertes de toiles, des carrés de tissu protègent les étalages.

Aujourd'hui encore les murs résonnent des bruits d'autrefois, ceux des caravanes, cris des chameliers, chevaux qui hennissent, et chants du départ…

Il faut voir la longue file des dromadaires chargés de richesses, et les cavaliers, leur longue lance au côté, aller et venir tout le long de la caravane. Les serviteurs mènent les dromadaires et les chevaux, les enfants courent en tous sens en riant, les femmes voient les maris partir pour des mois, des années, peut-être pour toujours, leurs prières s'élèvent vers le royaume des dieux...

Déjà la caravane disparaît à l'horizon entre les hautes dunes, elle passe la porte de Jade. Sur les parois de l'énorme forteresse, on grave un dernier poème et l'on prend le chemin. Devant soi, le désert. On est sur la Route. Un pas, dix mille pas. Il n'y a pas d'horaires, ni jour ni nuit. Au temps de l'homme, au rythme des bêtes. Sous le regard des dieux. Parfois brigands et démons ...

Quand les bêtes sont fatiguées, la caravane s'arrête, on les fait boire et manger, elles se reposent.

On marche, regardant devant soi sur la Route longue. Immense à l'infini est le pas.

Des mois des jours, qu'importe, on marche, le but s'évanouit avec le sable et le vent.

A-t-on un but, vraiment, seule compte la marche elle-même qui emplit l'homme. Quand tout devient respiration ample, quand l'univers va, de lui-même, au plus profond du cœur, sans séparation aucune...

Dans le caravansérail, les hommes se rassemblent, tous s'assoient ensemble.
Ils fument la pipe à eau,
dans les odeurs de sueur et de poussière et de musc.
Entre les volutes de fumée,
un marchand émiette la brique de thé.
L'eau chauffe, on sirote le thé brûlant.
Le parfum des roses imprègne la cour intérieure,
Tout se mêle à l'ivresse...

Les hommes composent des poèmes,
Ils chantent l'amour de Dieu, la femme, l'extase.
Dire des paroles d'amour fait tourner même les étoiles.
Le voyageur raconte.

Au temps d'autrefois…

Légendes des noms de thé chinois

Le thé *Puits du Dragon* (Longjin cha)

Au moment de la récolte, les jeunes filles se lèvent à quatre heures du matin. Elles se rendent dans les jardins de thé sur la montagne. Dans les brumes de l'aube, elles cueillent les feuilles d'un geste sec et net, puis les mettent dans la hotte sur leur dos. Les garçons vident les hottes dans de grands baquets. Dans le profond silence de la montagne, les garçons et les filles s'envoient des chants d'amour. Ces chants résonnent jusqu'au bas des pentes, au bord du village…

À l'entrée de ce village est une vieille maison basse. Au fond de la cour intérieure vit une vieille femme. Son visage est rond comme la lune, ses cheveux blancs serrés en bandeaux autour de la tête. Elle passe ses journées assise sur un tabouret à bavarder avec les villageoises. Invariablement, au milieu de la matinée, elle se lève et va auprès de ses théiers à l'entrée de la cour. Des théiers de couleur pâle. Elle prélève quelques feuilles de son geste tranquille. Elle prépare le thé en

quantité qu'elle fait porter aux jeunes gens dans les jardins, pour leur donner de la force. Puis elle revient
s'asseoir, fait glisser de la large manche de sa veste une
pipe longue et fine. Elle tire quelques bouffées, les
yeux plissés. Son regard va par-delà les hautes collines.
Les autres femmes parlent peu.

Jamais elle ne demande quelque chose en échange,
bien qu'elle soit très pauvre. Sa bonté est connue de
tous, au-delà du village.

Un jour, sa réputation parvient aux oreilles d'un
riche marchand. Il parcourt le pays à la recherche de
thé. Une telle femme doit posséder des théiers rares. Il
monte les collines jusqu'à son village. Il est reçu dans
la cour intérieure de la maison. Il s'installe sur un des
tabourets, elle pose un bol devant lui. Ils parlent du
temps, du thé, du Tao.

Au milieu de la conversation entre une jeune fille.
Elle porte un tablier rouge sur un pantalon de grosse
toile bleue. Son visage est frais et rose, comme celui de
toutes les jeunes filles de la montagne. Elle est vive et
spontanée, le marchand de thé est sous le charme. La
vieille femme sourit : c'est sa petite-fille.

Toutes les deux préparent du thé. La petite-fille le
verse dans les bouillottes de thé, prend quelques bols
de terre cuite un peu grossiers, elle charge la hotte
pleine sur son dos et part dans les jardins. Le marchand observe la scène, ravi. La vieille dame lui dit que
la petite monte le servir aux jeunes gens qui font la
cueillette. La réputation de cette vieille femme n'est
pas vaine.

Le thé refroidit. Enfin il le boit. Mais son goût est
très commun.

Au moment de partir, il lui dit :

« Une vieille femme comme vous, bonne et généreuse, mériterait de devenir riche.

– Je suis heureuse d'avoir un toit et de ne pas avoir faim. »

Le marchand veut la récompenser et lui propose de l'argent, elle est offusquée. Il tient à l'aider mais ne sait comment. Quand il remarque dans un coin de la cour un vieux mortier.

Ce mortier est rempli de feuilles décomposées, visiblement il ne sert plus depuis longtemps. Elle s'excuse de son vieil âge qui l'empêche de l'utiliser. Autrefois, elle broyait les feuilles de thé, en faisait une pâte qu'elle coulait dans des moules. Les briques de thé rondes étaient séchées puis vendues dans la vallée, les caravaniers appréciaient ce thé facile à transporter.

Tant d'émotion dans la voix de la vieille dame ! Il lui suggère d'apprendre le geste à sa petite-fille. La vieille femme lui explique que la petite ne peut tout faire, l'an prochain elle montera dans les jardins et deviendra cueilleuse. Le marchand, spontanément, propose d'acheter le mortier, il l'emportera plus tard. Elle accepte volontiers.

Il revient le lendemain, accompagné de ses porteurs. Le mortier a été nettoyé, il est blanc, comme neuf. Le marchand est dépité. Qu'a-t-elle fait du contenu ? Des vieilles feuilles noires pourries ? Elle les a toutes ôtées. Où les a-t-elle mises ? Éparpillées au pied des théiers ! Le riche marchand se sent *mama huhu*, « mi-cheval mi-tigre » ! Ces feuilles décomposées étaient pleines de vertus, il aurait pu en faire des médecines. Mais en même temps il sourit en regardant les théiers. Puis les porteurs chargent le mortier et tous se retirent.

Au printemps suivant, les théiers ont changé d'aspect. Ils sont devenus d'un beau vert profond. Quel goût peut donner un tel thé ? La vieille femme cueille les feuilles, prépare l'eau. L'infusion est d'une couleur vert jade transparent, lumineux. Son parfum délicat reste longtemps en bouche. Ce thé allie force et délicatesse. Elle vend ce thé et en quelques années, elle devient riche, très riche.

La source des Tigres Galopants

Cette année-là sévit une terrible sécheresse. Les champs sont noircis, les rizières crevassées de boue séchée. Les feuilles des théiers sont brûlées. Des fruits, seuls les noyaux poussent. Les gens mangent les feuilles des arbres, aussi racornies soient-elles.

Tous les gens font des prières et des offrandes au roi Dragon qui commande la pluie pour qu'il envoie l'eau bénéfique, mais rien ne tombe.

Au bord de la forêt se trouve un monastère entouré de jardins de thé. Les moines continuent à réciter les prières assis dans la cour. À l'ombre des auvents, la gorge mourante, ils marmonnent de leurs dernières forces.

Soudain deux énormes tigres de la forêt bondissent dans la cour au milieu des moines. Tous se cachent où ils le peuvent, dans les coffres, dans les chambres, deux

25

d'entre eux dans la jarre vide qui est à côté d'eux. L'abbé Xing Kung, par les stores relevés, observe les bêtes.

Les tigres vont et viennent, reniflent l'air, ils semblent chercher quelque chose. Tout à coup ils foncent vers la grande jarre où sont cachés les deux moines. Devant la jarre, ils grattent le sol. Les deux moines sont trempés de sueur. Ils voient les coups de griffe, sentent le souffle rauque des tigres. La terre devient comme du sable. Les moines n'osent pas bouger, muets de terreur. Pendant un long moment ainsi…

Puis, les tigres repartent, aussi vite qu'ils sont venus. Ils sont déjà loin dans la forêt quand les moines, encore cachés dans la jarre, entendent un chuintement, suivi d'un léger clapotis. La terre ramollie par les griffes des tigres devient humide. De l'eau ! Une belle eau claire !

Les deux moines sortent enfin de leur jarre. Fous de joie, ils appellent leurs compagnons. Chacun boit cette eau miraculeuse. L'abbé fait préparer du thé pour redonner à tous force et santé. Avec la réserve de thé de l'année précédente, il offre une cérémonie en hommage aux tigres.

Depuis ce jour, la source ne s'est jamais tarie, on l'appelle la source des Tigres Galopants. Le thé Puits du Dragon se goûte avec l'eau de cette source, alors le thé révèle toute sa qualité. Ce lieu est devenu si fameux que les poètes le chantent :

Comme j'aimerais être moine et vivre toujours ici
Avec ce thé et cette eau pour compagnons !

Le thé de M. Wei

Tous les jours, M. Wei quitte le village à l'aube. Il
va à son jardin de thé. Il suit le sentier dans l'ombre
des collines. Il aperçoit au loin le temple, dont le toit
est envahi d'herbes.

Depuis longtemps, personne ne s'y rend plus. On
dit que des fantômes le hantent. M. Wei pense que ce
sont des commérages, il y a eu des disputes. De vieilles
choses.

Un jour, il entre dans le temple. Dans la pénombre,
il voit des statues abîmées. Parmi elles une statue plus
grande, la déesse de Compassion[1]. Son regard posé sur
le monde semble sourire, M. Wei en est très ému. Il
prend son mouchoir, dépoussière la statue. Dans un
coin traîne un paquet d'encens, il brûle les bâtonnets,
en hommage à la belle déesse, puis il fait un vœu.

À partir de ce jour, quand c'est la pleine lune,
M. Wei se rend dans le temple. Il balaie et prend soin
des lieux. Il allume les lampes et fait brûler l'encens. Il
se repose à son gré, laissant les heures s'écouler. Parfois
il reste devant la fenêtre, à contempler la lune…
M. Wei est heureux. Parfois, il rêve de la partager,
cette lumière, mais il ne sait comment.

Une nuit, il fait un rêve. Dans son rêve, le ciel se
remplit de fleurs, des déesses d'offrandes jouent de la

---

1. La déesse de la Compassion est appelée Guan Yin (ou
Kuan Yin), déesse protectrice qui soulage des peurs et des maux
divers. De nombreux temples sont érigés pour son culte.

musique. La déesse apparaît sur un nuage arc-en-ciel. Elle lui murmure :

> Derrière mon temple est une grotte
> Tu y trouveras un grand trésor
> Prends-en bien soin et partage-le
> Ce trésor durera longtemps.

M. Wei n'attend pas le matin, il part vers le temple. La demi-lune brille dans la nuit, tel le sourire d'un visage qui semble veiller sur lui. Il va le cœur confiant.

L'intérieur de la grotte est sombre. M. Wei palpe les parois, il cherche l'or. Mais il ne trouve rien. Il est déçu. Il creuse le sol, rien non plus. Il se dit : rêve, rien que rêve ! À la sortie, il trébuche sur quelque chose : un arbrisseau minuscule. C'est un théier ! La déesse a parlé d'un trésor. Des théiers, il en possède un jardin entier.

M. Wei plante l'arbrisseau dans son jardin, ne sachant quelle en est la qualité. En deux ans, il devient un grand et beau buisson. Au printemps, M. Wei cueille les feuilles les plus tendres. Petites boules blanches et duveteuses qui tiennent dans sa main. Il prépare le thé. Il prend son temps. L'eau frémit. Il la verse sur les feuilles. Sa couleur est anodine. Le parfum est ténu. Trésor ?

À la première gorgée, son palais s'ouvre, la bouche s'arrondit, le thé envahit tout son corps, il vole entre les nuages vers l'île Penglaï parmi les immortels… Longtemps, le thé imprègne tout son être. M. Wei est heureux.

Le petit buisson donne deux cents autres pieds. Courbé sur les branches, M. Wei travaille dur. Un matin, il réunit ses voisins, il donne à chacun un carré de soie. Dans la soie, quelques semences de thé. Tous imitent M. Wei, ils travaillent assidûment. Les jardins de thé grandissent sur les pentes de la montagne.

Après la première récolte, ils se réunissent chez M. Wei. Dans la cour intérieure de sa maison, tous sont venus, avec leur bol et leur petit tabouret, pour partager le thé. L'épouse passe devant chacun, elle verse l'eau dans chaque bol. C'est la même magie qui demeure dans la gorge. L'épouse aime ce goût de noisette, dit-elle. Mais tous se taisent, transportés.

L'épouse les tire de leur extase : il faut donner un nom à ce thé ! M. Wei raconte son rêve. Dès lors, le nom est une évidence :

« *Tie Guan Yin*, le thé Déesse de la Compassion ! »

Plus tard, le village décide de restaurer le temple. M. Wei est content, son vœu s'est réalisé. La déesse a retrouvé sa dignité, les gens du village offrent prières et encens. Certains, parfois, restent dans le temple.

Tous les jours, M. Wei va dans son jardin de thé. De la colline, il voit les toits du temple. La lumière brille. Sous le toit on a mis les clochettes, on les entend tinter. De loin, M. Wei salue la déesse. Il va vers elle, comme au rendez-vous d'une vieille amie…

Quelque temps plus tard, à côté du temple est apparue une hutte de bambou. La porte est toujours ouverte. Dans la pénombre, on distingue sur la table une théière, un bol de thé, celui de M. Wei. Lui parler ? Il est en randonnée dans la montagne, ou entre les nuages. Il reviendra ? Oui… un jour[1]…

---

1. Depuis ce jour, on cultive ce thé sur la montagne Wu-I du Fujian, dans le comté des Sables.

Le thé *Brume de Nuages* (Yin-wu cha)

Un moine se rend chez le marchand de thé de la firme du Anhui. Enthousiaste, il lui montre le thé Brume de Nuages qu'il a cueilli sur le versant sud de la montagne du Tigre. Le marchand, très intéressé, discute de ce thé rare avec le moine, quand survient un ermite taoïste qui présente lui aussi du thé Brume de Nuages, il affirme l'avoir cueilli sur le versant nord de la montagne du Tigre. Le moine s'écrie :

« C'est impossible, sur ce versant nord ne pousse aucun théier, je suis formel !

– Pardon, vénérable moine, mais ces feuilles proviennent du théier qui se trouve devant ma cabane sur le versant nord de la montagne ! »

Le marchand ne sait qui croire, il propose à chacun de présenter son thé.

Le moine commence à le préparer. Il fait chauffer l'eau, la verse dans une coupe, y jette quelques feuilles de son précieux thé, pose le couvercle dessus. Il attend quelques minutes, puis, d'un geste net et précis, il ôte le couvercle. Un nuage de brume émerge de la coupe, ce nuage est rond, d'une blancheur éblouissante, puis il demeure en suspension devant leurs yeux, durant de longues minutes.

Tous ceux qui sont présents regardent bouche bée, jamais ils n'ont vu cela. Déjà ils veulent acheter le thé du moine, mais le marchand se tourne vers l'ermite et lui demande de préparer son thé.

L'ermite fait chauffer l'eau, la verse dans la coupe, y jette quelques feuilles, puis il couvre la coupe, attend trois minutes et retire le couvercle. On peut voir un nuage de brume s'élever à un mètre au-dessus de la coupe, rond, blanc, comme l'autre.

Déjà les assistants sont déçus, rien de nouveau, quand soudain le nuage s'étire et prend la forme d'une déesse. Une déesse aux yeux en amande, aux épaules rondes comme la lune, à la taille fine comme le bambou, aux ongles comme de petits coquillages, ses longs cheveux répandus autour d'elle comme un voile.

Tous restent muets devant cette apparition, ils le seraient restés jusqu'à ce jour si le moine n'avait éclaté : « Ce thé ne vaut rien, tout cela n'est que le résultat d'incantations magiques ! »

Furieux, il ramasse son sac de thé et quitte la pièce.

L'ermite rit, puis vexé d'être insulté, en un clin d'œil, prend son sac de thé et part.

Le marchand n'a pas eu le temps d'acheter leur thé, ni à l'un ni à l'autre. Mais le lendemain, il était sur le versant nord à la recherche de ce théier magique. Il parcourut toute la montagne mais ne découvrit pas le théier, pas même la cabane, rien, aucune trace de l'ermite. Il dut se contenter du thé du versant sud. Toute sa vie il s'efforça d'obtenir le même résultat.

L'histoire ne dit pas s'il y est parvenu.

*

Le xiao *de Hangzhou*

Au bord du lac de l'Ouest s'étale la ville de Hangzhou. Une pointe de terre avance vers le milieu du lac où se trouvent trois bassins reliés par une diguette. Anneaux

flottants… On aperçoit de loin un toit aux tuiles vernis-
sées. Dans ce pavillon on se délasse. La lune se reflète dans
les trois bassins en même temps.

Goûter le thé… Le bol ne brille pas mais le thé, ce par-
fum… longtemps dans le cœur…

Fallait-il se souvenir du pays natal ? Les longues bran-
ches de saules balançaient, le son du vent dans leur
feuillage rappelait les canaux et les étangs des plaines de
Flandre, et puis ce vent, qui venait parfois de la mer…

Milliers de vaguelettes… le vent balaie la surface en
grands mouvements, dessine lignes et cercles d'un sens,
d'un autre, qui teintent l'eau de noir et d'argent…

Myriades d'étoiles… traces d'or à la pointe du pinceau
du ciel… pénètrent ma chair comme un amant enfin de
retour inspire l'amour. Le vivre tout simplement, sans
rien peindre ni écrire, et c'est peinture et c'est poème.

Les yeux demeurent à contempler les Trois Joyaux.
La nuit s'écoule…
Et l'ivresse… jusqu'au matin où on s'éveille :
la lune a glissé sur le paravent pleine et belle.
Le parfum du thé cette nuit-là ?
D'un rugissement du tigre fend le ciel, et c'est silence.
On s'éveille. Tout est jour, tout est nouveau.
C'est le ciel et la terre.
Ce n'est plus la même terre, ni le même ciel !
Un xiao, *une flûte, à l'orgue à bouche, répond limpide.*

Huangshan, la Montagne Jaune. Des centaines de som-
mets, les pics vertigineux se dressent, plongeant dans des
vallées profondes et raides. On contemple la mer des nua-
ges à flanc de falaise. C'est monter et descendre des esca-

liers interminables aux marches inégales. À mi-pente est
un pavillon perché sur un pic, alentour le ciel bleu, la
roche, rien d'autre. Comme flottant au-dessus de tout. On
peut marcher sur les nuages. Déguster le thé.

*

La grotte des Cinq Vieillards

Sur le mont Lu est un jardin de thé où vivent Chao,
Wang, Liu, Li et Lu, cinq cultivateurs et leur famille.
Chacun d'eux a un fils. Une fois adultes, les fils se
marient les uns après les autres.

Les épouses sont fières, leurs maris travaillent dur
toute l'année, récoltent de nombreux paniers de thé
bleu-vert parfumé. Les jours s'écoulent tranquilles,
elles ne font rien mais tout va bien. Le temps passe, les
vieux ne peuvent plus accompagner leurs fils au travail
dans les collines, les épouses les malmènent, les vieux
tremblent sous leurs cris.

Un matin, vieux Chao ramasse sa vieille couette : il
s'en va. Son fils le retient mais Chao l'écarte : il ne
peut vivre en tremblant de peur tous les jours, il souhaite à tous bonne entente et longue vie, mais lui préfère partir, il est âgé déjà. Il va sur le chemin, quelques
graines de théier dans la poche.

L'année suivante, vieux Wang part sur les traces de
Chao, il entre dans la montagne, il cherche les lieux de
vie, se perd, erre plusieurs jours entre pics et torrents,
appelant : « Vieux Chao, *Chaolao*, *zaijianma*, où es-
tu ? Je viens te rejoindre… » La montagne reste sans

écho, vieux Wang se désespère. Arrivé au sommet, il approche du vide, il ferme les yeux, prêt à se jeter dans le ravin, quand un cri strident retentit. Un épervier jaillit devant lui, le frôle, s'élève dans le ciel, là-haut une ombre noire lui fait signe. Chao !

Wang grimpe de roc en roc. Devant la grotte de Chao, épuisé, il s'évanouit.

Il se réveille sur un lit de pierre. Chao lui offre un bol de thé. Le bon thé d'autrefois...

Chao a rajeuni, Wang l'interroge sur sa santé, Chao se préoccupe des autres compères, Wang raconte. Chao lui recommande le repos, il doit s'absenter un moment, il reviendra bientôt. La nuit tombe, Chao n'est pas rentré.

Le lendemain se passe dans l'attente inquiète. Le soir Wang entend des pas, plusieurs voix, Chao a ramené les trois autres. Contents de se revoir ! D'être tirés de leur malheur ! Autour de la table, en prenant le thé...

Après l'euphorie, l'aménagement de la vie : survivre seul dans une grotte est possible, mais à cinq... et de quoi se nourrir ? Chao écoute en se taisant, il sourit. Puis il se lève : « Allons nous promener ! » Les autres rétorquent : « Mais nous parlons de choses sérieuses et importantes ! »

On le suit entre les falaises. Les brumes enlacent les parois, la montagne respire, jeu de souffles et de nuages... Chao tend le doigt : apparaît une étendue d'un vert jade qui rafraîchit la pierre. Chao raconte. Il est venu avec quelques graines de théier. Que faire face à la mort qui approche ? Il a fait ce qu'il avait toujours fait, un jardin de thé. Florissant. Il le contemple, apaisé, le thé est meilleur ici sous les brumes épaisses.

Les cinq vieux amis cultivent le thé, les clients et les amateurs viennent de loin maintenant.

Quand leurs belles-filles apprennent la nouvelle, cinq vieux compères encore jeunes, elles comprennent qu'ils ont un secret, le secret de la longévité. Elles vont dans la montagne, parviennent au mont Lu, cheveux défaits, pieds endoloris. De loin, elles observent les cinq vieux cueillir le thé. Une auréole de nuages flotte au-dessus de leur tête : le souffle magique ! C'est le souffle d'or qui donne jeunesse éternelle ! Les voilà devenus immortels !

Mais elles aussi désirent devenir immortelles : « Il nous faut ce souffle, parlons-en à nos maris, qu'ils le leur prennent ! »

Quittant leur cachette, elles redescendent dans la vallée, annoncent la nouvelle aux maris : « Il faut chasser les vieux, prendre cette plantation. » Les cinq maris tombent dans un ravin.

Les cinq vieux amis ignorent tout de ces événements. Ils vivent heureux de longues années puis disparaissent. Les plantations demeurent.

On appelle la montagne « mont des Cinq Vieillards », la grotte « grotte des Cinq Vieillards » et leur thé « Nuages et Brumes ».

Quand l'empereur connut cette histoire, il en fut très ému, il calligraphia de son pinceau les trois lettres : mont Cinq Vieillards. Cette calligraphie est placée à l'entrée de la grotte, les lettres se voient encore, polies par les âges…

Le thé *Une Seule Feuille* (Yi erh cha)

Le vieux marchand de thé approche de la fin de sa vie. Il a une famille nombreuse, mais le fils aîné est encore jeune. Le père s'inquiète : comment son fils pourra-t-il assurer la subsistance de toute la famille quand lui-même ne sera plus de ce monde ? Son fils est si jeune…

Leur village est situé au bord d'un fleuve. Cette année-là, le fleuve sort loin de son lit. Le bétail est emporté, les maisons aussi, les gens sont démunis. Les villageois entendent parler d'un thé qui guérit des épidémies. Avant qu'elle ne se déclare, le père envoie son fils en voyage pour rapporter un plant de ce thé. Il lui donne trois pièces d'or pour l'achat du théier et de la menue monnaie pour la route. C'est faire d'une pierre deux coups : à l'avenir, le fils pourra vendre ce thé unique qu'aucun autre marchand ne possède en boutique.

Le fils quitte la plaine et parcourt les montagnes du Nord. Il fait le tour des jardins de thé. Ce qu'on lui présente comme variété rare ne l'est pas, chaque fois il repart déçu. Très vite, l'argent du voyage est dépensé, il déchante et envisage le retour. Ah, tous les villageois qui ont mis leur confiance en lui ! Il n'ose plus se regarder en face.

Cependant, il entend parler d'un thé exceptionnel situé plus au sud. C'est sa dernière chance, et c'est une nouvelle déception. Il retourne chez lui.

En chemin, une charrette tirée par un âne s'arrête à sa hauteur. Le marchand qui la conduit lui propose de monter, la route est longue jusqu'à la ville. Le garçon remercie, le marchand répond que c'est un honneur pour lui.

À l'arrière est assis un ermite. Tous deux sympathisent et le garçon raconte son voyage. L'ermite lui propose de se reposer quelques jours dans son ermitage avant de rentrer, il ne sera pas retardé car la charrette repassera pour le déposer à bon port. L'ermite l'assure encore qu'il ne le regrettera pas. Le garçon accepte, heureux de la rencontre et curieux de l'aventure. L'ermite fait arrêter la charrette au pied d'une colline bordée de vieux pins, tous deux descendent. Le sentier grimpe hardiment la côte.

Au sommet de la colline, le garçon découvre une cabane entourée d'un jardinet et d'une barrière. L'ermite prépare le repas. Puis il offre le vin. Sous les lueurs de la lune peu à peu l'ivresse les gagne, ils dansent.

L'ermite emmène le garçon sur l'autre versant de la colline, dans un jardin de théiers sauvages. Le garçon s'arrête, ébahi : leurs feuilles sont aussi larges qu'une main d'homme, jamais il n'a vu cela ! Il exulte, il n'a pas perdu le nord ni son temps ! L'ermite vante les qualités de ces théiers : « Une seule feuille désaltère un village entier ! Une seule feuille chasse la maladie ! »

Le garçon demande combien coûte un plant. L'ermite lui demande s'il possède de l'or. Le garçon déchire la couture de sa ceinture et montre les trois pièces d'or confiées par son père. L'ermite sourit : « Un plant de théier, trente pièces d'or. »

Le garçon range ses pièces. L'ermite ajoute : « Un plant, trente pièces d'or. Trois pièces, une feuille de thé. »

Le garçon accepte. L'ermite choisit une feuille et la donne au garçon.

Le garçon rentre chez lui. Son père, impatient, le reçoit immédiatement. Avec précaution, le garçon dénoue son mouchoir et tend à son père l'unique feuille de thé. Le père tient cette feuille dans la main sans comprendre, puis, en tremblant, il crie : « Comment oses-tu, fils indigne ! Sans goûter ce thé ! Et une seule feuille ! Qu'allons-nous faire pour vivre ? Va-t'en, que je ne te voie plus jusqu'à la fin de mes jours ! »

Furieux, le père chasse son fils.

Le garçon quitte la maison. Comme il est connaisseur en thé, il est engagé dans une firme de thé voisine, ainsi il peut rester près de son village natal.

L'eau de la rivière qui a débordé stagne durant de longues semaines. L'été vient, le soleil frappe dur, l'épidémie se déclare. La moitié du village est touchée, le père du garçon également.

Le garçon, pris de pitié, désire les sauver. Il se souvient de l'unique feuille de thé et de ses vertus. Et si c'était vrai ? Le garçon brave l'interdiction de revenir. Malgré les serviteurs offusqués, il entre dans la chambre du père qui est malade sur son lit.

Le garçon s'approche : « Père, avez-vous gardé la feuille de thé ? »

Le père ne peut répondre. Le fils cherche dans la chambre, les serviteurs s'enfuient, horrifiés devant ce fils qui se conduit si mal, mais il s'agit de sauver le village et son père. Rien ! Où a-t-il pu mettre cette feuille ? Le père pris par la fièvre s'agite : à côté de l'oreiller, la feuille de thé ! Froissée…

Le garçon fait préparer un grand chaudron d'eau. Il jette la feuille dans l'eau chaude, en faisant le vœu qu'elle guérisse. Au contact de l'eau, la feuille se déroule, s'allonge et couvre toute la surface du chaudron. Puis la feuille gonfle, s'en dégage une odeur de miasmes terrible. L'eau prend une teinte répugnante, certains serviteurs sortent de la pièce en se pinçant le nez. Le garçon persévère et verse le liquide dans les bols, puis les fait porter aux malades du village. Les malades peinent à avaler cette boisson. Mais quand ils ont vidé le bol, il reste dans le fond de leur gorge un petit goût sucré… le goût de la vie. Tous guérissent !

Pendant ce temps, le garçon a porté un bol à son père. Quand il est arrivé dans la chambre, le père venait de partir pour les grandes terres souterraines, sa mère se tenait à la tête du lit, les serviteurs de l'autre côté…

Plus tard, le village rassemblera l'argent nécessaire et enverra le garçon chez l'ermite. Le garçon lui offrira des présents pour le remercier et rapportera un plant entier de ce théier miraculeux. Il vivra dans l'aisance toute sa vie, lui et sa famille.

Le thé des Singes (Hou erh cha)

Dans une montagne isolée où seules vivent les bêtes sauvages se trouve le monastère de la Sagesse. Il est entouré de forêts au fond d'une vallée encaissée. Les moines vivent de la récolte des fruits et de la cueillette du thé. Ils ont le crâne rasé et sont vêtus d'une simple tunique bleu foncé.

Ce jour-là, le jeune novice travaille dans le verger. Les poires sont presque mûres, demain on commencera la récolte. Il se repose un moment et admire le verger. Des cris perçants éclatent dans le ciel, une cavalcade de singes dévale les pentes de la montagne, saute par-dessus le mur, déferle dans le verger. Les singes s'installent dans les arbres et dévorent les poires mûres.

Le novice reprend ses esprits et court chercher de l'aide. Les moines brandissent des bâtons et crient pour chasser les singes. Ceux-ci hurlent de toutes leurs dents pointues. Les moines frappent les arbres de leurs bâtons, les singes arrachent les derniers fruits, puis s'enfuient dans la forêt.

Fruits avalés, branches cassées, herbe piétinée, c'est un vrai gâchis ! Et que va dire l'abbé ? Lui qui tient tant à ses poires ! Lui qui est réputé pour ses colères ! Alerté par les cris et les bruits de lutte, l'abbé survient, déjà les moines baissent la tête. Le novice explique ce qui s'est passé. L'abbé fronce les sourcils : « Si les singes sont venus jusqu'ici, la faim les aura poussés, sûrement. C'est une grosse perte pour nous, mais nous devons avoir de la compassion pour les animaux. S'ils reviennent, laissez-les venir ! »

Quelques semaines plus tard, la neige tombe, beaucoup plus tôt que les autres années. Une épaisse couche blanche couvre la forêt, les points d'eau sont pris par la glace. Les animaux meurent gelés.

Un après-midi de froid plus intense, la troupe de singes fait irruption dans la cour du monastère. Cer-

tains entrent par les fenêtres, d'autres forcent les portes : ils ont faim. L'abbé ordonne aux moines de leur
donner de la nourriture. Les moines prennent deux
grands sacs de lin, les remplissent de fruits et les déposent vite dans la cour. Les singes se rassemblent autour
des sacs. Parmi eux se trouve un singe plus grand qui
porte une touffe de poils blancs sur le crâne. Il fait
signe à deux musclés de porter les sacs, et tous repartent vers la forêt.

Au moment de partir, le grand singe se retourne vers
l'abbé comme pour le remercier. L'abbé s'étonne :
« Qui est ce singe ? S'ils reviennent, nous les accueille-
rons comme des amis… »

Ce terrible hiver s'éloigne. Les bourgeons ornent les
arbres de fleurs, les jeunes feuilles apparaissent sur les
théiers, bientôt c'est le moment de la récolte.

Tous les jours, les moines cueillent les jeunes
feuilles. À midi, le soleil est trop chaud, ils s'arrêtent.
Dans les arbres, autour du jardin, les singes observent
les moines avec attention. Les moines se sont habitués
à leur présence.

Un jour, au milieu de la matinée, le grand singe aux
poils blancs lance un cri bref, s'élance et tous le suivent. Les moines, inquiets, s'interrogent. Ils rentrent
au monastère. Deux grands sacs de lin sont posés au
centre de la cour, les mêmes mais remplis de feuilles de
thé. Les moines, tout joyeux, s'exclament : « C'est
comme des amis qui reviennent avec des pêches quand
on leur a donné des poires ! »

L'abbé examine les feuilles, leur couleur est d'un
vert tendre et léger, il décide de les goûter. Il fait pré-

parer l'eau. Ce thé est légèrement doré. Il déguste, les moines aussi. Le parfum du thé est délicat et aérien.

Le lendemain, les singes sont assis sur les murs du verger. À nouveau, dans la matinée, le grand singe à la touffe blanche lance son cri, toute la troupe disparaît. Mais on les suit. Trois moines courent derrière eux. Les singes les entraînent jusqu'au pied d'une falaise. Ils s'arrêtent devant des arbres gigantesques : des théiers sauvages ! Leur tronc est si large que les trois moines doivent tendre leurs bras pour en faire le tour. Ces théiers sont si hauts, plus de dix mètres, impossible pour un homme de ramasser les feuilles sur le sommet, seuls les singes peuvent le faire.

Les moines remercient les singes[1]. Même les bêtes sauvages peuvent faire preuve d'entraide et d'humanité ! Dès lors, le monastère se trouve moins isolé dans cette vallée lointaine...

Le thé Pu erh cha

Il y a quelques centaines d'années, dans la région Pu erh du Yunnan, sur la montagne Xu Li, au sud de la ville Bi shuo, se trouvait un enclos habité par un Hani. On l'appelait « grand frère Wang », il vivait avec sa femme Belle Allure.

Wang était robuste et fort, un cultivateur de riz expérimenté. Il soignait également une petite planta-

---

1. Depuis ce jour, on dresse les singes pour en faire la cueillette.

tion de thé. Tôt le matin, il se rendait avec sa femme sur la colline de thé pour labourer, désherber, enrichir le sol. Leur plantation devenait de plus en plus verdoyante et les feuilles de thé denses.

Wang entretenait de bonnes relations avec les familles avoisinantes des peuples Han, Hani ou Yi, il les invitait souvent chez lui et leur servait une tasse de son excellent thé. Avant de repartir, il leur versait dans les mains une pleine poignée de ces bourgeons de thé qui avaient la forme de becs d'oiseau. Ainsi le thé de Wang était connu. Chacun vantait ses vertus : « Le thé de Wang, quand le vieillard le boit, il voit ses forces augmenter, les jeunes leur énergie, les femmes la fécondité, l'enfant sa croissance, et le malade trouve guérison ! »

Cette réputation se répandit partout si bien qu'elle parvint au bureau de l'administration locale. L'adjoint Yi de la bourgade de Ta l'aimait beaucoup. Un jour, il se rendit à la plantation avec une troupe de serviteurs, il se prélassait en chaise à porteurs.

Ce jour-là, Wang roulait les feuilles de thé avec précaution. Quand il entendit la troupe à l'entrée de sa demeure, il ne se leva pas pour les faire entrer, il continua sa tâche. Le chef du village s'approcha de lui, penaud : « L'adjoint du sous-préfet est là, levez-vous pour le recevoir et préparer un bon thé, ne faites pas le sourd ni le sot ! »

Wang ne dit mot, remua encore moins, et Belle Allure s'empressa de venir vers l'adjoint avec un sourire feint, elle craignait que son mari ne leur attire des ennuis par son silence. Elle mit l'eau à bouillir.

L'adjoint, le Tong pan, nourri grassement jour après jour de canard et de poisson, aspira quelques gorgées à grand bruit, sentit une douce saveur pénétrer son cœur, son corps gras sembla fondre sous le breuvage, la graisse superflue éliminée, il se sentit si léger : « Bon thé ! Bon thé ! Je ne suis pas venu pour rien ! »

Ce fut tout ce qu'il put dire. Wang semblait ne pas l'entendre, il continuait à rouler les feuilles, insensible à la satisfaction de l'adjoint. Sans gêne, l'adjoint fit le tour de la plantation avec ses hommes, puis il revint et planta ses bottes sonores devant Wang : « Petit vieux, j'achète tout ton thé ! »

Wang manqua s'étrangler de fureur ! Comme si on lui avait asséné un grand coup, il vacilla, mais ne répondit rien.

Le chef du village le pressa d'accepter :

« Son Honneur apprécie votre thé et vous offre d'acheter la récolte, c'est bonne aubaine, bon argent, montrez votre reconnaissance, pensez au village ! »

Wang lâcha : « Cette plantation est mon œuvre, je vends mon thé à qui je veux ! »

Belle Allure se précipita, s'excusa : « Le père de mon petit Wa est un ours, il ne connaît pas les mots, veuillez le pardonner. Puisque vous appréciez ce thé, prenez-le, nous acceptons ! » Elle sortit les deux hottes de thé prêtes, le cœur de Wang se fendit en deux.

Mais l'adjoint était un homme stupide et cruel, il ne la crut pas et fit fouiller la maison, la soupçonnant de cacher d'autres hottes de thé dans quelque recoin secret. Il ne trouva rien et pour se venger : « À partir d'aujourd'hui, votre famille produira ce thé uniquement pour mon usage, vous donnerez deux cents hottes par an ! Si vous ne pouvez atteindre ce chiffre, vous paierez l'amende et vous serez décapités ! »

Il partit dans sa chaise à porteurs, laissant les villageois tête basse, impuissants.

Wang cracha sur le départ de l'adjoint, il jeta l'argent dehors, Belle Allure le ramassa : « Garde cet argent pour nos besoins, à tout le moins pour notre enfant, quand on vit sous un toit bas il faut savoir courber la tête ! »

Wang poussa un soupir douloureux, se terra dans un coin et ne dit plus mot à personne.

Brisée, l'harmonie du village, et que dire de celle du couple…

L'adjoint, fier de lui, ne trouvait plus le sommeil, il remuait ses pensées et désirait un avancement : « Si j'offre ce thé au sous-préfet, je serai récompensé ! »

Le sous-préfet apprécia ce thé rare : « Bon thé, thé sans égal ! » Il fit envelopper ce thé et se rendit chez le préfet.

Le préfet apprécia ce thé rare : « Bon thé, un délice, vraiment ! » Il fit envelopper le thé et se rendit à la capitale pour présenter le rapport annuel ainsi que le cadeau que tout préfet devait offrir à l'empereur une fois par an. Il offrit, avec grande pompe, ce thé rare pour témoigner de sa fidélité.

L'empereur apprécia ce thé : « Quel bon thé, ce thé est un miracle ! »

L'empereur donnait un banquet auquel il avait convié les grands mandarins, le thé fut bienvenu, une providence après les mets abondants et recherchés. Tous reconnurent la qualité exceptionnelle de ce thé.

L'empereur, satisfait, fit classer ce thé comme tribut annuel.

Ainsi, l'administration, d'échelon en échelon dans cette longue hiérarchie, par cupidité et désir de promotion, avait confisqué la belle plantation de Wang !

Wang depuis a disparu, le *Pu erh cha* connaît une réputation mondiale. Mais à quel prix…

On appelle cela la mondialisation…

*

De Kunming à Paris

À Kunming, on peut marcher dans des ruelles à l'infini, entre des murs autour des cours intérieures, sans jamais apercevoir quelqu'un, que porte close. Enfin une maison de thé ouverte entièrement sur le ciel. Des petits tabourets, quelques tables, une femme jeune encore passe. En petites chaussures de toile noire brodées de fleurs, silencieuse, elle verse l'eau chaude sur les feuilles dans le bol de céramique petit et étroit. On déguste plusieurs tasses avec les mêmes feuilles, à longueur de temps.

Le temps s'écoule, personne ne fait rien. Il y a pourtant de l'animation, les jeunes jouent au jeu de go sur les tables en pierre gravée. Les vieux viennent avec leur cage couverte d'un tissu sombre, ils l'ôtent en arrivant, font chanter leur oiseau, puis on accroche les cages sous l'auvent et les oiseaux font des trilles en chœur, on apprécie la qualité de leur chant, on fait des concours.

On regarde devant soi, autour, rien ne se passe, et pourtant… ce mouvement… un souffle circule entre les gens, ceux qui jouent, ceux qui boivent, immobiles. Seuls les bruits naturels. On prend le temps, inlassablement, comme si on le buvait, l'ayant manqué si souvent. Sans exigence, sans attente, pas d'éclats. Tout s'approfondit. Une respiration géante semble nous réunir, nous englober dans quelque chose de plus vaste que soi-même, imperceptible, on médite, sans rien connaître de cet univers, de ce langage à ce moment-là, ce ne fut que plus tard...

Xian ! Ce dédale des ruelles du marché, si étroites sous les tissus de couleurs vives tendus d'un mur à l'autre, toits de fortune pour se protéger du soleil. Plus loin, la mosquée et ses jardins, la grande stèle noire, tout en marbre, et les portes de bois finement sculpté... Goûter le thé à la mosquée...

Un jour, j'ai la chance d'assister à une représentation des cérémonies de thé réservées à l'empereur, à l'impératrice, ou pour fêter un anniversaire. Chaque fois, en costumes différents, théières et coupes particulières, thé choisi avec minutie, les filles accomplissaient des gestes précis. Ce fut tel un délassement exotique ! Pourtant le lieu ne l'était pas, c'était la Semaine du thé, un événement organisé à l'ambassade de Chine à Paris. Mais quels thés : excellents !

Un volumineux paquet de thé Aiguilles d'Argent me fut offert, thé de printemps, dans un papier doré.

*

Le thé Pivoine Blanche (Baimudan cha)

Mao Yi est un préfet intègre, tout le portrait de son père. À sa mort, Mao Yi hérite de sa fonction, grâce à cela il peut prendre soin de sa mère. Ils sont très liés l'un à l'autre.

Un soir, Mao Yi rentre chez lui, sa mère pleure discrètement, il s'inquiète. Elle pense à son mari défunt. Toute sa vie il a rendu service au pays mais les ministres félons ont eu raison de lui. À présent ces hommes cupides sont au pouvoir et martyrisent le peuple. Mao Yi soupire, il le constate tous les jours. Sa mère craint pour l'avenir, elle désire se retirer dans la montagne.

Mao Yi ne peut laisser partir sa mère, seule et livrée aux dangers des routes. Lui-même est pris entre deux feux. Le gouvernement a augmenté les impôts, déjà très lourds : s'il applique les édits, le peuple se retournera contre lui, s'il ne le fait pas, le gouvernement l'arrêtera. Or, cette année, les eaux du lac Chao ont provoqué des inondations, les paysans se plaignent. Dans les deux cas, sa vie est en danger. La situation est sans issue, il veut vivre en paix, il suivra sa mère dans sa retraite.

Sa mère acquiesce. Ils font leur bagage, donnent ce qu'ils ne peuvent emporter et partent à la recherche d'un endroit plus clément.

La mère monte le cheval blanc. Ils traversent montagnes et rivières, partout ils rencontrent la même misère. Un jour, dans la province de Chao, le cheval blanc pousse un long hennissement, lève la tête vers le ciel et refuse d'avancer. Mao Yi regarde dans la même direction. Des nuages arc-en-ciel dansent dans le ciel, un doux parfum se répand et descend un couple de phénix. On entend ce chant :

À l'entrée du col de la haute montagne
Les nuages blancs sont sans bordure
Assis seul je chante et j'accompagne
La solitude de la lune et de la source, la froidure.

Les phénix passent au-dessus d'eux et volent au loin. Un vieil homme apparaît au bout du chemin. Ses cheveux sont blancs comme plumes de grue, une fine barbiche flotte devant lui. Il chevauche un daim[1], dos tourné à la tête de sa monture, il tient une flûte de jade à la main.

Mao Yi le salue :

« Vénérable vieillard, pouvez-vous me dire d'où vient ce parfum étrange ?

– De l'étang des lotus ! En bordure de l'étang, dix-huit pieds de pivoines ! »

Et le vieil homme repart en chantant de sa flûte.

Le cheval blanc agite la crinière, relève la tête et conduit de lui-même Mao Yi et sa mère vers l'étang.

L'étang est couvert de lotus en fleur. Sa rive est bordée de pivoines rouges comme des flammes, qui alternent avec d'autres blanches comme le jade. Le lieu semble un paradis. Mao Yi et sa mère en sont très heureux et décident de vivre dans cet endroit féerique. Ils construisent une pagode, la pagode Pivoine Blanche. Ils s'occupent des fleurs et vivent en bonne entente avec le voisinage. Loin du monde, Mao Yi

---

1. Le daim est une des montures favorites des immortels. Voir un vieillard sur un daim est de bon augure, un immortel annonce un événement heureux, favorise les qualités humaines et le développement des talents.

suit la voie du Tao, s'astreint aux exercices, sa mère l'encourage.

Dix ans passent. Un matin, la mère crache le sang et perd connaissance. Mao Yi, affolé, ne sait que faire, il lui donne un remède, sans effet, elle reste inconsciente. Cette nuit, il brûle de l'encens pour faire les prières. La fumée s'élève haut dans le ciel et cache la lune. À ce moment-là, quelques éclairs dorés scintillent, pénètrent dans le temple et prennent la forme d'un vieillard lumineux. Mao Yi reconnaît le vieil homme chevauchant un daim. Il se prosterne devant lui et lui demande son aide pour sauver sa mère. L'immortel lui conseille de la soigner en lui faisant avaler une carpe. Il faut administrer la carpe avec du thé frais. Les deux pris ensemble, il insiste là-dessus. Aussitôt, il se métamorphose en lumière dorée qui s'envole par la fenêtre.

À cet instant, Mao Yi se réveille : ce n'est qu'un rêve !

Dans sa fièvre, sa mère l'appelle et lui lance : « Le vénérable vieillard m'est apparu et m'a conseillé de prendre une carpe et du thé frais pour guérir. »

Les rêves de la mère et du fils concordent ! C'est vraiment le message de l'immortel. Le fils part en quête des remèdes. Une carpe, du thé frais, en plein hiver ?

Tout est recouvert de givre d'un blanc argenté, la rivière est prise sous une épaisse couche de glace. Mao Yi entreprend de creuser la glace, il frappe la surface avec un bout de bois. Autant polir une pierre avec une plume ! Il est épuisé, les mains couvertes d'ampoules. Une pie vole vers lui, glisse dans sa bouche deux pilules magiques, immédiatement il est plein d'énergie, en quelques coups il fend la glace, une carpe en sort !

Il a le poisson, mais où trouver le thé ?

Il retourne à la pagode, il sanglote, sa mère va mourir. Au milieu de ses sanglots, il entend un grand fracas : les pieds de pivoines blanches deviennent des théiers aux feuilles bien vertes !

Mao Yi cueille quelques feuilles, prépare le thé pour sa mère et fait une soupe de carpe. Sa mère se sent instantanément guérie, elle descend du lit, fait sa toilette, recommande à son fils de bien prendre soin des théiers, sort de la maison et s'envole dans le ciel...

Depuis, la mère veille sur les théiers de la Montagne Bleue[1], dans la province de Chao, dit-on. On dit encore qu'elle dirige les pluies et les vents pour favoriser les plantations de thé et les champs des paysans. Dans la pagode sont conservées les statues de la mère et du fils fidèle.

Le thé Éclat de la Reconnaissance (Hui ming cha)

Une mère prépare le thé pour sa fille. C'est un thé nouveau qu'elle veut lui faire goûter. Dans un bol, elle met les petits grains serrés, les couvre d'eau. Chaque tige se dresse vers le haut, la feuille se déroule doucement.

---

1. Il s'agit des théiers de la Montagne Bleue de la province de Chao. Ce thé porte le nom de la pagode : thé Pivoine Blanche. Les feuilles de ce thé sont d'un bleu-vert profond, leur parfum garde les fragrances de la pivoine. Infusé avec l'eau du lac Chao, c'est une boisson excellente qui guérit les maladies.

« C'est joli, dit la fille, cela ressemble à une branche... ou à un éventail.

– Ce thé a une histoire, écoute...

Un jour
Tié Nang va sur la montagne.
C'est l'aube, sa fille dort encore.
Elle parvient au sommet du pic Parfum Étoilé.
Elle glisse entre deux roches
et entre dans la grotte des Mamelles de Pierre.
Elle s'assoit dans l'ombre.
Elle écoute. L'eau goutte lentement dans la vasque
    naturelle. Le son résonne.
Dans le cristal de cette eau, elle voit la montagne et
    la forêt,
et sous la lune, un homme qui cherche son che-
    min... il veut l'or de la grotte !
Elle souffle à la surface de l'eau, une brume enve-
    loppe le sommet, l'homme se perd,
il tourne en rond. Elle attend, l'eau goutte, elle la
    boit.

Quand la source tait tout bruit, elle redescend mais,
    sur le sentier,
un homme surgit entre les arbres. Il a le teint hâve,
    des yeux ronds,
et la langue si sèche qu'elle pend de sa bouche.
L'homme tombe évanoui. Tié Nang court chez elle,
    trouve cordes et planche.
Sa fille s'agrippe à elle, où vas-tu ?, sauver un homme,
    moi aussi. La petite de trois ans suit sa mère.

Tié Nang attache l'homme sur la planche, encordé,
     elle le traîne.
Plus tard, dans sa hutte, il gît allongé, elle donne
     l'eau de la source.
Ô l'eau précieuse ! Cet or qu'il a tant cherché !
Il guérit et c'est miracle !

Tous les jours, l'homme boit l'eau de la grotte, il y
     mélange des herbes et des feuilles.
Tié Nang s'étonne, pourquoi boire tant d'eau à s'en
     gaver, mais elle se tait.
Ses joues rosissent, ses yeux sont brillants : il
     reprend vigueur.
Pour la remercier, il donne à Tié Nang des germes
     de thé.
Elle les sème autour de la hutte et, tous les jours,
     l'homme les arrose d'eau de source.
Une année plus tard, les feuilles de thé apparaissent
     puis grandissent.
Elles sont cueillies, séchées, l'homme les roule et les
     range dans sa gourde,
Tié Nang se tait encore.

Un matin, Ming sha, la petite, tombe malade,
la fièvre la dévore.
Tié Nang sombre dans le désespoir, l'homme soigne
     la petite.
Les plantes sont sans effet, l'homme de son couteau
     se perce le poignet,
son sang asperge les racines des théiers,
les feuilles vertes deviennent blanches,
l'homme en fait du thé.

Le mal quitte Ming sha, ombre noire qui s'éloigne
   d'elle.
Tié Nang s'est réfugiée dans la grotte.
Dans l'eau cristalline, une clarté se diffuse.
Tié Nang comprend que cet homme a un don.
Depuis le premier jour où elle l'a vu venir, quelle
différence ! Elle attend.

Il entre dans la grotte. D'un regard elle s'enquiert, il
   raconte.
Devenir immortel était son rêve, pendant des années
   il s'est astreint à l'ascèse la plus dure,
puis sa quête l'a mené à travers le pays. D'un lieu
   saint à un autre,
il cherchait l'eau de la grotte. À portée de sa main,
   après avoir gravi mille montagnes,
traversé dix mille lacs, il a échoué, elle l'a recueilli.

Sa main enfle, devient tel un éventail, il continue :
"L'eau de la source, je l'ai bue pendant une année,
   mon corps a atteint au rang de saint, à présent je
   le quitte.
– Mais comment vous appelez-vous ?"
Pour toute réponse, l'homme demande une branche
   de thé blanc et un bol d'eau de source :
"Ma reconnaissance est infinie. Que le théier blanc
   illumine la montagne de son éclat, mon nom est
   contenu dans ces mots…"
Il disparaît dans l'espace.
Sur la table, seuls la branche et le bol.
Peu à peu, la nuit tombe.
Tout est ombre.

Tié Nang cultive le thé blanc.

Un temple est érigé, on vient de loin pour rendre hommage à ce saint homme. Ses dernières paroles sont gravées dans le roc à l'entrée.

Qui comprend l'énigme, qu'il le dise !

Un jour vient un voyageur. Il grimpe le sentier, la montagne joue, entre brumes et soleil, apparaît et disparaît. Soudain un éclat de blancheur ! Surgit, d'un seul coup, le jardin de théiers. Il est ému de cette beauté. Il éprouve reconnaissance devant ce spectacle. Comme un souhait...

Devant le temple, il lit les derniers mots de cet homme, il dit : "Cet homme s'appelle Éclat de Reconnaissance."

Tié Nang devient gardienne des lieux. On l'appelle la fée du thé.

Elle vit là-haut, dit-on, avec sa fille.

Si vous ne me croyez pas, allez lui dire bonjour de ma part, de moi elle se souvient bien. »

Dans le district de Yun He, à Jiejiang, il y a une très haute montagne, la montagne de Bois Rouge. Sur cette montagne on trouve une petite crête appelée « crête de Parfum Doré ». Au milieu de la crête, il y a une grotte, la grotte des Mamelles de Pierre, dans la grotte la Source parfumée. L'eau qui jaillit de cette source ne tarit jamais, elle résiste au froid et se purifie quand il gèle. Elle distille un parfum au goût légèrement sucré. Cette source, cachée dans une grotte, était un objet de convoitise et de quête.

Le thé de la Montagne du Prince

Au palais, la reine mère est malade depuis de longs mois, rien ne la soulage. Le roi, fils pieux et fidèle, consulte les meilleurs médecins du pays au nord comme au sud du Fleuve Jaune. L'inquiétude ronge son cœur. Pour réconforter la reine mère, le roi lui apporte ses plats préférés, car le goût d'un aliment aimé guérit la personne. Li Yu le disait qui raffolait de crabes et, quand c'était la saison, ne mangeait que cela ! Le roi oblige le peuple à chasser et pêcher pour lui malgré son travail et sa pauvreté. La reine mère ne guérit pas, son mal empire malgré tous les soins, et le roi devient irascible.

Un jour sur le chemin devant le roi surgit un moine
à la barbe blanche, au regard étrange.
Il affirme pouvoir guérir la reine mère.
On l'interroge, il vient des montagnes.
L'édit proclamé, il a pris la route
pour supprimer le mal à la racine.
Le roi comprend qu'il a un don, il accepte.

Au pavillon de la reine mère,
le moine l'examine puis, songeur, se tait.
Le roi le presse de parler, il répond :
« La cause : vie du palais ! Mauvaise nutrition ! »
Le roi se fâche : « Je suis le maître du pays,
la reine peut tout demander, où est le problème ?
– Les cuisines regorgent de produits,

sur tables de marbre, précieux mets de gibier
et fruits de mer… pattes d'ours, têtes de singes,
nids d'hirondelles, ailerons de requins !
Derrière les murs du palais, le peuple
souffre et vit dans la misère, et toi, roi,
tu te prélasses dans tes beaux jardins !
Tu étais gourmet, depuis que tu règnes,
te voilà devenu gourmand. Ta main
versait pluie de bienfaits mais, aujourd'hui,
traces de déchets. Amère vertu ! »
Le roi se dresse, voix noire, murs qui tremblent :
« Le faste d'un règne est don des dieux,
l'abondance est reconnaissance.
– Tu sais que j'ai la vue juste.
Je te laisse cette gourde. »
Déjà le moine a quitté le palais.

Après un long moment d'attente,
le roi enfin saisit cette gourde.
Sur une face, la prescription,
sur l'autre, une signature :
« Le moine du lac Dongting[1] ».
L'eau de la gourde, le roi la goûte.
De cette eau épaisse et verdâtre,
il éprouve une légèreté
infinie, un parfum suave …
Eau magique ! Eau magique !

---

1. Le lac Dongting faisait autrefois partie du territoire gouverné par le pays de Chu. Ce pays se situait dans le Hubei, lieu de nombreuses légendes…

Il la donne à la reine mère…
Elle suit un régime sévère.
Chaque jour elle accomplit cent pas
sur ses hautes chaussures de bois,
soutenue par trois de ses suivantes.
Peu à peu la gourde se vide,
la reine n'est pas rétablie…

Le roi veut partir au lac Dongting
pour remplir la gourde d'eau magique
mais le conseil des ministres s'y oppose.
Un prince prendra sa place.
Trois bateaux de guerriers descendent
le fleuve vers le lac. Longues journées…

Au bout du lac se distingue une île
couverte de feuillages. Un pavillon
au toit bleu se cache entre les arbres.
Ce pavillon est un monastère
Entouré de bambous qui balancent au vent…
Le moine du lac Dongting les reçoit.
Le prince s'incline devant lui, dit :
« Le roi vous remercie car la reine va mieux
mais la gourde se vide, comment la remplir ? »
Le moine se réjouit, assure que la reine guérira.
Il invite le prince à visiter l'île…

Au sommet de la montagne, un vent frais apaise
le prince, il s'assoupit,
son rêve est baigné de parfum suave.
À son réveil, un peu plus loin,
le prince découvre une source.

Il en boit l'eau. De cent ans, sa vie se prolonge…
Est-ce l'eau magique de la gourde ?
Oui, lui dit-on.

Le lendemain entre les brumes, le prince et ses gardes montent vers la source avec d'énormes jarres. Ils veulent les remplir en quantité sans que personne les voie. Mais le bassin de la source est vide !

Le prince, de rage, dévale la pente. Pavillon envahi ! Moine saisi ! Le prince crie :
« L'eau de la source ! Vous l'avez vidée !
– Oui.
– Ha ha, je vous tiens et je vous condamne ! Pour crime de trahison ! Lèse-majesté !
– Ha ha, éclate le moine, je vous condamne pour le crime de lèse-humanité !
– *Shi shenme ?*
– Sur cette île, seule la source nous donne l'eau, la source sert aux moines et aux habitants de l'île. Prendre l'eau pour la capitale ? Que feront tous ces gens ici ? »
Le moine avoue qu'il a pris l'eau pendant la nuit, il a vidé le bassin et déversé l'eau dans le pré derrière le monastère. Il y mène le prince, les moinillons les précèdent.
Arrivés devant le pré, les moinillons s'exclament et appellent : « Vite, venez vite ! » On accourt : des théiers ont poussé là, en une nuit !
Fraîcheur exquise, parfum flottant…
Le prince froisse quelques feuilles, les respire…

Une poignée de feuilles dans l'eau chaude, l'eau devient vert émeraude. Le prince sirote ce thé. Dans la gorge un goût d'eau magique… Oui, c'est bien le goût de la source… Tous boivent ce breuvage. Eux aussi, émerveillés…

Pour rendre hommage à ce thé et le cultiver, le prince choisit cent jeunes filles vierges qui en prendront soin. On leur donne un bain, et une robe. Ce thé sera prélevé pour l'usage de l'empereur.

À présent au service du monastère, elles cueillent les feuilles de ce thé magique. En robe rouge, elles vont par petits groupes entre les buissons d'un vert profond. Le prince les suit du regard.

Inspiré, il chantonne :

Telles des flammes rouges dans le vert des buissons vacillent
Leurs belles silhouettes parmi l'herbe et les arbres scintillent.

Puis il se dit : « Une personne (*ren*) entre herbes (*cao*) et bosquets (*shu*) donne en calligraphie le caractère *cha*. C'est cela ! Appelons le produit de cette cueillette : *cha*[1] ! »

Le thé du Jasmin

Un hiver de neige…
Cette année-là la neige est haute et demeure.

---

1. Le thé, prononcé *tcha* ou *tchaï*, se répand avec cette prononciation le long de la Route de la Soie jusqu'en Asie du Sud-Est.

Pour se distraire, le marchand de thé Chen
invite un expert du Nord
dans sa province du Yunnan,
il désire vendre ses thés aux gens de cette région.
L'expert les trouve bons. Sans excellence.
Il leur manque un goût unique
pour plaire aux gens du Nord.
Chen en est désolé.

Sur l'étagère en bois laqué est une boîte,
l'expert la remarque.
Chen la prend et ouvre le paquet qu'elle contient.
C'est un thé reçu d'une jeune fille du Sud lointain.
Fin de soirée sur une note agréable...
Dans la boîte, le paquet est enveloppé
de soie bleu foncé.
À l'intérieur, de minces feuillets de soie autour
de billes vert grisé enroulées sur elles-mêmes.
Est-ce vraiment du thé, cela semble insignifiant...
Chen propose de goûter ce thé inconnu
qu'il avait oublié...

Chen prend un peu de neige, chauffe l'eau, attend.
Puis, dans la coupe, les feuilles se déroulent.
Une brume s'enroule et se déploie
Et se dévoile une silhouette exquise.
Une jeune fille, un bouquet de jasmin
dans les mains...
Fleurs blanches couvertes de rosée
qui illuminent la pièce sombre
où Chen et l'expert regardent, fascinés.
Évanescente.

Tous deux émus...
Chen ferme les yeux.
Quand il les ouvre, elle a disparu, évaporée.
« Reconnaissance de l'immortelle,
murmure l'expert, un thé introuvable !
De ce bonheur unique, notre vie est augmentée !
Chance et honneur insigne ! »
Chen se souvient ...

Chen partit en voyage pour acheter du thé. Près de l'auberge, il vit une jeune fille en larmes, ses parents venaient de mourir, elle ne pouvait payer les funérailles, Chen lui donna la somme. Aux voisins, il la confia, il devait partir pour ses affaires. L'année suivante, il revint, mais elle, comme le vent, était partie. On lui remit cette soie bleu foncé dans une boîte...

D'un soupir profond, l'expert marmonne :
« Comme le vent, elle a donné sa vie,
tout son amour entremêlé au thé,
son suc insufflé aux feuilles,
au cœur d'elle, ce parfum de jasmin... »

Pour en renouveler les traces,
Chen, homme féru de ce monde,
ajoute au thé des fleurs de jasmin.
Dans le Nord, ce thé devient à la mode,
le thé de Chen se vend bien...
Secrète est restée l'offrande
de cette jeune fille en fleurs blanches...

Pas longtemps, car l'expert a parlé
un peu ici, un peu là.
Cette nostalgie, l'âme des fleurs blanches
de ce monde…

Au début de la dynastie des Tang, les gens igno-
raient le thé au jasmin. Un jeune marchand du nom de
Chen Gu inventa ce thé en introduisant des fleurs de
jasmin dans la composition. Ce thé pouvait se
consommer toute l'année. Dès lors, dans les maisons
de thé du Nord, Pékin et alentour, les gens devinrent
grands amateurs de ce thé, aujourd'hui très populaire
partout dans le monde, mais peu connaissent l'anec-
dote qui en est à l'origine.

Le thé Aiguilles d'Argent au Duvet Blanc
(Bai hao yin zhen cha)

Dans la région des Sept Montagnes et Huit Vallées,
quelques familles de paysans vivent éparpillées dans
l'isolement le plus absolu. Vents favorables et pluies
abondantes suffisent à leur vie simple. À peine
connaissent-ils l'existence de l'empereur !

Une année, les pluies sont retardées et peu abondantes suivies de vents chauds et violents. L'année suivante
la pluie ne vient pas, la sécheresse règne, l'épidémie
apparaît, les habitants s'éteignent un à un…

On entend parler du puits du Dragon jailli dans la
grotte de la montagne de l'Est. Cette grotte est un

palais couvert de nuages et de brumes. Près de cette grotte poussent des plantes immortelles, en ramener une guérirait mille maladies, pourrait arroser les rizières et faire couler les rivières. Une seule plante peut sauver le pays entier. Les plus anciens poussent les plus jeunes à partir pour tenter de découvrir la source cachée de la montagne. Les plus courageux partent mais ne reviennent pas.

De l'autre côté de la vallée, dans la grange de la montagne de Fer, vivent deux frères et une sœur. Trois chasseurs réputés. L'aîné, Zhi Gang, est fougueux, d'une force incomparable. D'un seul coup de hache, il fend un tronc de noisetier de la taille d'un large bol. Le cadet, Zhi Chang, excellent archer, possède la qualité d'un lettré. La petite Zhi Yu manie l'épée avec finesse et se sert de l'arc avec habileté.

Zhi Gang sort la précieuse épée ancestrale : « Je pars chercher cette plante immortelle pour sauver les villageois, vous garderez l'épée. Si des taches de rouille apparaissent, c'est signe que je suis en danger, vous partirez à votre tour à la recherche de ces plantes. »

Il prend sa hache et part sur le sentier. Après trente-six jours de marche, il parvient au pied de cette montagne et commence à l'escalader. Il se trouve nez à nez avec un vieillard à la longue barbiche argentée.

« Où vas-tu ? Cherches-tu la plante immortelle ?

– Oui, les villageois en ont besoin. »

Le vieil homme pointe de son doigt le sommet nébuleux : « La plante est là-haut ! Sur le chemin, ne te retourne jamais, sinon tu ne la trouveras pas, suis mon conseil ! »

Zhi Gang s'incline et reprend l'ascension. À mi-pente, il entre dans une forêt de rocs dressés. Chacun de ses pas déclenche des bruits étranges. Il maîtrise son angoisse et avance sans un regard quand soudain une voix crie dans son dos : « Quelle audace ! Monter dans mon domaine sans permission ! Comment oseriez-vous faire un seul pas de plus ! »

Saisi, Zhi Gang se retourne. Fatalité ! En pierre il est changé !

Ce même jour, le frère et la sœur voient l'épée rouiller.

Le cadet confie sa flèche solide à sa sœur : « Si ma flèche rouille, il me sera arrivé quelque malheur, pars à ma suite ! »

Après quarante-neuf jours de marche, Zhi Chang arrive au pied de la montagne, il commence l'ascension quand il croise le vieil homme à la longue barbiche argentée. Désire-t-il les plantes immortelles ? Oui, répond Zhi Chang.

« Elles sont là-haut en effet, mais il est un danger ! Pour l'éviter, marche toujours droit devant toi sans te retourner jamais !

– Merci du conseil. »

Zhi Chang marche vers le sommet. Il voit les roches dressées, continue sans s'attarder. Comme il avance, un souffle glacial lui serre le cœur. L'obscurité s'épaissit, une voix le poursuit de mille injures, il court devant lui pour lui échapper, la voix se rapproche, il est près de sortir du champ de pierres quand il entend : « Zhi Chang, petit frère, viens me délivrer ! » Il se retourne, en rocher il est changé !

La flèche rouille instantanément. La sœur part sur les traces de ses deux frères.

Zhi Yu arrive au pied de la montagne après quatre-vingt-une journées de marche. Elle rencontre le vieil homme sans âge à la longue barbiche argentée. Assis devant un feu de bois, il se prépare des galettes.

Elle lui demande s'il a vu ses frères. Mais le vieil homme ne répond pas. Elle l'aide à faire griller les galettes, puis lui demande s'il connaît le puits du Dragon. Le vieil homme lève la tête : cherche-t-elle les plantes immortelles ? Oui, il faut sauver le pays ! Il lui dit que trois arbustes immortels poussent à côté du puits, quand elle entrera dans le champ de pierres, qu'elle ne se retourne pas, quoique la voix dise ! Elle le remercie, prête à partir. Il ajoute que dans le puits, il y a un petit dragon noir, c'est le gardien des plantes. Il faudra lui tirer dans les yeux avant de cueillir les plantes, puis les rincer dans l'eau du puits, elles donneront des graines et des fleurs.

« Tu les emporteras, elles pousseront dans ton village. Les bourgeons soigneront les maladies, leur liquide versé dans les rizières les remplira d'eau, les tiges dans les fleuves feront jaillir l'eau. Avec elles, plus de sécheresse ! Puis, quand tu redescendras, verse une goutte de leur suc sur chaque pierre dressée que tu croises…

– Comment vous remercier, quel est votre nom ?

– Étoile du Bonheur », souffle-t-il, disparaissant à ses yeux.

La montée est facile. Puis Zhi Yu entre dans le champ de pierres et tout se complique. Elle entend les appels du petit frère, Zhi Chang, plus loin les cris du frère aîné, Zhi Gang. Le cœur serré, elle poursuit son chemin. Comme elle avance, d'autres cris s'éveillent, discordants et rageurs. Entourée de vacarme, mettre un pied devant l'autre devient pénible. Elle prend la mie des galettes et s'en fait de petites billes qu'elle presse dans ses oreilles. Elle gravit la pente jusqu'au sommet.

Là-haut, devant le puits, elle bande son arc. Lentement, elle s'approche du puits, guettant le petit dragon. Elle se penche. Vif et rapide, il saute sur elle, griffes acérées. Elle plante les flèches, le petit dragon noir se métamorphose en fumée noire et grise et s'enfuit dans le ciel de l'ouest.

Elle coupe les bourgeons, les rince dans l'eau du puits, obtient fleurs et graines. Elle range le tout, soigneusement, dans son mouchoir de soie.

Zhi Yu redescend la montagne. Dans la forêt, elle verse une goutte sur les grandes roches dressées, chaque pierre redevient un homme. Parmi eux, elle reconnaît ses frères et les délivre. Tous ceux-ci avaient échoué sous les cris, mais ils suivent la jeune fille jusqu'au village.

Zhi Yu sème les graines sur la pente derrière la maison. En une nuit, les arbustes grandissent. Les jeunes gens cueillent les bourgeons couverts de rosée. Zhi Yu prépare une décoction pour les malades. Tous guérissent. Les jeunes gens lancent les tiges dans les rivières, versent le jus dans les rizières et les champs, aussitôt le pays reverdit, l'eau monte. Le pays des Sept Montagnes et Huit Vallées est sauvé.

Enfin, Zhi Yu se repose, elle prépare le thé avec les feuilles de cet arbuste, telles des aiguilles d'argent... Dans la coupe, leur éclat semble mille étoiles dans une nuit noire. Elle pense au vieil homme à la barbiche argentée. Zhi Yu rend hommage à celui qui l'a guidée dans la montagne, le vieil immortel Étoile du Bonheur. Chaque année, à la première récolte de printemps, elle lui offre une coupe de thé et l'encens....

D'année en année, les arbustes de plantes immortelles prennent de l'ampleur. Les jeunes gens distribuent les graines aux autres villages, le thé se répand. Autrefois pauvre, la région est parcourue par les marchands, à présent elle est devenue riche. Grâce à Zhi Yu, leur demoiselle Étoile du Bonheur...

Les feuilles de ce thé sont d'un argent métallisé, elles ont réellement la forme d'aiguilles de couture. Dans l'eau bouillante, elles gardent une position verticale. Une seule gorgée de ce thé peut inonder votre bouche de parfum, envahir votre être d'un délice infini, étancher toute soif, éclaircir la vue, calmer l'inflammation et soigner les états fébriles... Les paysans de la région en gardent toujours un peu pour leurs recettes familiales.

*

Dali

Sous les contreforts du Tibet se trouve une petite ville nommée Dali. Entourée de murailles, les quatre portes aux points cardinaux, avec ses ruelles et ses maisonnettes, c'est une ville à l'ancienne. Dans une cour intérieure vit une vieille vieille femme, petite et droite, les cheveux blancs entourés d'un bandeau bleu, tunique et pantalon

*bleutés nuage délavé, toujours souriante. Elle sert les pan-
cakes, les crêpes, et les* mantous, *petits pains blancs
fourrés, avec une égale douceur. Et puis il y a les longs
après-midi autour du thé, pour trois Australiens, l'Euro-
péenne et ce vieux couple, le thé qui écoule le temps, suit
le soleil, les mots venant tout aussi lentement forment une
conversation en points de suspension, de rires, à demi-mot
et regards perdus dans les lointains des souvenirs parfois,
de l'âme parfois, dans cet espace entre des cultures à mille
milles l'une de l'autre qui se rencontrent autour du thé :
le goût, cet espace vaste...*

*Dali est sur la hauteur. De la terrasse, sur le toit de la
maison, on aperçoit le lac bordé de collines d'un rouge
ocre, l'eau du lac est bleu azur, et toutes les rizières... On
part à vélo vers le grand marché, à travers des villages aux
maisons ornées de peintures en fins traits bleu-blanc sous
les toits à bords relevés. De loin le marché se dessine avec
des dizaines de parasols blancs très pointus alignés sur les
pentes, et tout est bleu : la laine sur les étals, les foulards
des femmes, leurs robes, les étoffes, c'est lumière. Alentour,
les nomades vendent des cônes de sucre couleur désert, certains allongés sur des couvertures ou des toiles, un tas de
feuilles de thé devant eux, devisent nonchalants, ils sourient, de temps en temps utilisent la balance pour peser les
feuilles... Plus loin le musc, les cornes de cerf... Prendre
le thé dans des coupes en terre cuite, assis sur de minuscules trépieds, presque accroupis sur le sol. C'est une danse,
hommes, femmes, de bleus différents. Longues feuilles de
thé au goût noisette.*

*Sur la montagne près de Dali, en grimpant un étroit
sentier, on longe un moment une palissade de bambou
tressé, rien ne laisse présager un village, brusquement elle*

*ouvre sur une maison de thé. En face d'elle, un théier mil-
lénaire se dresse dans le ciel, gigantesque, soleil rond
rouge.*

*Aujourd'hui il est entouré de barrières, autrefois il était
libre, on posait la paume de la main sur son tronc, c'était
bonheur partagé, imaginez ce théier : mille ans d'âge !*

*

Le thé Cité Verte (Qing cheng cha)

Au pied du mont Cité Verte vit un moine connu
pour l'efficacité de ses incantations. La pluie tombe, si
fort, elle martèle le toit de sa hutte jusqu'à fendre les
pierres sur le chemin. Imperturbable, le moine récite
ses textes sacrés, quand il entend de grands coups : on
frappe à la porte. Un vieux serviteur se tient sur le
seuil, droit sous une veste de papier huilé, chaussé de
sandales malgré la boue. Son vieux maître est malade,
rien ne le soulage, sur l'heure il demande l'aide du
moine. Sans hésiter, celui-ci prend ses livres de prières
et suit le vieux serviteur.

Le sentier grimpe dans la montagne, sous la pluie
c'est périlleux, le moine est courageux. Le serviteur
ouvre le chemin. Ils passent le col de la montagne,
entrent dans un vallon d'herbes hautes, les chevaux
paissent tranquilles, plus loin ils traversent un bosquet
de bambous. Enfin, ils sortent du bosquet, le moine
découvre une hutte entourée d'un jardin, une barrière,
un banc, une table, un vieux pin au tronc tordu :
l'image même de la vie idéale d'un ermite ! Le moine

contemple le jardin… Mais le serviteur interrompt sa rêverie, le moine entre à l'intérieur.

Sur une paillasse de paille de riz, un vieil homme est allongé. Les lobes de ses oreilles atteignent ses épaules, les sourcils montent haut, une barbiche de longs poils blancs glisse jusqu'à ses genoux comme une chute d'eau claire l'été. Immobile, il semble ne plus respirer. Pour le faire revenir à la vie, le moine aussitôt psalmodie le texte sacré.

Le moine connaît les formules par cœur, tout en récitant il regarde la pièce autour de lui et aperçoit une calligraphie accrochée au mur. Encore fraîche, séchant sur un fil ! Le moine est surpris. Qui a bien pu peindre ceci ? Il n'y a que le vieil homme dans cette pièce. Ses pensées vont rapides dans son esprit, il perd le fil de sa récitation et, ramenant ses yeux vers le texte, il croise le regard du vieil homme. Ce regard noir, profond et si vif, le moine se sent pris comme on plonge dans les vastitudes infinies et inconnues… À la fin de sa récitation, sans s'être aperçu de rien, le vieil homme est assis sur une chaise, guéri !

Le vieil homme fait signe à son serviteur qui installe le réchaud dans le jardin. Il faut à présent goûter le thé du moment. Le serviteur recueille l'eau du torrent et la fait chauffer. Pendant ce temps, le vieil homme à la longue barbiche blanche qui glisse jusqu'à ses genoux comme un filet d'eau claire l'été bavarde avec le moine, faisant quelques pas, un peu ici, un peu par là. Puis le vieil homme et le moine s'assoient sur les tabourets, le serviteur pose deux coupes sur la table.

Le moine, curieux, soulève le couvercle : orange ! Le thé est d'une couleur orange ! Les feuilles sont longues et minces, et ce parfum ! Jamais le moine n'a respiré un tel parfum : des fragrances de pêche[1], qui se répandent dans tout le jardin…

Le moine goûte ce thé inconnu, il se sent caressé par un doux vent de printemps, il chevauche ce vent léger, parcourt l'immensité de l'espace, comme le soleil sur la mer de nuages à flanc de montagne, plus loin, loin… vers l'île Penglai, l'île des immortels…

Soudain, à nouveau la table, la coupe, le vieil homme, il est de retour !

Le vieil homme le regarde, les yeux plissés de rire :

« Alors, ce thé, comment est-il ?

– Sans mots… »

Ils goûtent le thé.

Puis le vieux maître remercie le moine pour ses prières. Il lui fait remettre une ligature de sapèques, le moine glisse dans la manche de sa robe cette cordelette de piécettes creusées d'un trou. Il s'incline devant le vieux maître et prend congé de lui. Il repart, accompagné par le serviteur.

En chemin, tous deux s'assoient sur une roche pour se reposer. Le moine, songeant à ce qu'il vient de vivre, se tourne vers le serviteur et lui demande quel est le nom de son maître. Le serviteur lève la main et dessine

---

1. La pêche est le fruit de l'immortalité. Xiwangmu, la reine mère de l'Occident, possède la vallée des Pêchers, dont les arbres fleurissent tous les trois mille ans, donnent des fruits tous les trois mille ans. De ces fruits, Xiwangmu tire l'élixir d'immortalité et en fait des pastilles qu'elle offre aux immortels au cours d'un grand banquet (voir les légendes de Xiwangmu, *La Vallée des Pêchers*, *Pérégrination vers l'ouest*…).

dans l'air les caractères *sun ze mô*, puis il disparaît dans l'espace.

Sun ze mô ! Médusé, le moine reste là tout pantois !

Il a entendu parler de ce personnage. Il y a long-temps, maître Sun s'était réfugié dans la montagne. Son grand-père le lui avait raconté, qui le tenait lui-même de son grand-oncle, les plus anciens du village en avaient parlé longtemps... Un lettré cultivé, appré-cié de tous, utile à la société, qui avait tout quitté et s'était éclipsé en plein jour, oui, une véritable éclipse ! D'un rapide calcul, le moine conclut que ce lettré a disparu depuis deux cents ans ! Sun ze mô est devenu un immortel !

Le moine fait demi-tour. Il vient de rencontrer Sun ze mô l'immortel. Il a prié pour lui, sans le reconnaî-tre. Il a tant de choses à comprendre, et puis, s'il pou-vait devenir son élève, quel bonheur ce serait !

Il reprend le même sentier, entre dans le vallon d'herbes hautes, les chevaux paissent tranquilles, il tra-verse le bosquet de bambous, heureux, il reconnaît les lieux, la barr...

Plus de barrière, pas de banc, ni table, ni vieux pin au tronc tordu, nul jardin. La cabane, disparue ! Le vieil ermite, son serviteur, envolés !

Plus rien ! A-t-il rêvé ?

À ce moment-là, quelque chose pèse dans sa poche, il en retire la ligature de sapèques : les sapèques sont devenues de l'or !

Le moine est redescendu dans la vallée. Il a raconté son histoire aux gens de la ville. Les gens de la ville ont couru dans la montagne pour trouver le fameux thé, le thé couleur orange au parfum de pêche. Ils ont trouvé des théiers, oui, mais jamais ils n'ont obtenu cette belle couleur orange ni ce parfum subtil, non ! Dès lors ils ne pouvaient appeler ce thé « thé orange », ni « thé de pêche ». Ils lui ont donné le nom de la montagne : le thé *Qing cheng*, Cité Verte.

Quant au moine, il est parti dans la montagne, au-delà de la cabane, dans une vallée profonde, personne ne l'a jamais revu. Bien plus tard, untel dit l'avoir aperçu, ombre flottante, lumière blanche inaccessible entre les sommets et les nuages…

Le thé de Jade (Bila chun cha)

Le lac Dongting est entouré de collines, sur le sommet vit une belle jeune fille. Spirale de Jade est son nom. Fine et légère, comme un rayon de lune, elle parcourt les collines. Souvent elle chante, sa voix glisse le long des pentes, les paysans laissent leur houe, les pêcheurs lâchent leurs filets pour l'écouter…

Parmi eux se trouve Heureux Augure le jeune pêcheur, les chants de Spirale de Jade le font rêver. Souvent, le soir, il grimpe la colline, quand il la voit il se cache, les yeux fermés, il écoute jusqu'à l'aube. De longues heures il demeure, personne ne le sait…

Au fond du lac vit le dragon, le chant de Spirale de Jade est venu sous l'eau réveiller les murs de son vieux palais, il veut l'épouser, elle refuse.

Le dragon fait éclater tempête sur tempête, partout il se déchaîne, de nombreux pêcheurs perdent la vie, femmes et enfants dans la misère meurent, les gens font des prières, des offrandes, sans succès. Le dragon bat l'eau de sa queue, ses griffes éraflent les nuages, ses yeux jettent des éclairs, ses pattes déracinent les arbres, arrachent les récoltes.

Les gens supplient le dragon, il répond et exige une jeune fille par an comme épouse. Le sort tombe sur Spirale de Jade. Les gens sont atterrés, la fille du bonheur qu'ils aiment tant s'en va, dans la gueule du dragon elle va tomber...

Heureux Augure, lui, sans hésiter, nage jusqu'au repaire du dragon, le jeune pêcheur agile veut la sauver, la jeune fille de ses rêves... Il se précipite vers la gueule invincible. Elle ne sait rien de ceci, personne. Dès lors comment pourra-t-il vaincre le monstre ? il est seul. Au risque de mourir, il ne peut abandonner Spirale de Jade, la laisser esclave du dragon...

Heureux Augure nage le harpon sur le dos, il surprend le dragon préparant ses terreurs, le monstre se dresse devant lui, le garçon plante son harpon dans le dos du dragon. Celui-ci, rendu furieux par la blessure, se retourne, gueule mugissante. Il se rue sur lui, masse gigantesque et rapide. Heureux Augure retire son harpon, d'un coup saute du dos, d'un bond se jette sur le côté, échappant au pied du dragon...

Ils luttent sept jours et sept nuits, clameur contre cri, face contre gueule, griffe harpon trait poids, poisse et poison des crocs du dragon, sang et chair s'écoulent du harpon...

Pêcheurs et paysans, attirés par le bruit, dans leur barque, autour de l'île, regardent, glacés, trop épouvantés pour oser intervenir...

Le dragon ne peut plus sortir une griffe, le garçon ne peut plus soulever un seul doigt, immobiles tous deux emmêlés. Pêcheurs et paysans, de leurs outils, tuent le dragon, dansent et crient victoire. Puis ils dégagent Heureux Augure anéanti et le mènent chez lui… Dans sa maisonnette, il reste allongé, entre vie et mort, les gens font tout pour rétablir sa santé, il revient à lui, mais reste très affaibli. Il parle un peu, l'un d'eux devient un ami…

En ce temps d'hiver du monde, les collines se taisent, Spirale de Jade ne chante plus, effrayée du danger encouru.

Un jour pourtant, son chant s'éveille, pêcheurs et paysans lèvent les yeux, Spirale de Jade se promène comme autrefois, tous l'écoutent, reconnaissants. Ce jour-là, le garçon est heureux. « Ce chant de bon augure me redonne force », dit-il à son ami. Émus, tous deux. Enfin, il ose avouer son amour pour Spirale de Jade, son ami rend visite à la jeune fille : « Votre chant redonne vie à notre héros… »

Elle invite Heureux Augure dans sa hutte au sommet de la colline, elle connaît des herbes et chantera pour lui.

Cependant il ne guérit pas, son souffle demeure faible, on soupçonne Spirale de Jade et ses herbes, elle ne dit rien, lui non plus…

« Vis, lui dit-elle, pour le bonheur, pour eux, tu es un héros.

– Mes forces fuient, répond-il.

– Retiens-les.

– Comment ? tout mon sang bu par la terre… »

Spirale de Jade à l'aube part sur l'île. Elle cherche
une trace, parmi les taches sombres rougies elle découvre une pousse, elle plante ce théier vigoureux devant
sa hutte, il faut que l'on se souvienne qu'Heureux
Augure a donné sa vie pour sauver les gens.

L'hiver se prolonge, le froid est vif. Spirale de Jade
souffle sur les feuilles pour les protéger. Le théier sur-
vit. À la fête de printemps, les premiers bourgeons
apparaissent, elle trouve cela bon signe, mais lui voit la
mort : « Bientôt je ne serai plus, enterrez-moi sur la
colline… »

Elle n'ose se fâcher, tout cet élan qui se perd, elle
sort et marche. Devant le théier, elle s'arrête, étonnée :
les feuilles s'ouvrent larges ! En plein hiver ! Peut-être
ce thé…

Elle apporte une coupe de ce thé. D'Heureux
Augure le souffle revient, un peu, mais pas ses forces,
le thé ne suffit pas.

« Ces feuilles nourries de mon souffle, peut-être… »
Elle enroule chaque feuille respirée sur sa peau et elles
s'imprègnent de sa sueur. Par la seule force de ce thé,
Heureux Augure se redresse enfin et, quelques jours
plus tard, il marche un peu…

Spirale de Jade, chaque jour, parcourt les collines, sa
voix glisse vers les rives plus joyeuse qu'autrefois.
« Notre Spirale de Jade est heureuse », disent pêcheurs
et paysans. Ils apportent leurs produits, bavardent
ensemble là-haut…

De jour en jour, Heureux Augure reprend vigueur,
le chant de Spirale de Jade devient plus doux, puis le
vent apporte des bribes, une mélodie ténue, c'est une
ombre diaphane qui flotte sur les collines, et Spirale de

Jade disparaît. Heureux Augure, éperdu de chagrin, a enterré la jeune fille à côté de sa hutte, lui est resté là-haut à prendre soin du théier…

À présent, sur la pente de la colline s'étend une grande plantation de théiers. Devant la tombe de Spirale de Jade, les gens viennent s'incliner, pour celle qui a donné sa vie pour sauver un héros.

« Il y a un secret entre Heureux Augure et Spirale de Jade, disent-ils encore. Elle ne reste pas toujours dans sa tombe, elle sort chaque printemps, devient nuage, s'enroulant autour du sommet tel un anneau… »

Le vent souffle doucement entre les théiers et on entend sa voix comme autrefois. La voix émouvante de Spirale de Jade chante le bonheur. Sans elle, le talent d'Heureux Augure ne peut apporter le printemps et rendre florissant son thé… À la saison des pluies, les jeunes filles vont cueillir le thé sur le mont, le thé Spirale de Jade du Printemps (*Bi lo cha*). À chaque feuille cueillie, leur cœur palpite…

Le thé Grande Toge Rouge
(Da hong-pao cha)

L'empereur se promène dans ses jardins. La beauté d'une pivoine évoque la grâce de sa concubine préférée. Il désire sa compagne. La demoiselle d'honneur revient : la dame est souffrante, nul ne sait la nature de son mal. L'empereur aussitôt envoie auprès d'elle les médecins les plus habiles de la capitale. À son chevet, ils se

disputent. La concubine fait venir son fils. Le prince se
penche vers sa mère, elle murmure :

« Mon fils, parcours les campagnes, trouve le médecin qui connaît le remède secret.

– Mère, ne partez pas pour les terres souterraines,
attendez mon retour, que je ramène de bonnes nouvelles… »

Le prince jette sur ses épaules son grand manteau
rouge, saute sur son cheval et quitte la capitale. Sa
mère, très belle, s'est sûrement attiré la jalousie d'une
rivale. A-t-elle été empoisonnée ? Le cheval galope, si
vite, le manteau rouge flotte derrière lui, partout il
demande le remède secret, on lui répond toujours :
« *Mei you, mei you !* »

Après avoir traversé le pays sans rencontrer le médecin désiré, il parvient au pied d'une chaîne de montagnes : « Honte sur moi et mes ancêtres si je reviens les
mains vides ! Seul un immortel peut m'aider ! Les
immortels vivent au sommet des montagnes, allons-
y ! »

Il confie son cheval à son fidèle serviteur et grimpe
le sentier vers les sommets. Pas le temps de goûter l'eau
de la source, ni de regarder les nids d'écureuils. Parvenu au sommet, mille autres pics se déploient alentour. Pas de hutte de bambou, pas d'immortel. Seul le
torrent, le vent… Il se réfugie dans un arbre, s'enroule
dans son manteau et s'endort.

Au petit matin, soudain, il entend un cri :

« *Jiu ren ya !* »

Un appel au secours ! Cela vient d'entre les rochers,
il se précipite : au pied de la falaise un vieil homme,
face à lui *hu*, le tigre !

Le tigre affamé a pisté le vieil homme. À présent, il le fait reculer. Le vieil homme acculé sent la roche dure et froide sous les mains :

> Plus le temps de rire ni de pleurer
> Les yeux ouverts les yeux fermés
> Pour lui tout était trop tard.

Quant au tigre, les yeux ouverts, les yeux fermés, le repas est prêt ! Le tigre avance.

Le prince perché sur le rocher voit le tigre ramasser son corps et bondir sur le vieil homme. Que peut faire le prince ?

Il saute dans le vide, atterrit entre le vieil homme et le tigre. Face à lui, la gueule ouverte, les crocs acérés, le prince peut compter le nombre de moustaches – il y en a dix d'un côté, neuf de l'autre –, il brandit son épée. La tête roule sur le sol.

Le prince rengaine son épée et se tourne vers le vieil homme :

« Grand-père, pas de mal ?

– Jeune homme, vous m'avez sauvé la vie ! »

Le vieil homme s'incline profondément devant le prince, tout a été si vite, quelques secondes à peine ! Il loue son courage. Le prince répond qu'il n'a fait que son devoir. Le vieil homme s'étonne qu'un jeune homme se promène seul dans la montagne. Le prince évoque sa mère, sa quête, son échec…

Tout en parlant, il observe le vieil homme. Celui-ci porte une simple robe de soie, par le froid des sommets enneigés, c'est étrange ! Ce vieillard est peut-être un immortel et le prince lui demande s'il connaît le

remède secret. Le vieil homme le détrompe. Le prince
éclate en sanglots. Mais il ajoute que son frère connaît
plus de choses que lui et sera peut-être prêt à l'aider.

Le vieil homme mène le prince sur un sentier à flanc
de falaise. Ils passent au-dessus du torrent sur un pont
suspendu, dévalent les pentes raides par des escaliers,
puis pénètrent dans le cœur de la montagne à travers
un dédale de cavernes et de couloirs. Enfin ils arrivent
dans un cirque de sommets enneigés : une large vallée
à l'herbe tendre, des buissons en fleurs, des arbres chargés de fruits. Le frère jumeau les attendait. Il avait
deviné leur arrivée. Avant même que le prince ne parle,
il dit : « Remède difficile à trouver, remède difficile à
prendre, grande vertu nécessaire, grande pratique
nécessaire ! »

Le prince, sans saisir le tout, affirme qu'il fera tout
pour sauver sa mère. « Le prince a de la détermination,
son cœur est bon, son esprit plein de courage », assure
le vieil homme qu'il a sauvé des griffes du tigre.

Le frère jumeau montre le chemin. Il va à petits pas,
sur le sentier, suivi du vieil homme, le prince bouil-
lonne d'impatience – puisqu'on connaît le remède, il
ne faut pas traîner – mais le frère jumeau va tranquille,
lentement le prince s'apaise. Enfin, ils sont devant une
falaise : « C'est ici ! »

Au milieu de la paroi est accroché un arbre comme
suspendu dans l'air, entouré de deux buissons, sur un
surplomb rocheux. Le prince observe cette façade.
Monter est impossible. La paroi est une plaque verticale et lisse. Le prince s'assoit sur un rocher, à contempler l'impossible.

Les derniers rayons du soleil éclairent la paroi, faisant apparaître des ombres. Le prince remarque les légères aspérités, dénombre reliefs et fentes. Il pourra monter ! La lune se lève, un filet d'argent se dessine au pied de l'arbre : l'eau jaillit de cette paroi, baignant les racines, disparaît plus bas. Le prince exulte, c'est un signe ! Cet arbre est un miracle ! Sa mère vivra !

Au petit matin, le prince escalade la paroi, aidé du vieil homme et du frère jumeau qui guident ses mains. Il parvient au surplomb rocheux, cueille les feuilles et les glisse dans son manteau rouge. La poche remplie, il redescend avec précaution.

Le prince remercie le vieil homme et son frère jumeau, dévale les sentiers, saute sur son cheval, au grand galop traverse le pays, enfin court aux appartements de sa mère. La concubine préférée de l'empereur ne respire presque plus. La cour s'est détournée d'elle, seule une servante fidèle demeure à son chevet. Elle trempe un carré de soie dans l'eau parfumée et le pose sur le front de la concubine impériale.

Le prince lui ordonne de préparer une infusion de ce thé unique. Il porte lui-même le bol aux lèvres de sa mère, sans effet. Le prince lui fait boire un second bol, le ventre frémit de sons bizarres, aussitôt son état empire ! Le prince et la servante ardemment brûlent l'encens et invoquent les dieux. Enfin, au petit matin, ses traits se détendent, elle respire mieux, les cernes noirs disparaissent.

De jour en jour, le prince dévoué lui porte un bol de thé. Une semaine plus tard, elle est guérie. Ce thé est un miracle !

Les courtisans et les concubines reviennent vers elle et, louant sa prompte guérison, lui souhaitent longue vie. L'empereur édicte un décret : « Le théier devient théier impérial, il portera le nom "Grande Toge Rouge" en hommage au prince, en hommage à sa piété filiale. Les deux buissons seront appelés "Petites Toges Rouges". Le vieil homme et son frère jumeau seront les gardiens du théier, chaque année ils feront la récolte de printemps et d'automne. Seul l'empereur pourra goûter ce thé rare et précieux. L'hiver, on protégera le théier des grands froids en l'entourant d'un manteau de soie rouge. »

Les dynasties se sont succédé, le décret a toujours été appliqué. Chaque année, ce thé fut tribut impérial et ce jusqu'au dernier empereur, au XXe siècle !

*

Chadao

Le thé est boisson sublime et précieuse, pour les Chinois, un plaisir spirituel.

L'esprit du chadao, *l'art du thé, se résume ainsi, c'est le meilleur moyen d'améliorer son humeur pour développer modestie, beauté, harmonie et respect.*

Pour Chen Xianbai, le chadao *a sept principes, c'est une voie qui fait découvrir le merveilleux de la boisson pour élever l'esprit.*

Pour Zhou Shuren, ce moment de détente permet de ressentir l'harmonie malgré les tracas de la vie quotidienne, de percevoir l'éternité déployée en un instant.

On boit le thé, puis on le savoure, puis on cultive la voie.

*

Le thé Noble Première (Hou kui cha)

Mme Chen est veuve, elle tient une maison de thé, son fils l'aide beaucoup. Son commerce prospère, les clients sont nombreux. Les amateurs de thé deviennent exigeants. Mme Chen décide d'envoyer son fils Lu Yi dans la province lointaine du Anhui pour en ramener les thés les plus rares. Elle lui explique qu'elle a déjà tout arrangé, le fils répond : « Il ne me reste plus qu'à vous obéir, mère… » La mère vend ses quelques bijoux, fait mille recommandations à son fils, il part sur les routes.

Lu Yi marche le jour entier, dort à peine la nuit, arrive aux abords du Anhui. Dans les montagnes, des brigands l'assaillent et, couteau à la main, le détroussent. Coup du sort, le voilà sans ressources ! Comment rentrer et oser regarder sa mère en face, elle qui lui a tout donné !

Dans son désespoir d'avoir échoué, il défait la ceinture en soie de sa robe, l'accroche à la branche d'un arbre. Il enroule la ceinture autour de son cou : « Adieu, mère, je vous demande pardon. » Il se lance dans le vide, pendu à la ceinture.

Elle se rompt ! Coup du hasard ? Quand Lu Yi se relève, un moine se tient devant lui qui le sermonne : « Voyons, vous êtes jeune, pourquoi faire cela ? » Lu Yi lui raconte sa mésaventure, le moine Bonté Merveilleuse

tend sa canne vers le sud-est de la montagne : « De l'autre
côté, des gens pourront vous aider, allez-y sans tarder ! » Il
disparaît comme fumée dans le ciel. Coup de chance ?

Lu Yi, stupéfait, reste immobile un long moment
puis décide d'y aller. Il passe le col de la montagne et
découvre un petit temple perché à flanc de falaise, la
pagode Bienveillante Lumière. Le moine Clarté Lumineuse l'attendait.

Le moine Clarté Lumineuse lui raconte que son ami
Bonté Merveilleuse a fait un rêve : il a vu le jeune garçon venir, être pris par les brigands féroces, tenter de
se pendre… avec tout cela, pour aider ce petit Lu Yi en
difficulté, le moine lui est apparu au moment fatidique
et l'a sauvé. Le moine Clarté Lumineuse lui rappelle
que les moines sont charitables et toujours prêts à
aider, il lui remet un sac de monnaie. Lu Yi, impressionné, se prosterne mille fois, puis il reprend sa route.

Il marche à bonne allure quand résonne un coup de
tonnerre dans le ciel. La pluie tombe, il cherche un
abri. Plus loin, il aperçoit une auberge isolée. Il frappe
à la porte, une femme lui ouvre, il demande le gîte
pour la nuit. Elle lui répond que c'est impossible, elles
sont deux femmes seules, ce n'est pas convenable. Elle
claque la porte. Coup sur coup !

L'orage éclate, la pluie gicle de tous côtés, Lu Yi se
réfugie sous l'auvent de l'auberge. La nuit noire
l'entoure, il se presse contre le mur pour ne pas être
mouillé. Il entend des pleurs à travers le mur de
l'auberge, une jeune fille verse des larmes amères : « Je
ne veux pas épouser le quatrième fils de Lo le riche, je
ne l'aime pas. » Sa tante lui répond qu'elle n'a pas le
choix, Lo le riche est propriétaire de l'auberge, il faut

se soumettre. À l'idée de la séparation et de la vie qu'elle va mener, toutes deux fondent en larmes, serrées l'une contre l'autre. Lu Yi est ému, il y a plus malheureux que lui. Puis la nuit devient silence et Lu Yi grelotte de froid avec patience.

Au petit matin, il éternue, une voix interroge : « Qui est caché là ? » La porte s'ouvre, la jeune fille voit le jeune monsieur transi. Il a si froid qu'il ne peut plus parler. Elle lui sert une boisson chaude et un bol de riz. Entre deux bouchées, il raconte son aventure. La tante comprend qu'il est sincère et honnête, elle s'excuse pour la nuit et lui propose de partager leur repas et de se reposer. Il accepte volontiers. Han Kui, la jeune fille, a quinze ans à peine. Le quatrième fils de Lo le riche l'a remarquée et veut l'épouser, elle a refusé, il force le mariage sous peine d'expulser la tante de l'auberge. Lu Yi compatit, Han Kui est vraiment très jolie.

Le lendemain matin, coup de théâtre ! La tante se tord de douleur sur son lit, fièvre, vomissements, maux de ventre la tourmentent. Han Kui ne sait que faire. Lu Yi court à la pharmacie, achète des médecines, soigne la tante, s'occupe de l'auberge. En quelques jours, il utilise tout l'argent donné par le moine pour l'achat des thés, la tante n'est pas encore guérie. Lu Yi ne peut laisser la tante mourir, il n'a plus d'argent, Han Kui est bouleversée.

Dans le ciel passent les nuages, les vagues agitent la mer, ainsi malheurs et bonheurs se succèdent dans la vie d'un homme. Lu Yi n'a jamais imaginé que ce puisse être à ce point aléatoire.

Il retourne chez le moine Clarté Lumineuse, demande son aide une fois de plus. Le moine Clarté

Lumineuse, sans sourciller, approuve son geste : « Il est bien mieux d'aider quelqu'un en difficulté que devenir un bouddha, quand on en a l'occasion. » Il lui donne un sac d'argent, Lu Yi le remercie avec effusion.

La tante guérit peu à peu. Les semaines se sont écoulées, les liens se sont resserrés. Han Kui cherche un moyen d'aider Lu Yi à retrouver sa situation.

Dans la montagne se dresse la falaise Corde du ciel. Autrefois, son père l'emmenait au pied de la falaise, il lui montrait la paroi : « Regarde ! Là-haut est le théier magique… »

Han Kui revoit le père grimpant là-haut pour ramener ce thé unique qui vaut une fortune… Lo le riche avait entendu parler de ce thé rare, il avait voulu le posséder. Il avait obligé le père à le lui fournir, exerçant sur lui une tension permanente. Un matin de pluie, il a poussé le père à monter sur les hauteurs, celui-ci a glissé…

Le lendemain, avant l'aube, Han Kui part seule. Elle escalade la paroi de la Corde du ciel. Dès son retour, ses mains fines roulent les feuilles de thé récoltées, ses lèvres fredonnent souhaits d'amour. D'une feuille de ce thé mise dans l'eau bouillante, une fumée bleue s'élève de la tasse, l'être cher apparaît, disait son père… Les feuilles s'enroulent sur son secret de bonheur : « Lu Yi… »

Le destin coupe court. Lu Yi doit quitter l'auberge ! Le visage baigné de larmes, Han Kui lui donne deux petits paquets, lui offrant le thé de la falaise Corde du ciel. « Pour vous remercier », dit-elle… Lu Yi a le cœur remué. Han Kui a affronté un si grand danger pour lui… « Quand vous goûterez ce thé, souvenez-vous de moi… » Lu Yi a le cœur brisé, il est près de céder mais sa mère l'attend depuis si longtemps, il part. « Je ne sais pas quand nous pourrons nous revoir », dit-elle encore, ses lèvres tremblent un peu. « Bientôt », dit-il dans un dernier regard…

Lu Yi passe par la pagode Bienveillante Lumière. Avec tout l'argent prêté, il n'a pu rapporter que ces deux petits paquets de thé. Le moine Clarté Lumineuse ouvre un paquet : les feuilles sont fines comme celles du bambou ! Sa couleur claire, son parfum pénétrant ! Tout montre un thé sublime. Le moine Clarté Lumineuse est ravi : « La valeur de ce thé est sans égale et dépasse largement la somme que je vous ai prêtée ! » Lu Yi est surpris.

Le moine l'assure encore que ce thé l'aidera plus tard. À ces mots, Lu Yi se désole de ne jamais revoir la douce jeune fille. Le moine lui recommande de préparer le thé, il la reverra. La vapeur bleue se diffuse, lentement apparaît Han Kui. Lu Yi l'appelle, elle se tourne vers lui, son regard est tendresse, puis une grande tristesse voile son visage, elle s'évanouit peu à peu. « Ne partez pas, restez, mademoiselle Han Kui ! »

Mais la fumée bleue se disperse. Le moine Clarté Lumineuse se tait, le regard perdu dans le lointain…

Allez, saute ! La bouche pleine de feuilles du thé magique, elle s'élança dans le vide.

« Han Kui ! Non, ne fais pas cela ! » Le quatrième fils de Lo le riche criait son nom,

il l'aimait, criait-il, vraiment… Mais elle… elle voyait Lu Yi, le visage de Lu Yi,

elle volait vers lui entre les nuages…

Le quatrième fils de Lo le riche se pencha,

en bas, gisaient quelques feuilles de thé rougies,

peu à peu le sang rouge se répandait sur les pierres…

« Vous ne la reverrez plus.

— Pourquoi ?

— Depuis que vous êtes parti, le quatrième fils de Lo le riche l'a forcée au mariage, elle s'est jetée du haut de la falaise… »

Coup de tonnerre dans un ciel clair ! Lu Yi s'évanouit et tombe malade. Le bon moine le soigne dans la pagode. Comme la veine de la pierre se révèle quand elle est fendue, la chance va favoriser la guérison de Lu Yi.

Au palais impérial, la princesse est malade, aucun médecin ne parvient à la soigner, on cherche un médecin habile. Celui qui la guérira pourra l'épouser et recevra de l'or en récompense. Le moine Clarté Lumineuse dit à Lu Yi : « Le thé de Mlle Han Kui va vous être utile ! » Il lui indique comment procéder pour obtenir la guérison spectaculaire de la princesse.

Coup d'envoi pour un bel avenir ! Lu Yi se présente au palais. Un mandarin lui dit : « Vous êtes bien jeune pour oser accepter une telle mission, il ne faut pas traiter cela à la légère, vous serez accusé d'outrage et exécuté si vous échouez ! » Lu Yi répond que son remède est miraculeux et libère du mal instantanément. Il insiste pour que la princesse essaie une potion de son thé. Du thé, un simple thé ! Le mandarin est perplexe. Devant l'assurance de Lu Yi, il ordonne que soit préparée l'eau.

Et ce sera un coup de foudre ! Lu Yi infuse quelques feuilles du thé magique, la princesse recouvre la santé. L'empereur se réjouit, accorde à Lu Yi la main de la princesse et lui donne l'or promis. Il lui voue même une grande affection.

Lu Yi fait venir sa mère au palais et, pensant au sacrifice de Han Kui, il invite également la tante. Il offre l'or au moine Clarté Lumineuse de la pagode Bienveillante Lumière. On agrandit le temple et on fait des offrandes de lumières et d'encens, lors d'une grande fête, un jour de bon augure.

Depuis lors, la réputation du thé magique se répand partout, sous le nom de thé Han Kui. Tout le monde cherche ce thé de l'amour. Jusqu'à nos jours, ce fut ainsi.

Le thé Beauté Classique (Mi nü cha)

Le mont des Neuf Fleurs, Jiu Hua shan, est un site bouddhique sacré. Chaque année, on se rend en pèlerinage dans cette montagne pour faire les offrandes d'encens. En passant d'un temple à l'autre, on parcourt toute la montagne. Le sommet s'appelle la Terrasse du ciel, un lieu chanté par les poètes.

Yen Fei monte vers la Terrasse du ciel. Il est venu de loin pour contempler le paysage du mont des Neuf Fleurs. De là-haut, c'est à perte de vue des collines d'herbe verte, des villages protégés entre les bambous et les pins au pied de la montagne, rivières, cascades. Un dicton lui revient en mémoire

Lorsqu'on va visiter le mont,
Si on ne monte pas sur la Terrasse du ciel,
C'est comme si on n'y avait pas été.

Il est venu au mont pour fêter le Nouvel An, il a fait le tour des monastères et de leurs temples. Des bouffées d'encens montent vers les nuages, abondantes. Dans les cours, les enfants font éclater des pétards et courent en riant, la foule heureuse est dense. La mélancolie pousse Yen Fei sur les hauteurs.

Là-haut, il demeure plongé dans le spectacle de la montagne et du ciel, c'est au-delà de son imagination. Il ne sait ce qu'il cherche dans la vie...

Puis, un chant très doux le tire de sa contemplation. Le paysage est enrobé de brume. La montagne semble respirer, des souffles de brume s'élèvent ici, s'amenuisent là, comme des vagues sans cesse en mouvement. Entre deux respirations de brume, il voit un jardin de théiers. De jeunes servantes font la cueillette, elles chantent doucement.

Yen Fei reste dans l'ombre du feuillage. Entre les brumes apparaissent des détails, une veste matelassée rose, le visage blanc des jeunes filles aux joues rouges, leur sourire éclatant et leurs mains blanches, une hotte de bambou remplie de feuilles, cette fraîcheur... Il rêve jusqu'à la tombée du jour, les cueilleuses sont toutes parties...

Le lendemain matin, Yen Fei remonte à la Terrasse du ciel. Il se dissimule au même endroit. L'une des jeunes filles en chemisier rouge et jupe verte lui sourit, Yen Fei est surpris. Un seul échange de sourires et déjà le sentiment amoureux... Elle est belle, comment l'approcher ? les gardiens veillent. Mais elle déjoue la surveillance et parvient à s'éclipser, elle vient vers lui. Yen Fei la rencontre tous les jours.

La journée, les garçons lancent le chant, ils demandent le mariage, les filles répondent qu'elles cousent les chaussures de soie brodée, ils se disent : « Jouons au jeu de l'amour… » Le soir, assis sous un pin, Yen Fei et sa belle regardent le ciel, côte à côte, sans bouger. Les étoiles s'allument une à une et fusent les mots doux, un par un, ils glissent vers la nuit.

Malgré leurs précautions, le gardien s'en aperçoit : « Comment ! Une jeune cueilleuse doit être vierge et pure ! Ce thé a grande valeur, il est réservé à l'Empereur du Ciel. Cette petite servante qui ose fréquenter un homme en cachette risque de souiller le thé ! »

Il chasse Yen Fei de la montagne.

La jeune fille l'accompagne jusqu'au quatre-vingt-huitième col, l'officier lui ordonne de rentrer à la Terrasse. Avant de le quitter, elle remet à Yen Fei une petite boîte : « C'est un thé que j'ai cueilli et préparé avec soin toutes ces années. Le prendre avec vous, c'est comme si vous me gardiez auprès de vous. »

Le gardien les presse de se séparer. Leurs mains échangent la boîte précieuse. En larmes…

Yen Fei, de retour chez lui, ne pense qu'à elle. Il garde la petite boîte sur lui, serrée entre ses doigts. La regardant souvent sans y toucher, il n'ose franchir le rêve. Il maigrit de plus en plus, tombe malade, sa mère est inquiète.

Un jour, il prie sa mère de faire bouillir un peu d'eau de source, il désire faire une infusion de ce thé. De la petite boîte, Yen Fei sort quelques aiguilles de feuilles, les met dans une tasse, sa mère y verse doucement l'eau de source frémissante. La vapeur s'élève peu à peu, Yen Fei croit entendre le doux chant des cueilleuses. De la vapeur du thé émerge la belle jeune fille qui hante sa pensée. En chemise rouge et jupe verte comme autrefois, elle vient vers lui. Ses bras fluides enveloppent Yen Fei flottant entre les brumes du thé et celles de son rêve.

À côté de lui se tient sa mère, droite et sévère, elle aussi voit la jeune fille, elle se tait, étonnée au-delà de tout...

Tous les jours Yen Fei infuse deux ou trois feuilles de thé avec l'eau de source pour retrouver son amie dans la vapeur de la tasse. Le temps s'écoule, elle devient de plus en plus floue, lui de plus en plus vaillant. De son mal, il guérit progressivement. Le thé achevé, comment la garder ...

L'histoire est contée par tous les gens du village, d'année en année. Depuis ce jour, la chemise rouge et la jupe verte symbolisent l'amour pur.

Le thé au Lotus Blanc (Liu bai cha)

Xiong part se promener dans la Montagne Jaune[1]. Une fine pluie de printemps tombe. Il vient d'être nommé préfet de la région, il en est heureux.

Xiong découvre l'univers de la montagne. Les sommets disparaissent et réapparaissent noyés dans les brumes blanches qui semblent s'accrocher aux parois,

---

1. L'histoire se situe dans la province du Anhui. Sous la dynastie Ming, le fonctionnaire Xiong Kai Yuan fut affecté à la préfecture de Yi dans cette province du sud du Fleuve Jaune.

ailleurs glissent le long des falaises. Délices. Son serviteur derrière lui, tous deux suivent les sentiers sinueux
entre les pics vertigineux. Le soir tombe. Ils se perdent.
Angoisse.

Un coup de vent soulève le feuillage, le son d'une
clochette, un bonze apparaît au détour du chemin, le
chapelet dans une main, un panier dans l'autre. Large
bedaine, oreilles très allongées, bon visage souriant.
Xiong le salue avec déférence, le bonze joint les mains
au passage sans s'arrêter et poursuit son chemin, récitant la formule *A Mi To Fo*. Xiong court derrière lui :
« Nous sommes perdus ! » Le bonze lui jette un coup
d'œil, repère son allure de lettré et l'invite dans son
monastère.

Dans le sillage du bonze flottent des parfums subtils
que respire Xiong. « Ce sont des feuilles de thé », lui
explique le bonze, cueillies sur les sommets.

Du thé ! Sur les pics imprenables ! Le bonze
s'étonne de son ignorance. Xiong rougit, disant qu'il
vient de la ville. Il évoque son jardin où il sirotait le thé
en compagnie de ses amis, dans le petit pavillon. Tous
deux échangent sur les vertus du thé… « Mon thé est
spécial », lâche le bonze.

Au même moment apparaît le monastère. Les toits
verts, les murs ocre rouge, la forêt de pins alentour, la
sérénité, le torrent, tout cela surgit en même temps au
regard de Xiong. Le monastère haut perché sur un pic,
entre deux parois, et bordé d'une étroite vallée traver-
sée d'un torrent, tout cela est capté en un instant. Son
cœur s'apaise, tous ses soucis s'évanouissent.

Le bonze sort les feuilles du panier, prépare le thé.
C'est une révélation ! Le préfet observe les feuilles de

thé dans le bol : assez longues, elles offrent une couleur d'un vert légèrement jaune avec un doux éclat qui rayonne. Les petits bourgeons attachés aux feuilles ressemblent à des langues d'oiseau, leur pointe est recouverte d'un fin duvet blanc encore enveloppé d'une mince pellicule dorée. L'eau bouillante à peine versée, une fleur de lotus doucement s'épanouit, un parfum exquis se répand dans toute la pièce, comme le sommet de la montagne enveloppé de brume suave, tout cela est dans le bol de thé…

Le bonze sourit : « La fleur de lotus ! L'extase est belle… »

Xiong : « De cette fleur, l'enchantement… »

Le bonze ajoute : « Véritable trésor de la montagne… »

Xiong : « Quel est le nom de ce thé ? »

Le bonze dit : « Pointes Duveteuses de la Montagne Jaune, *Huang shan mao feng*. Ce thé pousse uniquement sur les sommets inaccessibles, toute l'année il baigne dans la vapeur des nuages. »

Puis il se lance dans une de ses histoires favorites : « On rapporte que l'empereur Chen Long était venu essayer des herbes médicinales de cette montagne mais commit une erreur et fut empoisonné. Le génie de la montagne ordonna à l'immortel chargé de l'office des Thés de préparer un thé avec l'eau de la source au pied de la montagne et de le donner à Chen Long comme antidote. Chen Long fut profondément reconnaissant et offrit un coussin de lotus blanc à l'immortel officier. Dès lors, à chaque infusion, la précieuse fleur de lotus émergeait du thé et lui servait de siège de méditation. »

Enivré de thé et d'histoires, Xiong boit en harmonie parfaite avec son hôte.

Tranquillement la conversation passe des trésors de la montagne aux événements de l'État, pour aboutir aux pensées intimes. Plusieurs jours se passent dans cette entente. Chaque jour, Xiong part en randonnée dans la montagne dès l'aube et revient le soir tard. Dans une montagne toujours changeante, il admire le merveilleux de cet univers.

Un matin de bonne heure, il prend congé du bonze et celui-ci lui remet un petit paquet de son thé. Émotion intense, grande amitié. Le bonze lui donne également une gourde de l'eau de source, car seule cette eau fait naître la fleur de lotus. Xiong, d'une reconnaissance infinie, s'incline devant le bonze, puis ils se quittent.

De retour chez lui, son vieil ami le préfet de Taiping vient lui rendre visite. Après de longs mois de séparation, ils se revoient avec joie. Pour honorer son ami, Xiong lui fait goûter le fameux thé. Son ami connaît le même ravissement, en voyant la fleur de lotus s'épanouir, il ne tarit pas d'éloges. Xiong, heureux de lui faire plaisir, spontanément, lui offre la moitié du paquet.

Aussitôt son ami le quitte. Il ne rentre pas chez lui.

Il se précipite vers la capitale, faisant crever les chevaux sous sa cravache. Au palais, il se fait annoncer sans tarder : il veut offrir un thé magique à l'empereur. L'empereur le reçoit en audience, le préfet de Taiping décrit en détail ce thé aux vertus magiques et sa fleur de lotus, l'empereur le félicite, le préfet de Taiping demande une récompense, mais les dames de la cour, ne pouvant goûter le thé réservé à l'empereur, désirent voir cette fleur et préparent le thé. Quelle n'est pas leur déception ! Les feuilles flottent dans une couleur pitoyable, aucune fleur n'apparaît.

Mort de peur, le préfet se courbe, attendant la sentence. L'empereur laisse éclater sa colère, l'intendant traduit : « Misérable petit préfet de province qui ose se moquer de son empereur ! » Le préfet accuse son ami Xiong de l'avoir trompé avec un thé de mauvaise qualité, l'empereur le fait chercher.

Xiong, ne sachant quelle est la cause de cet ordre impérial, se présente dans la salle du Trône Céleste, l'empereur fait signe à ses gardes. Quand ceux-ci saisissent Xiong, il les arrête d'un geste :

« Quel crime me reprochez-vous ?

— Vous osez me le demander ? Vous avez trompé le préfet de Taiping en faisant passer des herbes sauvages pour du thé de lotus blanc qu'il venait m'offrir. »

Xiong comprend toute l'affaire. Outré de la trahison de son ami, il annonce :

« Vénérable empereur aux dix mille vies, pour obtenir la fleur de lotus il faut préparer le thé avec l'eau de la source du ciel.

— Vous avez un mois pour la rapporter ici. Si le lotus blanc n'apparaît pas, vous et votre famille serez maudits à jamais ! errant sur la terre, sans accès au paradis de l'Ouest. »

Implacable malédiction ! La cour frémit ! L'empereur le renvoie d'un geste et garde le préfet de Taiping à la cour. Xiong ôte son bonnet de mandarin, revêt un simple vêtement bleu, et quitte la capitale pour le monastère de la Montagne Jaune. Il se rend chez son ami le bonze.

Indignés d'une telle injustice, ils le sont vraiment. Pour aider son ami Xiong, le bonze l'emmène à la source derrière le monastère. Au moment où ils arrivent devant cette source, le soleil se lève, l'eau frémit, une gourde apparaît à la surface, portée par une vague, elle se pose sur le bord. Le bonze la ramasse et la tend à Xiong : « Voici la gourde précieuse remplie de cette eau très pure, elle n'apparaît pas toujours même si on la demande. Elle a jailli spontanément de la source de la montagne, elle vous est destinée. Grâce à elle, vous pourrez faire advenir vous-même la fleur de lotus à la capitale. »

Xiong, ému au-delà de toute expression, s'incline profondément devant lui. Le vénérable le relève : « Ne me remerciez pas, nous nous reverrons certainement ! »

Xiong descend la montagne, lentement, il ne peut se résoudre à quitter ce bon moine. Il se retourne à chaque pas, inquiet de le revoir jamais, ne sachant ce qui l'attend à la capitale...

Dans la salle d'audience, une centaine de grands officiers de l'armée, une centaine d'officiers de l'administration, tous en rang de part et d'autre du trône, la foule des courtisans, tous veulent assister à cet événement. Le bourreau attend dans un coin proche de l'empereur...

Xiong passe entre les rangs jusqu'au pied du trône, l'empereur dit : « Petit préfet de province, tu n'as pas manqué à ta parole. Maintenant prépare le thé ! »

Les dames d'honneur prennent l'eau de la gourde, la font chauffer, puis apportent une coupe de jade translucide. Lentement, au risque de perdre sa vie, Xiong lui-même met quelques feuilles dans la coupe, y verse l'eau de source frémissante.

La tasse de jade resplendit, pure lune au milieu de la salle chargée d'or et de vermillon. Tous sont suspendus à ses gestes. Lentement, la vapeur d'eau tourne autour de la coupe, dessine un grand cercle dans l'air et la fleur de lotus s'élève, majestueuse, doucement s'ouvre chaque pétale... Peu à peu, elle se disperse, laissant un parfum délicat dans l'espace...

Beauté indicible qui fait taire toute velléité. L'empereur contemple, l'assemblée est fascinée. Silence ému, longtemps après la disparition de la fleur...

Puis tous s'exclament que cette fleur de lotus est l'annonce d'un bonheur céleste pour l'empereur. Ils font des souhaits de longévité. L'empereur reconnaît la qualité de Xiong : « Votre thé est grand mérite, je vous nomme gouverneur de la province de Jiang nan, vous prendrez vos fonctions dans trois jours! »

L'empereur lui remet la ceinture de jade, signe de la plus haute distinction. Tous ceux-là venus pour sa décapitation à présent le félicitent. Le préfet de Tai-ping s'éclipse ruminant sa honte.

Xiong est honoré, certes, mais en proie à des sentiments contradictoires et ne sait plus que penser. Il ne supporte pas ces courtisans vacillant entre cruauté et flatterie, et son amitié est déçue. Le cœur lourd, il se dit que si le thé de la Montagne Jaune possède une telle exigence de pureté, l'homme doit en montrer autant dans son attitude. Il dépose sa tenue d'apparat et sa ceinture de jade, et se retire de la cour.

Après un voyage de plusieurs jours, le monastère de la

Vallée des Nuages se profile à l'horizon, il voit les toits entre les pins. Allant à petits pas, il savoure sa venue. Le bonze l'accueille : « Je savais que vous refuseriez ! »

Le temps s'écoule. Les deux amis échangent les pensées les plus intimes. Ils goûtent le thé dans le silence du jour et celui de la nuit… Xiong reste auprès du bonze, il devient moine et prend le nom de Zheng zhi, « Aspiration droite ».

De nos jours, on peut voir les vestiges d'une vieille tour appelée autrefois « tour du Grand Maître Pi Yan », on rapporte qu'elle abrite la tombe de Zheng zhi. Le chemin mène à un vieux temple, immuable sérénité dans le cœur profond de la montagne. Chemin bordé de pins élancés et de bambous touffus quelque part dans la Huang shan, la Montagne Jaune…

Le thé des Oiseaux (Niao yu cha)

Un couple aime le thé et les randonnées. Tous deux vivent dans un village de montagne. Ils aiment suivre les sentiers éloignés. Chaque année, ils récoltent les feuilles des théiers sauvages. Ils connaissent de bons endroits.

Un jour, ils trouvent sur le chemin un oiseau blessé. Ils le ramènent chez eux, soignent sa patte cassée. L'oiseau chante tous les jours. Quand il est guéri, il s'envole.

La nuit de son départ, le couple fait un rêve. Dans ce rêve, l'oiseau leur parle : « J'étais poursuivi par un aigle, je suis parvenu à m'échapper, vous m'avez sauvé, je ne l'oublierai pas, je vous serai reconnaissant ! »

Quelques jours plus tard, le ciel devient entièrement noir, des nuées d'oiseaux se posent sur le toit de la maison et couvrent toute la cour. Le couple se cloître à l'intérieur, n'osant bouger. On entend piaillements et bruits d'ailes. Les oiseaux vont et viennent, ils montent et descendent. C'est un tourbillon étourdissant pendant trois jours. Les villageois, effrayés, sont mécontents.

Puis tout se tait.

Au petit matin, le couple sort prudemment. Dans la cour se dresse un énorme tas de feuilles de thé ! Un thé d'excellente qualité : ce sont de jeunes bourgeons de printemps. Reconnaissance de l'oiseau. Le couple est heureux et remercie l'oiseau. Ils torréfient les feuilles, les vendent un bon prix et deviennent riches.

Le voisin, maigre et avare, s'étonne de leur richesse soudaine. Il est déjà riche, il veut le devenir plus. Il interroge le couple, on lui explique tout. Le voisin va dans la montagne, il trouve les théiers sauvages. Un oiseau est perché sur l'un d'eux, il chante. Le voisin l'attrape, le laisse tomber, l'oiseau est blessé, le voisin le soigne. L'oiseau guérit et s'envole. Le voisin attend impatiemment. Il attend toujours !

Le thé du Sommet Meng (Meng ding cha)

Dans les temps les plus reculés, au fond d'une grotte du fleuve Yangzi, vivait un poisson exceptionnel. Pendant des millénaires il avait cultivé le *qi*, son énergie vitale. Après mille années d'exercices ardus, de transformation en transformation, il réussit à devenir une immortelle, Yu Xian. Elle vivait dans le palais de Cristal, avec ses compagnes, gardées par le génie gardien du fleuve.

Yu Xian se languit sous les eaux. Lasse de sa solitude et du froid qui règne dans le palais de Cristal, elle nage le long des rives et regarde éperdument les couples d'amoureux qui se promènent sur le chemin, main dans la main, ceux qui rient assis dans l'herbe au soleil… Tout l'été elle rêve en les regardant.

À l'automne, elle quitte la grotte à l'insu du génie gardien du fleuve. Elle sort de l'eau jeune fille et Yu Xian part se promener dans la montagne Meng. Elle découvre les sommets, tout le paysage contemplé du fond de l'eau. Cela dépasse son imagination : les collines vertes, l'eau transparente, les cinq pics splendides, les fleurs… tout l'enchante. Le domaine des immortelles ne vaut pas en beauté celui des hommes, se dit-elle.

La forêt s'ouvre devant elle, elle s'y enfonce, sans voir qu'elle s'éloigne dangereusement du fleuve, de son monde. Elle contourne une pente escarpée, arrive dans un creux entre deux sommets, quand elle distingue soudain sur le sol quelque chose qui brille. Elle reconnaît des graines de thé aux reflets irisés. Elle se demande d'où elles peuvent provenir, se dit qu'elles lui sont peut-être destinées… Elle les ramasse et les glisse prestement dans la poche intérieure de sa robe. Comblée, elle redescend de la montagne.

Dans la forêt, elle croise un jeune homme, il est beau, elle l'aime aussitôt d'un amour absolu. Wu Li zhen lui aussi tombe éperdument amoureux d'elle. Comme elle n'a pas de carré de soie, Yu Xian offre à Wu les graines de thé en gage de son amour : « L'an prochain, je reviendrai ici, je serai à toi pour toujours ! Quand les graines auront germé… »

Comme il attend ce jour ! Tout au long de l'année, tout au long de son amour… Wu, heureux, retourne au sommet du mont Meng, il choisit un coin fertile pour semer les graines. De retour chez lui, il raconte à ses parents la belle rencontre.

Le printemps suivant, aux premières hirondelles qui reviennent, Wu prend son sac de cueillette, emporte quelques provisions, dit adieu à ses parents et suit le sentier de la montagne. Il retrouve l'endroit précis où il a semé les graines et s'installe sous un abri. Patiemment, l'attente…

Aux premiers rayons de soleil ardents, les jeunes pousses timides pointent leur tige, un léger parfum se répand, il relève la tête : Yu Xian est là ! Debout devant lui ! Souriante…

Il construit une petite maison, ils s'y installent, ensemble ils cultivent le thé. En hiver, quand le froid est trop sec, Yu Xian ôte son châle blanc qu'elle lance en l'air, une brume blanche se diffuse, enveloppe le sommet de la montagne. Les théiers bien protégés restent dans l'ombre lumineuse de ce vaste châle flottant.

Après trois années de travail continu, ils obtiennent un thé de haute qualité. Le fameux *Meng ding cha*. C'est un moment intense, celui de goûter le thé de leurs années de vie. Ce goût de réglisse dans la gorge.

Pour eux, c'est pluie versée par les nuages de printemps sur la terre enivrée. Que fait-elle avec son châle ? Yu Xian le fait glisser de ses épaules sur celles de Wu, tous deux sous le même châle…

Yu Xian donne naissance à un garçon et une fille. La famille vit heureuse. Parfois ils descendent dans les villages avoisinants et donnent leur thé, aux uns pour les soulager de leurs maux, aux autres pour éveiller leur esprit.

Pendant tout ce temps, dans le royaume des eaux, on cherche Yu Xian. Le génie gardien du fleuve a cru à un caprice. Quand l'hiver s'installe, il s'inquiète. Après ces longs mois d'absence, il fait faire des recherches alentour, nulle trace visible, l'amour la protège bien là-haut.

Mais les villages… les bavardages… le murmure des eaux… Le génie gardien du fleuve apprend sa nouvelle existence. Il est outré ! Dans le monde des eaux souterraines, l'alliance avec un homme est interdite aux immortelles. Il la somme de rentrer à la grotte avant l'automne. Elle aime Wu, elle reste. Le génie gardien lance foudre et tonnerre sur eux ! Elle a pitié de ses deux enfants effrayés et de son époux. Soumise à la loi du peuple des eaux, elle se sent obligée de les quitter. Elle implore un délai d'un mois, le génie gardien accepte.

Le moment du départ arrive si vite :

« Je dois partir.

– Nous reverrons-nous ? »

Elle ne répond pas, Wu reste sans voix. Le dernier thé est pris, ils restent assis l'un près de l'autre, pour seuls mots d'amour les sons de la montagne…

Wu veut l'accompagner, cherchant à la retenir. Elle le regarde doucement, ce n'est pas elle qu'il faut attendrir... À mi-chemin, devant le vieux puits, le châle glisse de ses épaules, Yu Xian se coule dans le puits, Wu se penche : un frémissement dans l'eau lointaine, déjà disparue.

Wu prit soin des enfants, fit grandir la plantation de théiers. La vie était dure mais Wu, le châle sur lui, se sentait fondre de douceur. Chaque printemps, il lançait le châle en l'air comme il avait vu Yu Xian le faire. Le miracle avait lieu, une brume lumineuse s'étalait sur les sommets : « Tu es de retour, bienvenue, amie. »

Il se tenait sur le pic le plus élevé, pendant des heures, contemplant la magie de la brume blanche, sa musique. Il chantonnait doucement les stances que Yu Xian aimait, la brume blanche s'animait, changeait de forme, conversation entre roches et vents. Les théiers étaient imprégnés de cette atmosphère d'amour et de poésie blanche...

À quatre-vingts ans, il ressentit une grande nostalgie. Sous une pluie fine, il quitta les sommets. Il laissa le châle plié sur le lit pour son fils et sa fille. Il descendit ce chemin qu'il avait suivi avec Yu Xian autrefois et qu'il n'avait plus repris depuis. Il reconnut le puits qui était resté intact, il se laissa aller vers son épouse, la belle immortelle. À peine quelques rides sur l'eau sombre.

Plus tard, dit-on, un empereur reconnut les mérites de Wu et de sa plantation, il lui décerna le titre de « grand maître *chan* du Nectar Miraculeux ».

Le *Meng ding cha* existe depuis plus de mille ans. Dès l'époque Tang, il fut choisi comme offrande réservée aux empereurs. Jusqu'à la dynastie Qing, ce fut ainsi. Grâce au cheval plus rapide que le vent.

La cueillette de ce thé, le séchage et le conditionnement étaient l'objet d'un rituel précis et rigoureux. La cueillette se faisait aux toutes premières pluies de printemps, ni avant ni après. Pour inaugurer ce moment, le préfet de la région prenait un bain afin de se purifier, mettait des vêtements neufs, puis il se rendait au temple Zhi Ju de la montagne Meng. La table du culte était dressée, on accomplissait le cérémonial des banderoles rituelles, on faisait les offrandes au ciel. Ensuite, le préfet montait au sommet de la montagne avec neuf jeunes bonzes sélectionnés pour cueillir le thé. Chaque bonze prenait quarante feuilles sur les sept théiers, le préfet cueillait cinq feuilles seulement sur les théiers, ils avaient au total trois cent soixante-cinq feuilles, pour symboliser les jours de l'année. Ils les mettaient dans des paniers d'osier neufs pour les rapporter au temple et procéder au séchage. Dans le temple, ils grillaient les feuilles tout en les roulant, séparant chaque feuille, chaque bourgeon, pour obtenir des cordons qu'ils séchaient à l'ombre à petit feu. Enfin, ils les conditionnaient dans des boîtes d'étain, les enveloppaient dans de la soie jaune, couleur réservée à l'empereur, puis ils apposaient la date de fabrication. Ils choisissaient un jour faste pour l'apporter à la capitale et l'offrir à l'empereur.

L'empereur appréciait particulièrement ce thé quand il était préparé avec l'eau du fleuve Yangzi. Il envoyait ses gardes chercher l'eau à un endroit précis, à la section de navigation entre deux boucles du fleuve décrites et consignées. Celui qui était préposé à cette tâche devait prendre un bain rituel, réciter les prières appropriées, puis dans la barque attendre minuit pour ramer vers les courants rapides au cœur du fleuve, plonger la théière en étain, ouvrir le couvercle avec une cordelette neuve fixée au couvercle, la remplir de cette eau, remonter la théière, la refermer hermétiquement, puis l'apporter dans la même nuit à la capitale en parcourant mille lis sur le coursier volant, plus rapide que le vent. Seuls les chevaux du Ferghâna pouvaient accomplir cet exploit jusqu'à suer des filets de sang.

Les empereurs n'ont jamais manqué à ces différentes étapes, pour offrir le précieux thé aux mânes des ancêtres, lors de la cérémonie du culte aux ancêtres.

> « *Cheval du Ferghâna, ce barbare de renom :*
> *Ossature aux angles saillants*
> *Oreilles droites en bambous taillés*
> *Pattes légères, soulevées par le vent*
>
> *Où tu vas rien ne t'arrête*
> *Je te confie bien, et ma vie, et ma mort*
> *Puissant coursier : qui pour t'égaler ?*
> *Sur dix mille lis, ce galop du vent !* »

Du Fu

Le thé Sunglo (Sunglo cha)

Dans les brumes du lointain s'élève une montagne aux pentes escarpées.

De loin, le voyageur qui marche sur le sentier aperçoit des reflets irisés, il découvre une pente entière couverte de plantations de théiers, leur parfum se mêle à la rosée du matin. La brume apparaît et disparaît comme le grand souffle de la montagne, porté par le jeu des vents.

Le voyageur marche paisiblement, quand surgissent deux théiers blancs qui volent devant lui et filent à toute allure, disparaissant entre les brumes.

Les villageois lui racontent...

Sur une montagne couverte de forêts de bambous vivaient Sung et Lo. Le jeune homme Sung et la jeune fille Lo ramassaient des herbes pour en faire des médecines. Quand Sung marchait devant, Lo le suivait de près, quand on voyait Lo, Sung apparaissait aussitôt. Dans le sillage l'un de l'autre, Sung et Lo étaient toujours ensemble, les gens les aimaient bien.

Chaque année, les gardes du palais impérial traversaient les provinces pour ramener les filles les plus belles et faire d'elles les concubines de l'empereur. Certaines avaient la chance de lui plaire, les autres se flétrissaient entourées de haine, jalousie ou dédain sans connaître ni joie ni bonheur. Le peuple le savait, et les pères cachaient leurs filles dans les forêts.

Lo est belle, les gardes la repèrent, elle s'enfuit dans la montagne. Sung la rejoint et l'emmène sur les sentiers écartés mais les gardes aguerris les talonnent de près.

Acculés au sommet de la falaise, Sung et Lo désespèrent, les gardes surgissent. Dans un dernier regard d'amour, ils sautent dans le vide. Main dans la main, ils ont sauté ensemble. Les gardes au bord de la falaise se penchent, les amoureux ont disparu, à leur place, deux phénix dorés s'élancent de la vallée. Ils volent de concert, aile contre aile. Sung et Lo devenus phénix disparaissent dans le ciel, lointains...

Les habitants de la montagne élèvent un temple en hommage à Sung et Lo, ils font des offrandes de fleurs. Les récoltes sont toujours belles, les gens disent que Sung et Lo les protègent, le temple lui aussi prospère.

Un jour, à la fête de la pleine lune d'automne, le moine You fang vient dans ce temple. La nuit, ne pouvant dormir, il contemple la pleine lune dans la cour. À côté de lui, deux grandes jarres remplies d'une eau d'un vert profond captent son attention. La lune plonge dedans, You fang aperçoit des reflets d'or, dans le fond des jarres. De l'or !

Le lendemain matin, You fang propose à l'abbé du temple d'acheter les deux jarres, l'abbé accepte, ces deux jarres ne servent à rien. Le moine exulte sans dire ce qu'il y a vu.

Il revient avec l'argent et deux porteurs, mais les deux jarres à présent sont parfaitement vides ! You fang est furieux : « Dans ces jarres sont deux phénix dorés ! L'eau de ces jarres est miraculeuse ! Mille maux, elle aurait guéri de mille maux ! » Il quitte les lieux à grands pas, furieux encore. Il a vu deux phénix danser d'une jarre à l'autre...

À l'entendre, l'abbé, curieux, se précipite là où l'on a déversé l'eau. Deux sources sont apparues. Elles s'écoulent comme deux petits dragons blancs courant l'un après l'autre. Les deux ruisseaux glissent, s'entre-croisent, continuent, entre les cailloux, s'élancent.

L'abbé dit : « Ce sont les esprits de Sung et Lo, ils ne veulent pas être pris ! »

À ces mots, au passage des ruisseaux, naissent deux théiers, de minuscules théiers. Ce sont encore Sung et Lo, ils nous protègent, disent les habitants de la montagne. Depuis, on appelle ce thé Sunglo. On cultive les théiers, cela devient un grand jardin de thé.

Parfois deux théiers disparaissent de la plantation. De rares voyageurs disent que deux théiers blancs se promènent dans la montagne, ils les ont vus là-haut. Leurs feuilles sont translucides comme le jade blanc. Si on s'approche pour en cueillir, les deux théiers s'enfuient et se posent plus loin, chaque fois qu'on les rejoint, ils s'échappent. Ils jouent ! Et les habitants de la montagne rient. Ils volent comme deux oiseaux heureux de leur liberté. L'un derrière l'autre, ils courent, se dépassent et plus loin se rattrapent, racontent les voyageurs fascinés. Ce sont Sung et Lo, leur dit-on en riant.

Leurs feuilles donnent mille ans d'âge à qui les goûte, rêvent les connaisseurs. Aucun habitant de la montagne ne penserait à en cueillir : « Sung et Lo nous protègent, il ne faut pas les déranger, Sung et Lo aiment la vie, pourquoi la leur voler ? »

Et les habitants se sentent mieux quand ils pensent à eux.

Au voyageur, les villageois ont tout raconté…

La brume apparaît et disparaît comme le grand souffle de la montagne. Une pente un peu dissimulée est couverte de théiers, leur parfum se mêle à la rosée du matin. De loin, le voyageur aperçoit ses reflets irisés. Dans les brumes du lointain s'élève cette montagne aux pentes escarpées. C'est dans le district de Xingling, dans la province du Anhui, si vous avez de la chance… Regardez ! Ici !

*

Dans la montagne

> *« Sous le pin, l'ami interroge*
> *Le disciple répond :*
> *Le maître est parti chercher des herbes*
> *Quelque part, là-bas, au cœur de la montagne*
> *Nuages profonds : on ne sait où… »*

Chia Tao, VIIIᵉ siècle

> *« Le maître se promène dans la montagne.*
> *À son retour, le disciple l'interroge, il désire savoir où*
> *le maître est allé.*
> *"Là-bas, dans la montagne, répond-il.*
> *— Mais quel chemin avez-vous suivi ? Qu'avez-vous*
> *vu ?*
> *— J'ai suivi l'odeur des fleurs et j'ai flâné selon les jeunes*
> *pousses. " »*

Conte zen

À l'origine…

Du temps de Nügua[1]

Le Tao créa la terre, l'eau, l'air, le feu et l'éther.
Les éléments engendrèrent le temps et l'espace.
Le temps et l'espace engendrèrent les souffles.
Les souffles les plus légers allèrent vers le haut
et créèrent le ciel. Les souffles les plus lourds
descendirent vers le bas et créèrent la terre.
Ainsi la terre et le ciel furent séparés.

Le haut et le bas prirent place.
La terre présentait son dos au ciel.
Le ciel se collait à elle.
On pouvait circuler de haut en bas.
Aisément, librement, aussi souvent que l'on voulait.

Devant ces débuts scandaleux, l'esprit et la matière
se disputèrent la préséance du haut.

---

1. Reine mythique des origines, prononcer *Nüwa*.

L'esprit : l'Empereur Jaune, le soleil du firmament.
La matière : le démon des ténèbres, Tchou Jong, le
  démon cornu.
Ils luttèrent longtemps de tous leurs pouvoirs, de
  toutes leurs magies.

Pendant ce temps les dieux vivaient sur terre.
L'un d'eux découvrit l'argile, il en fit un bol.
Ce jour-là fut une accalmie entre l'Empereur Jaune
  et Tchou Jong.
L'Empereur Jaune se laissa guider par le vol d'une
  grue
qui l'entraîna vers la grotte du dieu. L'Empereur
  Jaune vit le bol
rond comme la lune, lumineux comme le soleil.

Dès que le dieu quitta la grotte, il sortit de l'ombre
  pour mieux voir le bol,
mais le démon des ténèbres se jeta entre ses jambes,
  il l'avait suivi !
La lutte reprit de plus belle entre eux.
On ne savait qui allait l'emporter : l'Empereur avait
  le dessus
mais non ! Tchou Jong reprenait l'avantage.

Soudain, Tchou Jong fut projeté contre la voûte du
  ciel,
sa tête cogna le dôme de jade azuré,
toutes les étoiles furent chassées de leurs nids,
s'échappèrent par ce trou et s'éparpillèrent dans
  l'univers.
La lune errait triste et perdue.

Le démon des ténèbres était vaincu, il se réfugia
   dans le fond de la terre.
L'Empereur Jaune était vainqueur, mais il était
   désespéré, il y avait ce trou dans la voûte du ciel.
Il chercha quelqu'un capable de restaurer les cieux.

Il alla au nord, jusqu'à la grande mer des glaces, il
   scruta l'horizon, il attendit longtemps, personne.
Il alla à l'ouest, jusqu'à la mer du soleil couchant, il
   scruta les vagues, il attendit longtemps.
Il alla au sud, jusqu'à la grande mer australe, il
   scruta l'horizon, personne.
Il alla à l'est, à la grande mer orientale, il scruta les
   vagues, il n'attendit pas longtemps, une lueur
   apparut.

Et la déesse Nügua émergea de l'eau.
Elle avait une queue de dragon,
et la queue lentement s'éleva hors de l'eau, montant
   en spirales,
puis la déesse Nügua s'assit sur sa queue comme sur
   un trône.
Elle portait une armure de feu resplendissante.
Ses cheveux dressés sur la tête formaient une couronne.
Elle était belle, terrifiante.

L'Empereur Jaune lui tendit le bol en offrande,
le bol rond comme la lune, brillant comme le soleil.
La déesse était entourée de ses suivantes,
toutes très belles, debout sur des nuages colorés...

L'une d'elles vola vers lui, prit le bol et le remit à la
déesse Nügua.

D'un geste de la main, elle le transforma en chaudron,
elle y souda les cinq couleurs de l'arc-en-ciel
puis elle les posa sur la voûte du ciel.
Le trou fut réparé et les cieux restaurés.

Puis, d'un geste de la main, elle transforma le chaudron en bol,
la même suivante rendit le bol à l'Empereur Jaune.
Puis toutes disparurent et la déesse Nügua redescendit dans l'eau,
au fond, tout au fond de la mer orientale, dans son
palais de cristal.

Cela laissa l'Empereur rêveur,
il se disait qu'il y avait un secret dans ce bol
ce qu'on y mettrait révélerait ce secret.
Il essaya des racines broyées, des graines concassées,
de la soupe, aucun résultat,
il tenta le vin, furent tentés aussi
du jus de pêches écrasées,
de l'ambroisie, aucun résultat.
Le bol attendait un breuvage subtil,
il attendit longtemps.

Shennong

En l'année – 2723, l'empereur Shennong avait inventé l'agriculture pour son peuple. Il avait instauré l'hygiène en obligeant son peuple à boire de l'eau chaude pour éviter les maladies. Chaque année il parcourait son royaume pour voir ce qui pouvait améliorer leur vie.

Cette année-là, il traverse une immense plaine dans une chaleur torride, il a envie d'un peu d'air frais et décide de monter sur les collines. Il suit le sentier étroit qui grimpe le long de la pente, arrive devant une grotte à mi-pente, s'arrête et demande à son serviteur de préparer un bol d'eau chaude. L'empereur Shennong s'assied à l'ombre de deux grands arbres, il regarde le paysage. La grande plaine s'étale au pied de la colline, il voit le grand lac turquoise, les villages aux toits vernissés éparpillés dans la plaine, au loin les montagnes couvertes de neige. C'est tellement beau qu'il reste plongé dans sa contemplation.

Pendant ce temps, le serviteur fait chauffer la bouteille d'eau sur le réchaud rempli de braises rouges. Quand l'eau est chaude, il la verse dans le bol de l'empereur, le bol rond comme la lune et resplendissant comme le soleil, puis il pose le bol sur une pierre plate devant Shennong et il s'agenouille sur le côté en attendant que l'empereur boive l'eau. Mais l'empereur ne bouge pas.

Soudain le vent se lève, balance les branches de l'arbre au-dessus de Shennong, quelques feuilles se détachent, elles volent ici et là un moment puis tombent dans le bol de l'empereur. Le serviteur est pétrifié de peur.

Que faire ? Il ne peut toucher l'eau de l'empereur vénérable, ce serait souiller l'eau précieuse. Il ne peut laisser les feuilles ainsi, il serait puni de coupable négligence.

Comme l'empereur Shennong reste immobile, le serviteur se dit : « Je vais jeter cette eau et la remplacer par de l'eau chaude fraîche. » Il avance la main. À ce moment-là, l'empereur sort de sa contemplation et prend le bol. Quand il voit les feuilles, il fronce les sourcils, mais dans l'extase de la beauté contemplée, il ne dit rien, il prend les feuilles et les jette à côté de lui.

L'empereur Shennong regarde cette eau, elle est d'une couleur verte un peu dorée, il respire, elle dégage un parfum humide de fleur au printemps, il goûte, il sent une grande force entrer en lui, elle le tiendra éveillé toute la nuit.

Ainsi fut le premier thé.

Lu Yu

Un jour, quand le royaume des Han fut né, un homme et une femme s'aimaient, bientôt la femme fut enceinte, elle accoucha d'un garçon déjà grand, mais l'homme ne voulut pas d'un tel fils, il déposa l'enfant sur la rivière. Le garçon flotta sur les eaux durant de longs jours.

L'abbé Shin Chan du monastère Nuage de Dragon marchait le long de la rivière quand il aperçut le garçon, il le prit et l'emmena dans son monastère. Il fallait lui donner un nom, il l'appela Lu Yu, un nom prédestiné pour qu'il devienne un bon moine.

Mais Lu Yu n'avait nulle envie de devenir moine, la prière ne l'intéressait pas, il préférait étudier les textes sacrés et la calligraphie. L'abbé Shin Chan se fâcha et l'envoya « garder les trente vaches du monastère là dans les prés, cela te fera passer l'envie d'étudier, rends-toi utile ». Mais cela n'empêcha pas Lu Yu d'étudier, on pouvait le voir assis sur le dos des vaches peindre les caractères de calligraphie.

Les autres moines trouvaient cela inadmissible, ils avaient vu Lu Yu se servir de la queue de la vache comme d'un pinceau pour calligraphier, il fallait le chasser, il était une honte pour le monastère. L'abbé Shin Chan était très ennuyé, il aimait beaucoup son fils adoptif, mais il fallait suivre les règles du monastère, il décida de sévir : « Je lui parlerai dès demain. »

Le soir même, une troupe de théâtre ambulant donnait une représentation, au village en contrebas du monastère. Lu Yu se faufila par une porte dérobée, il courut toutes robes relevées pour arriver à temps à la représentation. Le lendemain, il accompagnait la troupe sur les routes !

Ils allèrent de villes en villages, de collines en vallées. Lu Yu en usait des sandales de corde qu'il abandonnait le long des routes avec toutes les autres sandales abîmées ! Lu Yu observait les coutumes des gens partout où ils passaient, il écrivait des pièces de théâtre que ses amis jouaient le soir devant les habitants, ils avaient beaucoup de succès.

Un jour, ils arrivent dans les montagnes, à l'ouest, au Sichuan. À l'entrée d'un village, Lu Yu voit un jardin de buissons, des jeunes filles en cueillent les jeunes feuilles, il n'a jamais vu cela, il leur demande ce qu'elles font :

« *Shenme zuo ma ?*
— *Women caizhai yezi !*
— *Weishenme ?* »

Comme il ne comprend pas, elles l'emmènent dans une maison au bord d'un étang. Là, sur la terrasse qui surplombe le vaste étang, des hommes sont assis sur des tabourets devant de petites tables. Ils fument la pipe, jouent aux échecs, certains font chanter leur rossignol dans leur cage. Une dame dans sa longue robe passe entre les tables, pose de petits bols et y verse de l'eau chaude. Les hommes se délectent de ce breuvage.

Lu Yu fait de même, il susurre, il aspire fortement, c'est bon, très bon. Il demande le nom de cette boisson. « *Cha. Zhe shi cha.* » *Cha*, le thé ! Le mot magique qui ouvre toutes les portes.

Il interroge ses voisins sur l'origine de ce thé quand on entend un brouhaha dans le fond de la salle. Trois filles, dans leur longue robe rose ou verte, s'avancent, trois hommes portent chacun un tambour en bandoulière, ils prennent place. Les filles racontent leurs histoires. Elles évoquent les légendes d'origine du thé, au rythme des tambours, et les images défilent devant l'esprit de Lu Yu… Les trois filles terminent leur chant, les hommes cessent de rythmer les tambours.

Dans la maison de thé, les voix se taisent, les hommes rêvent d'ailleurs… Mais la passion de Lu Yu pour le thé ne se tait pas, il parcourt tous les jardins de thé à travers le pays, goûte les multiples eaux qui servent à la préparation du thé. Il ne se passe pas un seul jour sans qu'il ne prépare le thé. Il devient un expert. Un jour il écrit un livre sur le thé, le *Chajing*, le *Classique du Thé*, où il décrit les variétés de thé, les eaux, les manières de le préparer et le servir...

Le thé de Bouddha

Quand le prince naquit il était beau
Comme la lune, beau comme le soleil.
Le roi son père lui donna
Les plus belles femmes du royaume
Pour s'occuper de lui. Il grandit
Entouré de musique, de danse,
De fleurs, de beauté et de parfums.

Un jour, il monta sur la terrasse,
Les toits du palais, de là il vit
Les campagnes, les champs, les forêts,
Tout cela dont il ignorait l'existence.
Aussitôt, il voulut aller voir.
Il fit sceller le meilleur cheval.
Il sortit des murs du palais.
Il alla au petit trot léger.
Ce jour-là, l'herbe était plus verte,
La terre plus rouge, les femmes
Plus belles que jamais.

Dans le premier village, il rencontra
Des enfants au ventre proéminent,
Des groupes de femmes enceintes.
Il entendit les cris poignants

De l'une d'elles en train d'accoucher.
Plus loin, il aperçut des hommes
Malades couchés sur leur paillasse,
Des vieillards au dos plus que voûté.
Dans le dernier village, il croisa
Des hommes qui portaient un cadavre.
Ils l'emmenaient au lieu de crémation.

Le prince rencontre pour la première fois
La naissance, la vieillesse, la mort.
La souffrance de la vie humaine.
Il se dit : « Le bonheur que je connaissais bien,
Que j'aimais, ne dure donc pas !
Leur souffrance non plus. »

Et il se demanda : « Existe-t-il
Un vrai bonheur qui permette
De traverser toutes ces souffrances.
Et surtout de s'en libérer ? »
Il décida de trouver ce bonheur,
Comment libérer les êtres
De l'ignorance et de leurs souffrances.
Il médita dans les forêts
Cherchant à travers l'ascèse des yogas.
Puis il quitta ses compagnons,
Errant encore. Un jour, il s'assit
Sou l'arbre Pipal, il connut
L'Éveil.

Il fut éprouvé dans sa profondeur
Subissant l'assaut de Mâra
Mais la Terre vint témoigner

De la réalité de son Éveil.
Soleil, Lune, les éléments,
Chacun fut à sa place dans sa main.
Les hommes connurent la paix.
Celle de l'esprit. Et le vrai bonheur
Illumina le ciel, la terre,
Le monde entier en toutes directions.
Tout fut vaste et immense, de grande bonté.

Bouddha a transmis son enseignement. Il a inspiré une lignée de maîtres et de disciples qui eux aussi partirent sur le chemin de l'Éveil. Chacun d'eux suivit sa voie. Parfois étrange. Parfois méconnue. Devenus de grands maîtres, ces disciples ont laissé des traces, des dialogues célèbres, des histoires fameuses, qui sont le fruit de leur vie, le sel d'un enseignement précieux pour les pèlerins de l'esprit, les hommes d'aujourd'hui qui sont en marche.
Parmi ces anciens vint Bodhidharma.

Bodhidharma délaissa son pays,
L'Inde du Sud, entra en Chine.

Le roi était fervent bouddhiste,
Il avait traduit beaucoup d'ouvrages
Et donnait de bien beaux sermons,
Les monastères étaient très nombreux.
Quand ce moine barbu, hirsute,
Aux sourcils noirs, épais et broussailleux,
Arriva, le roi Wu de Liang
Le manda au palais pour l'entrevue :
– Ai-je accumulé assez de mérite ?
– Sans mérites.

– Quels sont les véritables mérites ?
– La sagesse pure, son essence est vacuité.
Rien de cela par le mondain.
– Quelle est la noble vérité ?
– Vacuité sans noblesse.
– Qui est donc devant moi ?
– Je ne sais pas.
Bodhidharma se leva, quitta le palais.

Le roi Wu ne put rien savoir de lui
Ni deviner qui il était.
Un moine le révélera plus tard.

Bodhidharma marcha
Des nuits et des jours, sans arrêt
Puis il traversa le fleuve Yangzi
Pieds posés sur une tige de jonc
Droit devant lui, des jours, des nuits
Il continua sa route
Jusqu'au moment où, arrêté
Par le mur d'une grotte, il s'assit.
Méditant.

Contempler fut promesse.
Neuf ans, sans bouger ni dormir.
Au bout de la cinquième année,
Ses paupières se ferment, sa tête
Penche vers l'avant, il s'endort.
À l'aube, le vent se lève, il s'éveille.
Il a dormi toute la nuit !
Furieux contre lui-même, il se coupe
Les paupières et les enterre
Dans le sol à l'entrée de la grotte.

Le lendemain, il vit deux buissons.
En une seule nuit, poussés
À l'endroit même où il avait
Enterré les deux paupières.
Deux buissons d'un jade profond.
Les feuilles sont petites et fines,
Allongées comme des paupières.
Il en prend une, la frotte doucement,
Son suc dégage une fragrance
D'herbes et de fleurs, d'eau au printemps.
Il la mâchonne bien lentement,
Il sent une grande vigueur l'envahir,
Celle qui le maintient éveillé.
Jusqu'au bout des neuf années,
Il poursuivit sa méditation.

Il revint vers les gens dans le monde
Pour leur enseigner ce vrai bonheur,
Les poches pleines de feuilles de thé.

Depuis, on boit toujours le thé vert
Dans les monastères et dans les montagnes.

L'histoire du thé

Un jour, on entend parler d'une boisson céleste qui rend immortel.

Dans le royaume d'Ici, le roi désire connaître ce breuvage. Ses ambassadeurs accompagnent une caravane chargée de présents vers l'empire de Chine.

L'empereur les reçoit dans le palais de la Pureté Céleste. Entouré d'or et de pourpre, il est assis sur son siège à haut dossier. Il ordonne que soit servi le breuvage céleste. On leur présente ce breuvage. Certains le trouvent amer, d'autres doux. Le lendemain, les ambassadeurs visitent les environs. Ils découvrent que le thé est une boisson commune, les riches comme les pauvres en boivent. L'empereur s'est moqué d'eux, pensent-ils. Ils retournent dans leur pays, mécontents et trompés.

Dans le royaume de Là-Bas, un savant entend parler de ce thé, il fait de nombreuses recherches, étudie longuement les textes anciens, dessine des planches d'une grande précision. Il écrit un livre sur le sujet, une encyclopédie complète. Mais personne ne pense à goûter ce thé, ni à en cultiver la plante.

Dans le royaume d'Élucubration, on lit ce livre. On tente de créer le breuvage céleste. Des hommes s'enferment dans des caves secrètes, préparent des dilutions raffinées dans des alambics colorés. Après beaucoup de fumées et de vapeurs, ils obtiennent divers liquides étranges. Beaucoup s'empoisonnent, aucun ne découvre le thé. La plante n'a pas été introduite dans ce royaume.

Dans le royaume de Sectarie, on adore un dieu. Les jours de fête, la procession défile dans les rues. On sort de son antre secret le dieu protégé dans une châsse dorée. La foule massée le long des ruelles s'incline et prie. La châsse est promenée sur un coussin de soie et brocart portée par des prêtres, c'est splendide. Les vœux sont exaucés, dit-on, de grands bienfaits en émanent, contempler rend immortel, dit-on. Tous reçoivent bénédiction des officiants.

Deux hommes errants sur les routes interrogent :

« Quelqu'un a-t-il vu le dieu ?

– Non, lui répondent les gens, mais dans le coffret sont ses traces, des feuilles d'or.

– Quel est leur nom ?

– C'est Thé.

– C'est une boisson, pas un dieu, prenez les feuilles, versez de l'eau bouillante dessus, buvez ! »

La foule offusquée se retourne contre lui, cet étranger veut tuer Thé ! On le condamne comme ennemi de Dieu.

Avant de mourir, il initie quelques disciples. Ceux-ci se réunissent en grand secret, préparent le thé dans une chambre dissimulée. À celui qui les interroge, ils répondent que c'est une potion médicinale.

L'autre homme continue son périple, parcourt le monde et rencontre des coutumes bien différentes. Le thé s'est répandu. On en parle beaucoup. Cet homme parvient au royaume du Ponant. Les gens ont inventé le sachet de thé en image. Régulièrement les gens se rassemblent et jouent à de grands jeux. Cela se passe sur un écran, il faut jouer avec les mots et les formes. Ils appuient sur un bouton, un sachet de thé apparaît, puis d'autres, tous de formes et de couleurs différentes. Le jeu est de catégoriser, et rire, et inventer mille autres images. L'autre homme ne comprend rien, mais il essaie, tout défile. Il se dit soudain que tout cela n'a ni odeur, ni goût, ni matière, où est le goût, où est la boisson ? Il faut briser ces mensonges : le miroir et l'écran et ses illusions. À ce moment-là arrive un homme de connaissance. Il dit :

Celui qui goûte, connaît.
Qui ne goûte pas, ne connaît pas.

Au lieu de bavarder, offrez-le.
Ceux qui aiment redemanderont,
ceux qui n'aiment pas délaisseront,
ils ne sont pas destinés
à devenir des buveurs de thé.

Cessez toutes discussions,
abandonnez tous vos mystères,
ouvrez la maison de thé,
la maison de thé de l'expérience.

Parallèlement, le thé s'est répandu par la Route de
la Soie. Les caravaniers emportent les briques de thé
compressé. Solides, elles durent tout le voyage. À chaque étape, ils préparent le thé et l'offrent à ceux qui
sont autour d'eux. Quand ils parviennent aux grands
marchés, dans les villes opulentes aux palais somptueux, ils présentent leur modeste boisson dont les
parfums et les arômes évoquent les paysages traversés.

Peu à peu sont nées les *tchay khaneh*, les maisons de
thé. Le long de la Route, la tradition s'est établie. Dans
le caravansérail, la caravane vient d'arriver, les hommes
déchargent les bêtes, prennent soin d'elles, tous s'installent. Puis les hommes entrent dans la *tchay khaneh*. La
cour remplie de rosiers répand un parfum enivrant. Les
hommes fument la pipe, ils sont allongés sur de hautes
banquettes, ou assis sur d'épais tapis. Dans les odeurs de
soleil et les volutes de fumée, un homme prend la brique de thé, l'émiette au-dessus du pot à eau qui chauffe.
Il remplit la théière, sert le thé. On boit le thé. Un
homme parle. Sa voix grave et profonde raconte, ce sont
mille histoires qui font vivre les pays traversés. Entre

lune et soleil, ce goût d'aventure, brûlant, qui coule dans la gorge, désaltère et rafraîchit nos mémoires …

La caravane de thé

Dans la vallée des Trois Villages vit Nyimakunchok. Ses compagnons suivent les caravanes quand il joue encore avec les enfants. Comme il est le plus fort, il gagne toujours. Un jour, les enfants agacés lui lancent :

Ha ha ! Nyimakunchok est fort au jeu de sabots de yak
Mais il est nul dans la caravane de thé !
Ha ha ! Nyimakunchok est fort au jeu de pierres
Mais il est nul dans le commerce du thé !

Nyimakunchok va chez son père et demande la permission de rejoindre la caravane cette année, son père lui répond : « Nous sommes vieux déjà, si tu t'en vas, qui prendra soin de nous ? »

Nyimakunchok va chez sa mère et demande la permission de rejoindre la caravane, elle lui dit : « Si tu t'en vas, qui prendra soin de nous ? nous sommes vieux déjà. »

Nyimakunchok va chez Zhambuling, sa bien-aimée, elle lui dit : « Je ne peux rien dire, nous ne sommes pas mariés, tu dois obéir à ton père, tu dois obéir à ta mère, mais les gens de la ville ont besoin du thé. »

Nyimakunchok retourne chez son père et sa mère, et leur dit qu'il partira avec la prochaine caravane.

Dans toute la vallée on prépare le départ de la caravane. Les yaks sont gardés par les enfants dans les pâturages. Les valets réparent les cordes, les anneaux pour
les yaks. Les femmes emballent la nourriture des hommes et des bêtes. Les moines font les rituels de protection. Les astrologues établissent les dates favorables. La
vallée entière est animée d'une activité ininterrompue.
Et les hommes ?

Ils vont au col de la montagne élire le chef de la caravane. Ceci est très important. Le chef doit tout connaître : les routes de passage, les saisons, les lieux où faire
paître les yaks, les chevaux, les passages dangereux, les
tribus ennemies, les brigands, il doit aussi connaître les
prix et savoir palabrer. Tout repose sur lui. Pour le choi-
sir, les hommes concourent : course de chevaux, tir à
l'arc, tir au fusil, palabre. Quelques hommes sont
gagnants. Puis les hommes discutent pour savoir lequel
est le meilleur. Ils proposent trois noms. Les épreuves
recommencent. Le chef est nommé, il est l'élu des dieux.

Un jour, au milieu des préparatifs, le mot est lancé
dans toute la vallée : « C'est le grand départ, c'est
maintenant ! » On fait descendre les yaks de la montagne dans les cours intérieures. Les valets les chargent.

Pendant ce temps, les hommes font le grand rituel de
protection. Ils se réunissent chez Kheyadjé, l'ancien du
village. Dans sa minuscule chapelle, ils sont tous entas-
sés. Kheyadjé psalmodie le texte d'une voix grave, il le
rythme sur son grand tambour. Au milieu du rituel,
c'est le moment des imprécations, tous lancent les cris
les plus terribles pour chasser l'ennemi. On enferme les
cris dans une corne de yak. Les hommes au grand galop

se rendent sur un chemin détourné et placent la corne sur le sol sous des pierres, puis retournent au village.

On ouvre les portes, on lâche les yaks. Les chiens courent de tous côtés, les yaks s'élancent, les hommes à cheval font siffler leur fronde pour mener les yaks le long des ruelles. La caravane s'ébranle.

Zhambuling accompagne Nyimakunchok au sommet de la colline à la sortie du village, elle lui donne un dernier conseil :

> *Nyimakunchok, je t'en prie, écoute-moi !*
> *Quand tu arriveras au col de la montagne, ne t'arrête pas,*
> *Prends garde que l'ogresse de la montagne ne te dévore !*
> *Nyimakunchok, je t'en prie, écoute-moi !*
> *Quand tu arriveras dans la forêt, ne t'arrête pas,*
> *Prends garde que le démon des arbres ne te prenne !*
> *Nyimakunchok, je t'en prie, écoute-moi !*
> *Quand tu arriveras au bord du lac, ne t'arrête pas,*
> *Prends garde que la démone du lac ne te séduise !*

Nyimakunchok, sur son cheval, veut rejoindre ses compagnons. Il écoute à peine et l'interrompt :

> *Que racontes-tu, Zhambuling, allons, sèche tes larmes !*
> *Offre un visage joyeux et salue mon voyage lointain !*
> *Prépare tes parures de tête pour fêter notre mariage !*
> *Chante et ris, Zhambuling, bientôt je serai de retour !*

Elle passe la longue manche de sa robe sur ses yeux, quand la manche retombe, Nyimakunchok a disparu, petit point noir au loin qui file vers le grand plateau.

Nyimakunchok découvre sa nouvelle vie. La caravane ? On se lève à l'aube, quand il gèle à pierre fendre, le cuisinier prépare le thé, les valets défont le camp, mettent les sacs sur le dos des yaks. En une heure de temps, le camp est défait. Chaque famille prend place dans la caravane. Vite ! Toujours plus vite ! Ne jamais s'arrêter ! Voilà la grande caravane : six mois sans débotter !

Ils parviennent au col de la montagne, mais Nyimakunchok, fatigué, s'assoit sur un rocher. Il contemple le paysage, les collines dans une brume mauve, le ciel turquoise… et la caravane passe…

Derrière lui, l'ogresse de la montagne observe ce jeune homme, si beau, si distrait : celui-là est à moi ! L'ogresse se transforme en une jeune bonzesse. Elle avance sur le chemin, s'arrête devant Nyimakunchok. Cette nonne est très belle, et pas un grain de poussière sur les robes ! Surpris, il se lève, mais elle :

> *Ha ha ! Comme ce jeune homme est beau,*
> *aimons-nous, est-ce possible ?*
> *Ha ha ! Comme ce jeune homme a de l'allure,*
> *marions-nous, est-ce possible ?*

Nyimakunchok saute sur son cheval :

> *Je suis sans beauté, bonzesse,*
> *c'est le miroir qui brille sur ma poitrine !*
> *Je suis sans allure, bonzesse,*
> *c'est le couteau et le bol accrochés à ma ceinture !*
> *Zhambuling est ma bien-aimée,*
> *je ne puis vous aimer !*
> *Zhambuling est ma bien-aimée*
> *je ne puis vous épouser !*

Il s'enfuit sur son cheval. Furieuse, elle tape du pied, redevient l'ogresse de la montagne. Il lui a échappé !

Nyimakunchok grimpe le sentier. En haut du col, il voit leurs troupeaux. Mille cinq cents yaks. Ce long fleuve se déroule dans la vallée. Un meuglement au loin : le yak de tête ! Il est le plus précieux, celui que l'on protège au prix de sa vie. Ce yak porte le fanion sur la tête, entre les cornes. Il avance, majestueux. Il mène toute la caravane. Quand il arrive au bout de la vallée, la queue de la caravane s'attarde au col de la montagne. La file s'étire. Des centaines de bruns, des centaines de noirs, entre les collines de neige.

> Les sabots roulent les cailloux, les cornes raclent les
>   roches, effleurent le ciel,
> Les sabots marquent le sol, les pas des hommes des-
>   sinent le chemin,
> Et le temps passe...

La caravane entre dans la grande forêt mais Nyimakunchok est fatigué. Il aperçoit un arbre chargé de fruits magnifiques comme il n'en a jamais vu. Il s'approche, prend un fruit, mord dedans, c'est délicieux... Le démon des arbres remarque ce beau jeune homme qui croque le fruit : celui-là est à moi ! Un claquement de doigts, le démon se transforme en une jeune bergère aux joues rouges et rondes :

> *Ha ha ! Comme ce jeune homme est beau,*
>   *aimons-nous, est-ce possible ?*
> *Ha ha ! Comme ce jeune homme a de l'allure,*
>   *marions-nous, est-ce possible ?*

Nyimakunchok sursaute :

> *Je suis sans beauté, jeune bergère,*
> *c'est le miroir qui brille sur ma poitrine !*
> *Je suis sans allure, jeune bergère,*
> *c'est le bol et le couteau accrochés à ma ceinture !*
> *Zhambuling est ma bien-aimée,*
> *je ne puis vous aimer !*
> *Zhambuling est ma bien-aimée,*
> *je ne puis vous épouser !*

Il s'enfuit au galop. Furieuse, elle redevient le démon des arbres. Nyimakunchok lui a échappé.

La caravane continue son chemin, traverse les boucles du haut fleuve rMa chu[1], le Fleuve Jaune, emprunte les défilés sauvages où règnent les brigands. La caravane parvient aux confins des vallées sur les hauts plateaux.

> Les sabots roulent les cailloux, les cornes raclent les roches, effleurent le ciel,
> les sabots marquent le sol, les pas des hommes dessinent le chemin,
> Et le temps passe...

La caravane fait halte au bord d'un vaste lac turquoise. On fait boire les yaks, les chevaux, puis les hommes... Le lac est bordé de hautes dunes de sable. De multiples méandres glissent du fleuve vers le lac, bordés de roseaux qui murmurent dans le vent...

---

1. rMa chu (en tib.), fleuve du Paon, ou He huang (en ch.), Fleuve Jaune. Il prend sa source au Tibet et traverse la Chine jusqu'à la mer orientale.

Nyimakunchok marche le long des berges. L'eau est pure, il se laisse aller à rêver, il trempe la main et goûte ce nectar. Au fond des eaux se trouve la démone du lac. Elle a vu gueules, trognes, faces et visages, celui-ci est très beau. Elle sort de l'eau devant lui sous l'aspect d'une jeune femme belle à faire pâlir la lune ! Nyimakunchok est fasciné, et elle :

> *Ha ha ! Comme ce jeune homme est beau,*
> *comme il a de l'allure !*
> *Aimons-nous, est-ce possible,*
> *marions-nous, est-ce possible ?*

Il n'entend pas. Les longs cheveux noirs ondulent dans le vent comme le lac sous la brise du printemps, déjà leurs souffles se mêlent. Soudain l'image de Zhambuling glisse entre leurs lèvres, devant ses yeux, il recule plein d'effroi et s'écrie :

> *Je suis sans beauté, jeune femme,*
> *c'est le miroir qui brille sur ma poitrine !*
> *Je suis sans allure, jeune femme,*
> *c'est le bol et le couteau accrochés à ma ceinture !*
> *Zhambuling est ma bien-aimée,*
> *je ne puis vous aimer !*
> *Zhambuling est ma bien-aimée,*
> *je ne puis vous épouser !*

Il s'enfuit au plus vite. Furieuse, elle frappe du pied sur le sol et redevient la démone : « Toi, je t'attends à ton retour ! »

La caravane reprend la marche par les dunes de
   sable, lentement …
Les cavaliers vont et viennent tout le long, la masse
   sombre des yaks…
Ce rythme de la caravane qui traverse le désert,
ce même mouvement depuis le début des temps…
Ils passent le sommet de la dune,
un meuglement lointain, l'ombre d'un dernier cavalier…
Le désert reprend son visage, aucune trace de passage.
La caravane fait vivre le désert.

Chez les nomades, sous les tentes, ils échangent les
marchandises, le thé contre des peaux de bêtes, de la
laine, du feutre, du sel, le précieux sel. Les chefs établissent le prix, puis le commerce s'ouvre aux hommes. Pendant plusieurs semaines, ils s'activent.

   Puis c'est le départ à nouveau, plus difficile qu'à
l'aller, on connaît les dangers, la caravane est riche,
elle attirera les brigands. Dès lors, les cavaliers galopent sur les crêtes des collines, pour repérer les mouvements, donner l'alerte, les éclaireurs dorment à
peine, toujours à l'avant.

Les sabots, roulent les cailloux, les cornes raclent les
   roches, effleurent le ciel,
Les sabots marquent le sol, les pas des hommes dessinent le chemin,
Et le temps passe…

Ils s'arrêtent au lac turquoise. Nyimakunchok se
méfie, il reste parmi les autres. Ils boivent le thé, regar-

dent le lac. Un petit poisson doré nage à la surface. Il va et vient, il saute. Il joue de mille danses avec les rayons du soleil et les vaguelettes. C'est très joli, tous s'amusent. Soudain, sa queue bat l'eau, une immense gerbe se soulève, les hommes sont éclaboussés, ils ferment les yeux. Le poisson lance un fil de laine autour de Nyimakunchok et de son cheval, les entraîne dans le fond du lac. Quand le rideau retombe, plus de poisson, ni de cheval, Nyimakunchok a disparu !

Les hommes les cherchent entre les roseaux, près des dunes. Certains plongent dans l'eau, peine perdue. Il est mort, se disent les hommes. Lentement, la caravane reprend la route.

Chaque jour, Zhambuling est sur la terrasse de la maison. Elle guette le retour de la caravane. Par-delà les montagnes, elle lance vœux et souhaits. Ce matin-là, elle aperçoit le nuage de poussière dans la vallée. Elle prend du *chang*[1] dans la main droite, de la *tsampa*[2] dans la main gauche, en haut de la colline elle accueille les hommes :

> *Vous avez soif, mes amis, buvez un peu de* chang,
> *Vous avez faim, les amis, mangez un peu de* tsampa.
> *Mais… les larmes sur vos visages, quelle en est la raison ?*
> *Et Nyimakunchok ? Il n'est pas avec vous ?*
> *Merci, Zhambuling, merci, jeune fille !*
> *Les larmes versées, c'est la coutume de la ville de Kanding.*
> *Nyimakunchok, il est en arrière, il arrivera bientôt !*

---

1. Bière fermentée.
2. Farine d'orge grillée qui, mêlée au thé, constitue la base de l'alimentation des nomades tibétains.

Les hommes du premier groupe, tête baissée, continuent leur chemin.

Le second groupe arrive, Zhambuling les accueille :

Vous avez soif, mes amis, buvez un peu de chang,
Vous avez faim, les amis, mangez un peu de tsampa,
Vous êtes fatigués les amis, reposez-vous sur ces coussins.
Mais les rênes des chevaux ôtées, quelle en est la raison ?
Et Nyimakunchok ? Il n'est pas avec vous, où est-il ?

Merci, Zhambuling, merci, jeune fille !
Les rênes des chevaux ôtées,
c'est la coutume de la ville de Kanding.
Nyimakunchok, il est toujours en arrière,
il sera là bientôt !

Les hommes du second groupe continuent leur route.

Le troisième groupe approche, Zhambuling les accueille :

Vous avez soif, mes amis, buvez un peu de chang,
Vous êtes fatigués, les amis, reposez-vous sur ces coussins.
Mais les chapeaux enlevés, quelle en est la raison ?
Et Nyimakunchok ? Il n'est pas avec vous, où est-il ?
Merci, Zhambuling, merci, jeune fille !
Les chapeaux enlevés,
c'est la coutume de la ville de Kanding.
Nyimakunchok, il est toujours en arrière, il sera là bientôt !

Les hommes reprennent leur chemin, aucun n'ose lui dire que Nyimakunchok a été dévoré par la démone du lac. Zhambuling a compris. Sans hésiter, elle part à la recherche de Nyimakunchok.

Elle va, la belle jeune fille, aux longs cheveux noirs tressés, dans sa belle robe-manteau bleue, sa *tchouba* neuve, elle va sur le chemin, dans ses bottes en peau de yak, le regard ardent... Elle arrive au col de la montagne, elle appelle : « Nyimakunchok ! » L'écho se tait, les rochers versent des larmes.

Elle va, la belle jeune fille, de vallée en colline, de colline en vallée, elle cherche Nyimakunchok. Sa robe se défait, sa *tchouba* s'use, ses bottes deviennent minces comme une feuille... Elle entre dans la forêt, trouve l'arbre chargé de fruits, une pomme à peine mordue traîne au sol. Elle appelle : « Nyimakunchok ! » Seul le vent souffle dans les branches, qui versent des larmes.

Elle continue son chemin, la belle jeune fille, elle va pieds nus dans la poussière, sur les cailloux, de jour en jour, de mois en mois, son dos se voûte, ses cheveux s'emmêlent, grisonnent... Elle arrive devant le lac, épuisée, elle tombe, elle appelle : « Nyimakunchok ! » Seules les vaguelettes s'agitent. Elle s'allonge sur la rive et boit un peu d'eau. Quand elle entend une voix !

Au fond du lac, quelqu'un dit : « Le chien ! Viens manger dans l'assiette d'or, viens manger dans l'assiette d'argent ! » La voix de Nyimakunchok !

Zhambuling ôte la bague de son doigt, elle s'écrie : « Bouddha ! S'il existe encore un lien entre Nyimakunchok et moi, que cette bague lui parvienne ! » Elle lance la bague le plus loin possible vers le milieu du lac, et la bague glisse dans le lac ...

Nyimakunchok est resté prisonnier de la démone du lac. Il est beau, la démone veut l'épouser. Il répond que jamais il n'acceptera :

*Une aiguille n'a pas deux pointes,
un homme n'a pas deux amours !*

Pour l'éblouir, elle lui offre des fêtes, les nymphes des eaux dansent et chantent pour lui. Il reste indifférent. Blessée, elle veut l'humilier : elle l'oblige à nourrir le chien dans une assiette d'or, quand lui-même mange dans une écuelle de bois, il y est insensible. Furieuse, elle le menace. Sans succès. Ses suivantes la consolent : avec le temps, il viendra, il est en son pouvoir au fond du lac.

Le chien avale, étouffe, recrache ce qu'il a avalé, la bague roule devant Nyimakunchok : la bague de Zhambuling ! Il la met à son doigt. Il ôte sa bague : « Bouddha ! S'il y a encore un espoir de la revoir, fais que ma bague lui parvienne ! » Il la lance vers la surface.

Là-haut, Zhambuling est devant le lac, l'attente est longue. Les herbes se penchent sous la brise… Le vent pousse une vague qui dépose l'espoir à ses pieds.

Zhambuling prend la bague : cet or lui redonne vie. Nyimakunchok est vivant ! Elle court vers lui. Les vagues s'écartent pour la laisser passer. Comme elle court, le lac se réduit, l'eau s'évapore.

La démone du lac, repoussée une nouvelle fois, se déchaîne contre Nyimakunchok. Son royaume devient minuscule, les nymphes s'enfuient. Quand elle réalise que tout disparaît, elle veut se réfugier dans une flaque et se transforme en ver blanc, trop tard ! Zhambuling en courant écrase le ver blanc, se jette dans les bras de Nyimakunchok, charmé et ahuri à la fois.

Le ciel étoilé tourne longtemps au-dessus d'eux.

Enfin le cheval s'ébroue. Nyimakunchok saute sur son dos, prend Zhambuling en croupe, ils galopent jusqu'au village, jusqu'à leur vallée.

La vallée est en fête. Nyimakunchok épouse Zhambuling. Le thé au beurre ce jour-là est pur nectar. Dieux et déesses chantent, conques, flûtes et cymbales au monastère résonnent alentour.

> *Une aiguille n'a pas deux pointes,*
> *un homme n'a pas deux amours !*

Ashikaga Yoshimasa

Ashikaga Yoshimasa avait six ans quand son père fut assassiné. Il devait lui succéder mais il ne pouvait pas oublier. Quand il eut l'âge de gouverner, il ne le voulait pas, il le devait. Il voulait partir dans un ermitage de la montagne mais il ne le pouvait pas. Dès lors, Ashikaga Yoshimasa fit construire le Ginkakuji, le Pavillon d'Argent, sur le modèle du Kinkakuji, le Pavillon d'Or, construit par son grand-père. Il y ajouta une nouveauté : au cœur de la demeure, une pièce sans fenêtre, une petite chambre carrée.

Il voulait apprendre l'art du thé et en faire une voie pour trouver la paix de l'esprit. Il appela cette pièce la « chambre de la paix ». Toute en bois, papier blanc, bambou, le sol couvert d'un tatami de paille de riz. Minuscule...

En entrant dans cette pièce, il quittait le monde flottant, ses bruits et ses brocarts, guerres et haines, jugement et pouvoir, tous les rêves de bonheur inaccessibles. Cette chambre de thé devint un haut lieu. Les seigneurs, les guerriers, les marchands, les hommes venaient suivre la cérémonie du thé. La chambre de la paix allait devenir la voie du thé pour les guerriers, les samouraïs !

Pour entrer dans la chambre de thé, il faut parfois un long chemin, vivre intensément pour entrer tout aussi intensément et se perdre avec intensité.

*

> « *Le Sentier dépouillé*
> *n'est que cela, un chemin*
> *hors du monde éphémère,*
> *pourquoi ôte-t-il*
> *les poussières dans le cœur ?* »

Rikyû, XVIᵉ siècle

Nous, le thé

Tous les jours, chaque jour,
le disciple va vers le *chashitsu,*
la chambre de thé.
Il passe le portique d'entrée, il fait un pas.
Attends ! Comment entres-tu dans le jardin ?
Ôte ta montre avant d'entrer,
toutes tes montres !

Un pas deux pas trois pas
wa kei sei jaku,
la robe glisse sur les galets et les mousses,
trempe dans la rosée, effleure les écorces,
wa kei sei jaku
sa robe glane cela dans ses plis
wa harmonie, *kei sei jaku.*
Le disciple entre.

Il s'assoit, immobile, les yeux fixés,
son regard voit de tous côtés,
la pièce est nue, vide, minuscule, si vaste,

elle contient Bouddha et ses quatre-vingt-quatre
et mille disciples.
Dans le *tokonoma* se trouve un vase. Une seule fleur.
L'homme perçoit la courbe de la tige, il la suit...

Dans la chambre de thé,
le maître prend le *shino,*
le pot à eau, appelé Kôgan, Rivage Ancien,
sur lequel sont esquissés trois roseaux
et des herbes entrecroisées,
il diffuse sa lumière sous une couverte blanche
d'aspect rosé,
il y a là toute la fragilité des choses.
Le maître verse cette eau dans la bouilloire posée
sur les tisons.
L'homme est rempli, d'images, d'idées
sur le monde, sur le thé, sur lui.
L'eau souffle
frémit
grigri
qui le tire
de sa rêverie.
L'homme écoute le frémissement de l'eau.
Il y reconnaît les gouttes de pluie qui tombent
sur les galets,
la rivière du jardin, le rugissement du tigre
dans la montagne.
Tous les sons qui l'entourent et ce silence,
l'eau quand elle nous raconte.

L'homme a suivi la courbe,
la tige de cette fleur
qui orne le *tokonoma*.
L'homme est distrait, il est rempli d'histoires,
il suit chaque idée.
Quand soudain
l'attire
la couleur
du thé.
Cette couleur
lui rappelle le vert paisible des arbres l'été
qui rime avec le frémissement des buissons
sous la pluie de printemps, l'étang lui-même
s'éveille sous les algues qui le voilent,
le bosquet de bambous.
La couleur de ce thé est si vivante
qu'elle fait resurgir ces paysages,
ceux qui ont fait grandir le théier,
qui ont donné leurs nuances au thé.

Tout ce qui est autour du thé fait partie du thé.

Mais le maître l'interrompt :
Le thé, comme la peinture ?
De l'eau et de la couleur mélangées ?
Et tout en lui s'ouvre…
tout se tait.

Faire place au thé lui-même.

Il goûte le thé, c'est bon vaste tranquille.
Il comprend les paroles de son maître,
comment le thé est le non-thé.

Quel goût a le thé aujourd'hui ?
Le chant de l'aube.

L'eau chauffe
le temps…
Passe l'attente.
Le maître verse l'eau dans le bol,
sur la poudre de thé le son
rythme son souffle, clepsydre de la vie.
Les sons entrent dans cette eau,
déferlent dans la théière les vents les pluies les soleils
qui ont enveloppé le théier et imprégné les feuilles.
Ce sont toutes les eaux du monde
qui parcourent le ciel et la terre
et simplement l'eau de la source à laquelle il a puisé.

Quel goût, le thé aujourd'hui ?
L'ivresse du souffle.

Tous les jours il va
par le jardin,
par l'hiver, le printemps, l'été
et déjà l'automne…
Il se laisse inspirer.
Un pas deux pas trois pas
wa kei sei jaku.

Il contemple les longues herbes qui se penchent
sur les pierres grises et noires.
Et vraiment
tout l'air, tout le ciel
commence dans cet espace
entre les herbes.
Harmonie respect pureté sérénité.
Toute évocation émerge dans cet espace entre les mots,
tout sentiment vit dans cet entre-deux,
sa robe glane cela dans ses plis, il entre.

Dans la chambre de thé
le maître ouvre la boîte de thé,
la fraîcheur des feuilles monte et imprègne
toute la pièce,
toutes les odeurs traversées dans le jardin s'élèvent,
les rizières l'air les fleurs l'étang,
ces odeurs trouvent un écho dans celle du tatami
fait de paille de riz,
subtile odeur amère
parfois.

La discipline le reprend et le mène.
L'homme reprend le chemin.
C'est le même sentier
dans le même jardin
vers la même chambre de thé.
Pourtant ce ne sont pas les mêmes pas.

Quiétude
un pas
pureté
un pas
en pleine ville
un pas
dans un jardin
un pas
vers la chambre de thé.

Tous les jours chaque jour,
tu passes le portique d'entrée,
tu vas selon les dalles inégales
par l'hiver, le printemps, l'été et déjà l'automne,
tu suis le sentier vers la chambre de thé.

Entre l'herbe et la pierre, cet accord profond,
mais l'esprit, que peut-on en dire ?

Un pas deux pas trois pas
wa kei sei jaku,
le goût des choses des êtres de la vie,
le feu intérieur qui nourrit le partage.
Harmonie respect pureté sérénité,
la robe glane cela dans ses plis.

Il entre.

Le maître prend le fouet.

De ce fouet de bambou battre le thé.

Dans le bol à la surface se forme une spirale,
rappelle les sillons dessinés dans le sable du jardin
tels les anneaux du dos du dragon,
les vagues océanes,
les crevasses et les montagnes qui parcourent la terre,
scarifications de la terre
telles les lignes de la main
ces volutes qui s'enroulent
dans un sens ou dans l'autre
là où les rêves sont inscrits.

C'est le parfum intérieur de l'être
quand il n'y a plus ni bon ni mauvais, ni pur ni impur.
Mais… l'esprit, que peut-on en dire ?

Kokoro towa ikanaru mono wo iu yaran
Sumie ni kakishi matsukaze no oto

L'esprit, comment l'appellerons-nous ?
C'est le son de la brise
Qui souffle à travers les pins
Sur la peinture d'encre noire.
Ikkyû

Puis le maître d'un geste sec et net repose
le fouet de bambou
sur la natte et soudain
Rien.

Plus rien. Seule à la surface une mousse de jade.

Aucune trace de ces sillons. Juste le temps du thé,
d'impalpables senteurs, d'infinis arcanes.

Le jour et la nuit continuent de se lever
imperturbables.
Une asphodèle bat de l'aile et disparaît.
Éphémère éphémère.

De jour en année
d'année en jour
il est dans le jardin
dans la chambre de thé.
Tout le temps de sentir le pas se poser vraiment
sur le sol
et ce n'est pas simplement marcher
ni même se promener,
ainsi dans le jardin
un jour marcher est vraiment marcher.

Trois pas ?
Un seul pas libre,
une vraie rencontre entre l'être et la terre,
un pas qui fait vivre la vie.

Un pas libre
où tous les possibles sont contenus
le monde, vaste,
on est seul devant l'immensité.

Wa kei sei jaku
harmonie respect pureté sérénité.

Il entrait…

Le maître lui présente le bol Fujisan créé par Koetsu
au XVIIᵉ siècle.
Le bol pèse dans sa paume
chaleureux.
Il est terre, eau, air, feu et geste, l'éther.
Il tourne le bol dans les mains, dans la coulure
du raku, il remarque une petite partie laissée informe,
imparfaite comme une goutte de vie. Cette goutte,
des milliers de mains l'ont palpée de siècle en siècle.
Le bol a été transmis depuis l'origine,
de main de maître à main de maître,
des milliers de mains ont palpé ce bol, l'ont touché,
ont déposé leur crasse et formé une patine,
cette patine porte la richesse du temps, la richesse
du monde, rend le bol vaste comme l'univers.
Le disciple ressent une profonde reconnaissance
pour ce bol.

Le disciple passe le grand portique d'entrée,
il va selon les dalles inégales, il va par le jardin,
l'hiver, printemps, été, et c'est l'automne.

Au début
le disciple appréciait le thé en gourmet.

Derrière le buisson, voici la hutte,
l'auvent.

Chaque fois qu'il goûtait
la fragrance du thé imprégnait tout son palais.

Il pousse la porte.

Il découvrait avec enthousiasme et...

Un de ses amis habitait un pavillon
qui bordait un étang.
Ils se réunissaient souvent
sur la terrasse qui avance au-dessus de l'étang.
Saveurs du thé...

La pleine lune s'est levée,
les cris des grillons couvrent le murmure des eaux.

Quelques poèmes au gré des herbes...

Sur l'étang
le jeu de l'ombre et de la lumière blanche
comme la longue chevelure d'une princesse
du temps jadis,
mouvante à la surface de l'eau,
il se souvient de Ono no Komachi :

Triste et solitaire
Je suis une herbe flottante

À la racine coupée
Si un courant m'entraîne
Je crois que je le suivrai.

Comme cette herbe flottante, le monde...

Hana wo mi yo iroka ma tomo ni chiri hatete
Kokoro nakute mo haru wa ki ni keri

Regardez les fleurs du cerisier !
Leur couleur et odeur tombent avec elles,
sont parties à jamais
Pourtant sans volonté de l'esprit
Le printemps vient à nouveau.

Il tient le bol en main.
Il y a dans le thé mille ans passés
le long de la rivière,
sur les collines, à grandir, à pousser.
Le théier a porté toutes les saisons,
il a traversé grêles et pluies,
il a soutenu le soleil, il a ployé sous la neige,
il est devenu un arbre géant, un arbre-mère.

Mais ici maintenant le disciple emporte le passé,
oublie le futur.

Comment est le thé aujourd'hui ?
Un bouquet d'arbres l'été.

Consentement total.
Tous les jours chaque jour, il allait
dans la chambre de thé.

Un jour
le disciple a goûté le thé.
Il a reconnu son parfum, le chrysanthème, le pin,
la terre humide
après la pluie de printemps.
L'eau a une odeur, oui, un goût, mais aussi une vie.

Il a pu dépasser les odeurs qu'il connaissait,
en découvrir d'autres plus subtiles, plus lointaines,
goûter l'inconnu, et se laisser voguer sur leurs brises
vers l'île où ne sont plus les odeurs et toutes à la fois.

Quel goût a le thé aujourd'hui ?
La voie de l'encens.

Tous les jours
dans la chambre de thé,
un pas deux pas trois pas
wa kei sei jaku.

Il prépare le thé,
il connaît les gestes
mais
quelle mémoire dans ces mains
qui accomplissent les gestes ?

Le geste ne suffit pas,
ce n'est pas encore là le secret du thé,

il laisse tout tomber,
il ne comprend rien, vraiment, en réalité
il ne cherche plus, il abandonne
enfin
mais...

Le disciple poursuit son chemin.
Il désespère de jamais trouver,
ce désespoir est comme un éléphant devant ses yeux,
paysage bouclé.

Mais quelle mémoire, oui, dans tes mains
qui recueillent le thé, dans celles
qui accomplissent les gestes du thé ?

Ma main qui cueille les feuilles n'est pas la mienne,
elle est la pluie qui s'écoule le long des feuilles,
le soleil qui tonne sur les feuilles,
ma main est mon cœur,
la brise qui enneige, le souffle qui épanouit la fleur.

Un jour il découvre que la mémoire va seule,
un jour le geste devient libre, le cœur délié,
il se découvre sans intention,
ce vide irradie un grand calme. Il est dans le thé.

Comment est le thé aujourd'hui ? L'écoute du tertre ?

Dans la chambre de thé le maître prépare le thé.

Le disciple goûte tous les gestes qui ont accompagné
le thé et qui l'ont préparé,
le geste du ravin du nombril jusqu'au bout des doigts,
de la paume des mains jusqu'au bol, tout cela
il le boit, le geste intérieur.

Comment est
le thé
aujourd'hui ?
Un éclat de mer.

Il est sur la voie du thé interrogeant l'esprit du thé.
Il admire les objets du thé, la boîte qui contient le thé,
le flacon qui maintient l'eau fraîche,
cette beauté profonde...

Dans la chambre de thé le maître et le disciple
sont assis l'un en face de l'autre,
tous deux fondus dans quelque chose
de plus vaste qu'eux.
Pleinement présents.
Le disciple se trouve à nu,
tous deux sont un espace.
Ils sont le thé, le thé pour les autres,
et tous les autres peuvent y goûter.
Dans la chambre de thé, le maître et le disciple
sont assis l'un en face de l'autre,

entre eux le tapis, entre eux le monde,
entre eux le silence.

Entre les fibres du tapis, les mains de chaque être,
sa vie,
entre les gouttes de thé, les goûts de chacun.

Comment est
le thé
aujourd'hui ?
La fleur des neiges.

Il tient le bol en main,
il boit le thé,
il goûte les saisons qui ont fait le théier,
les paysages,
les pluies les vents les soleils
l'eau les sons les parfums
les gestes qui l'ont préparé
les poèmes qui l'ont animé,
il boit les moments,
tout cela qui est autour du thé
mais
ici
maintenant
le thé
coule dans sa gorge
dans son ventre
jusqu'au bout des orteils
et même au-delà.

Le disciple ajoute
aux autres aspects du thé le dernier.
Il a rassemblé les cinq pétales
qui forment la fleur de lotus.
Le thé est là, complet.

Quel goût a le thé ?
Juste le goût !

Il reprend le chemin,
chaque – tous les – jour
un pas deux pas trois pas
le même sentier,
jamais le même.

Wa kei sei jaku.

Un pas harmonie en pleine ville,
un pas respect dans un jardin,
un pas pureté vers la chambre de thé,
un pas sérénité vaste le monde.

*

« *Tout est vide, rayonnant, lumineux, de soi-même :*
Ne vous épuisez pas l'esprit !
Ce n'est pas mesurable par la pensée et la connaissance
   ne peut le pénétrer. »

Seng-ts'an (Sôsan)

Les fleurs du thé

Pour une théière : *wa*, « harmonie »

La théière

Dans une petite ville entre les collines, un mendiant erre dans les ruelles tortueuses et sordides. Il parvient à la place du marché, quelqu'un le bouscule, il s'assoit sur une pierre levée, on lui sert un bol de soupe de riz. Puis il va vers la rivière, tout le long s'étalent les échoppes. Le mendiant se met à son endroit favori près du pont de l'Harmonie.

Parmi les échoppes se trouve une boutique en bois rouge sans enseigne, la boutique du marchand de thé. Le mendiant observe la foule aller et venir. Un homme riche et bien vêtu entre dans la boutique. C'est la première fois qu'il le voit. On n'entend rien, on ne sait ce qui se dit mais, quand l'homme ressort, le marchand, sur le pas de la porte, le salue profondément. L'homme porte une boîte en laque que le mendiant reconnaît : c'est un thé de collection, rare, qui vient de montagnes lointaines. Le mendiant interroge, on lui répond que cet homme est un amateur de thé réputé, poète également. Il vit dans le quartier des vastes demeures qui se trouvent derrière le temple de la Paix Sublime. Le mendiant va de ce côté.

À la porte d'entrée de la maison de l'amateur, il répond au portier qu'il est venu goûter le thé : « Votre maître a la réputation d'être un amateur, un grand connaisseur de thé, je désire parfaire ma connaissance et éprouver nos goûts. »

Le serviteur rapporte ses paroles à son maître. Celui-ci a des sentiments mêlés, il est surpris, intrigué, flatté et heureux d'une possible rencontre. Il le fait entrer. Le maître découvre dans ce mendiant un homme agréable et cultivé, il l'invite dans le jardin.

Dans le pavillon de la Lune Pourpre, on prépare le thé. La cascade résonne, son ténu entre les bambous, qui rafraîchit cet après-midi d'été. Le mendiant apprécie : « Ce thé est un thé de printemps de première récolte, mais la théière est trop neuve, cela amoindrit le goût ! »

En effet, le serviteur l'avoue. Le maître est impressionné de sa sûreté de jugement. Le mendiant ajoute qu'il peut améliorer le goût. Comment ? s'exclame le maître. Comme ceci, et le mendiant sort de la manche de sa veste une théière. Une petite théière, ronde, de terre cuite brun foncé. Le couvercle est surmonté d'une tortue tête levée. Théière polie par les années, couverte de la patine des mains… Elle l'accompagne depuis des années, depuis toujours, murmure-t-il, le regard embué…

Le mendiant prépare le thé. Excellent !

Avec respect, le maître prend la théière, regarde dedans. La paroi est tapissée d'une épaisse couche. Il la tourne dans ses mains. Reflets profonds. Traces de chaque thé bu, accumulées…

Autrefois, le mendiant, amateur lui aussi, possédait des théières fabuleuses, pièces uniques dans lesquelles il buvait des thés aussi rares. Puis, un jour, le vent a tourné, les affaires moins bonnes, il a tout vendu. Sauf cette théière qu'il porte sur lui. Le maître veut l'acquérir, il propose un bon prix, le mendiant refuse ! Le maître pose le double de la somme, le mendiant accepte de vendre ! Il vend la moitié de sa théière !

Chaque jour, le mendiant vient chez l'amateur. Dans le pavillon de la Lune Pourpre, l'amitié résonne entre cascade et bambou. Le maître offre le thé, il le fait préparer dans la théière qu'offre le mendiant. Tous deux partagent ce moment… Harmonie parfaite…

La femme à la théière jaune

Cela se passait sous le règne de Yuandi.

Une vieille femme préparait toujours une théière de thé, une théière jaune. Elle la remplissait à ras bord, puis partait à la ville pour le vendre. Elle vendait du thé du matin au soir, de sa seule théière. Le niveau du liquide restait toujours le même. Elle gagnait beaucoup d'argent. Cet argent, elle le distribuait aux orphelins. Les gens étaient étonnés, le magistrat la mit en prison, on ne badine pas avec la réalité.

La nuit même, la vieille femme prit sa théière jaune.
Elle s'envola par la fenêtre de la prison.

Anecdotes de thé zen

Un maître de thé reçut un professeur d'université
qui désirait recevoir un cours sur le zen.

Le maître accepta la requête du professeur qui expli-
qua ce qu'il cherchait, ce qu'il voulait savoir. Le maître
lui proposa gentiment de prendre un thé, ce
qu'accepta aussitôt le professeur, ravi de passer un
moment qu'il pressentait agréable. Il continua à parler,
enchaînant sur ses idées personnelles quant au zen. Le
maître servit le thé, versa l'eau dans la tasse de son visi-
teur, la remplit à ras bord, la laissa déborder. Le professeur regardait le thé couler, le vit déborder, jusqu'à
ce qu'il crie, excédé :

« Arrêtez ! Vous voyez bien que tout coule à côté !

— Vous me demandez un enseignement et vous êtes
rempli d'opinions comme la tasse pleine, que puis-je
ajouter ? Videz d'abord votre tasse ! »

Un novice nettoie la chambre du maître.
Il casse la tasse précieuse
entre toutes de son maître.
Il pleure, Ikkyû promet de l'aider.
Quand le maître vient,

Ikkyû l'interroge sur la mort :
« Est-ce que tout est destiné à disparaître ?
– Tout être, oui, tout.
– Toute chose connaît une fin ?
– Oui, c'est cela, l'impermanence. »
Ikkyû lui montre sa tasse brisée.

Pour la cérémonie, à la cour impériale, les pavillons ont été décorés, les stores sont baissés tout le long des galeries, le sable blanc est répandu sur l'esplanade en face du jardin. Au fur et à mesure qu'ils arrivent, les invités s'inclinent, avec respect, goûtent trois fois le saké, les pâtes rituelles et un bol de thé. Dans la grand-salle, ils sont assis, déployant tuniques et manteaux, l'assemblage des couleurs forme un tableau magnifique. On sert un repas splendide, des fruits délicieux. Dans l'après-midi, on se retire, les uns se reposent à l'ombre des arbres, les autres se promènent dans les jardins, s'assoient auprès de la cascade, fraîcheur exquise qui apaise…

La princesse se souvient de la fête du Nouvel An… Les femmes s'étaient rassemblées le long des galeries, les longues manches de leurs robes glissaient sous les stores baissés, c'étaient couleurs et lumières d'été et de printemps, les stores en paraissaient plus blancs, telle la musique… Le prince dansait les pas des vagues et de la mer lointaine qui vient et se retire, il était superbe… Dans ses vêtements de soie, ses longues manches tournoyaient dans le ciel, retombaient et s'élevaient à nouveau… Sa grâce sans égale était admirée de tous, sa beauté rayonnait et le soleil couchant rendait plus éclatantes les couleurs de ses robes, comme irréels ses gestes... Des poèmes furent échangés qui les unirent l'un à l'autre d'un amour profond que nul ne put défaire...

Puis ce sera le rituel de Contemplation de la lune. Le pavillon de thé est ouvert, de tous côtés on peut admirer les jardins qui déploient leur magnificence. Lors du banquet, chaque pièce est ornée de peintures représentant les bouddhas et les bodhisattvas, l'encens brûle dans des vasques de bronze, on admire les objets d'art exposés pour l'occasion... La lune jette des éclats blancs entre les arbres, les buissons, sur l'étang. On déguste le thé...

Puis le pinceau glisse sur le papier blanc, telles les herbes flottantes, et chacun écrit. Les poèmes s'enchaînent parfaitement, beauté poignante et sentiments... Après le départ des invités, doucement, l'encens s'élève ...

Sen Sôtan est invité à un thé par le *daimyô* Nagai Shinsai. Sen Sôtan était considéré comme un homme de *wabi*, Shinsai fait préparer un repas léger. Le lendemain, il demande à Sôtan comment fut cette cérémonie, si elle correspondait à l'esprit du *wabi*. Non, est la réponse. Shinsai ne comprend pas. Sôtan lui explique que le *daimyô* est d'une haute position sociale, il convient d'offrir un repas correspondant à ce niveau.

Quelque temps plus tard, Shinsai invite à nouveau Sôtan. Cette fois, Sôtan vient avec un ami, un paysan du village. La table est magnifique, les mets succulents, mais le paysan n'ose manger vraiment. Il y a des carpes d'eau douce, un plat raffiné, le paysan goûte du bout des lèvres. Sôtan s'étonne et lui parle. A-t-il déjà mangé des carpes ? Non, c'est la première fois. Sôtan le pousse à se régaler : pareil festin ne peut être négligé, on ne peut rester indifférent ni feindre le désir.

Sôtan est désolé, le paysan non plus ne sait pas ce qu'est le *wabi*. Ni le pauvre ni le riche ne saisissent cet esprit, tous deux pensent que c'est un état spécial qu'il leur faut atteindre, ils ne comprennent pas le naturel des choses.

Yoiyakora

Chirine !

Le moine allait avec sa clochette, de vallées en collines, par les chemins des villages.

Ce jour-là, il se perd dans la vallée, le monastère est
encore loin. Il parvient à un village et demande
un abri pour la nuit, on lui répond : *Ié*, non. Il
frappe à la seconde porte : non ! De porte en
porte, *ié*, partout on le refuse.

Il arrive à la dernière porte, un vieil homme lui
dit qu'il ne peut pas rester ici. Il se passe des choses étranges dans le village toutes les nuits :
« C'est trop dangereux, va-t'en ! »

Chirine !

Le moine lève les yeux, aperçoit un temple abandonné au sommet de la colline.

« Justement tout vient de là, des fantômes descen-
    dent dans le village, ils nous jouent des tours, le
    jour tout nous joue de malheur !
– Mais je suis moine, je vais aller voir là-haut, s'il
    m'arrive quelque chose, je frapperai la grosse clo-
    che du temple et vous viendrez à l'aide. »
Enfin le vieil homme accepte.
Chirine !

Le moine grimpe le sentier. Il est devant l'entrée, la
    porte est toute défoncée. Le tatami sent le moisi.
    Les objets sens dessus dessous, une couche de
    poussière partout, les stores des fenêtres arrachés…
Il entre. Il s'installe dans un coin, s'enroule dans son
    manteau. Il récite ses prières mais, fatigué, il
    s'assoupit.
La lune glisse par la fenêtre, tout est tranquille, le
    moine sommeille et veille.
Soudain *Atatakai !* Une voix hurle *Atatakai !*
Le moine sursaute. Devant lui se dresse un fantôme
    énorme qui se transforme. Une fois petit, une fois
    énorme, insaisissable comme le vent, puis gros et
    ventru comme la terre.
« Je suis le pot à thé du temple, et toi, qui es-tu ?
– *Yamabushi desu*, je suis moine ! »
Le pot à thé hurle : « Et toi, toi, qui es-tu ? »
Ah ça ! Ce pot à thé !
Le pot à thé saisit le moine, s'agrippe à lui, l'entraîne
    sur le tatami. Ils luttent l'un contre l'autre. Tous
    les objets se réveillent. Ils mènent la sarabande tout
    autour de la chambre, criant, hurlant, tonitruant.
Au milieu du cercle, le pot à thé et le moine !

Tous deux tournent, roulent, boulent, *ugokimasu to tomarimasu to agarimasu*, ils se relèvent, retombent, traversent toute la pièce ! *Mata, tobimasu to suberimasu to tachimasu !*

Le pot à thé et le moine luttent l'un contre l'autre, une fois le moine a le dessus, une fois le moine est dessous ! *Mata, mawarimasu ya tomarimasen ya oshimasu !* Cela dure longtemps.

Soudain plus rien ! *Sayônara !*

Tous les objets remis ! Pot à thé disparu ! Moine sur le tatami ! Courbaturé, moulu ! Démon disparu !
Chirine !

Le moine se relève, il cherche dans tous les coins. Près de l'autel, bien caché, il découvre le pot à thé à moitié enfoncé ! Impossible de le bouger.

Il frappe le gong. Le son résonne, traverse la vallée, cogne à la porte du vieil homme qui court réveiller les hommes du village. Chacun prend un bâton une pelle une hache un pic une raquette un chien quelque chose. Ils grimpent le sentier, ils courent, de plus en plus vite, ils déboulent dans l'entrée, ils se ruent, la porte tombe !

Ha ! Le moine est assis sur le tatami, tranquille, il sourit. Est-il vivant ou mort debout ?
Chirine !

Il est vivant !

« Ce démon, où est-il ? L'as-tu vu ? Ce sont des fantômes des brigands des voleurs ? Qu'ont-ils fait ? Où sont-ils ? »

Le moine tend la main : « C'est ça !
– Un pot à thé ? »

Deux hommes forts tirent les anses, mais il leur
    est impossible de le bouger. Ils enroulent une
    corde.
À cinq, ils tirent, le pot reste accroché. Tout le vil-
    lage s'y met, *yoiyakora*. Le pot à thé jaillit, projeté
    en l'air, les hommes sur leur derrière, le pot
    rebondit, se fracasse : dix mille pièces d'or volent
    de tous côtés jusqu'au fond du jardin...
Chirine !

Déjà le moine est parti, il va sur le chemin. Les
    hommes le rattrapent : il faut un moine pour
    rebâtir le temple.
Et le moine est resté !
Quand le temple est réparé, on fait une grande fête
    pour l'inaugurer. Le jour de la fête, les villages
    sont réunis. C'est une belle fête.
Chirine !

Le moine déjà est reparti, il va sur les chemins. Les
    hommes le rattrapent : il faut un moine pour gar-
    der le temple.
Et le moine est resté !
Chirine !

Des jeunes du village sont venus, ils deviennent
    moines eux aussi. Puis d'autres de la vallée, des
    vallées voisines...

Le temple est devenu célèbre !
Chirine !

Le moine a posé sa clochette sous l'auvent du toit.
   Le vent l'agite jour et nuit…
Peut-être un jour, passant par là, entendrez-vous le
   son de la clochette. Si doux, dans le vent du
   matin…
Chirine …

Le commissaire Cai Xiang

Sur la belle rivière Lo, deux bateliers passaient les
gens d'une rive à l'autre. Au milieu de la rivière, ils
coulaient le bateau et mangeaient les passagers. C'était
leur habitude.

Ces deux bateliers étaient le serpent et la tortue avi-
des d'immortalité. L'Étoile polaire qui vivait autrefois
dans la rivière Lo avait cultivé le *qi* pendant des siècles,
un jour elle obtint l'immortalité. Au moment où elle
accéda au ciel, elle s'ouvrit le ventre et jeta ses intestins
dans l'eau de la rivière. Cette part d'elle emplie de
divin se dispersa dans les eaux et fut recueillie par un
serpent et une tortue rêvant des cieux lointains. Ils
absorbèrent cette énergie et devinrent des hommes.
Sous l'aspect de bateliers ils avaient gardé leur esprit
avide.

Ce matin-là de maigre prise, au milieu de la
rivière, ils se penchaient pour ôter le bouchon du

bateau quand une voix retentit dans le ciel : « Ne touchez pas au commissaire Cai ! » Une femme enceinte était leur seule passagère, ils lui laissèrent la vie sauve. Arrivée sur l'autre rive, elle fit offrande à la déesse et promit d'élever un pont pour sauver les gens de l'infamie de la noyade. Un fils naquit qui devint le commissaire de thé Cai. Sa mère n'avait pu réaliser sa promesse, il entreprit l'ouvrage pour elle.

Le pont s'éleva mais les vagues de la mer proche emportèrent les piliers, tout fut à recommencer, ainsi plusieurs fois de suite. On fit des offrandes au génie gardien de la rivière, rien n'y fit. En dernier recours, le commissaire Cai écrivit une lettre au roi des dragons de la Mer orientale pour implorer son aide. La lettre écrite, il réunit ses gens et leur demanda de se dévouer pour apporter cette lettre au palais du roi des dragons, au fond de la mer.

L'un d'eux, quelque peu distrait, crut entendre son nom et répondit : « Oui ? » Il s'appelait Xia Dahai, or le commissaire Cai disait « aller sous la mer » une autre manière de prononcer les mêmes mots. Personne ne s'était avancé. Le pauvre Xia Dahai vit la lettre entre ses mains où dansait son avenir funeste. Pour rendre sa mort plus douce, il partit sur la plage dans la maison de thé où il retrouva ses compagnons, puis il but du vin en compagnie de belles mains. L'ivresse le porta vers la mer, après quelques pas il s'écroula sur le sable. Seul le fracas des vagues...

Un peu plus tard, il se réveilla, son nez le chatouillait. Dans les brumes du vin, il se crut au fond des mers. C'était vaguelette… Honteux d'avoir manqué à la lettre et à la mort, il se releva, mais la lettre pesait sur lui. Il la sortit de sa manche, elle était plus petite et portait le sceau du roi des dragons !

Xia Dahai courut chez le commissaire Cai. La lettre ouverte, on put lire un seul caractère : *ts'u*, vinaigre !

Il fallut la sagacité du commissaire Cai pour deviner en cet unique caractère l'heure du rendez-vous donnée par le roi des dragons : le vingt et unième jour du mois, à l'heure du coq. Le commissaire Cai attendit ce grand moment, tous ses ouvriers étaient placés le long des rives pour effectuer les travaux, les matériaux à côté d'eux. Il fallut attendre encore, la marée montait ! Avait-on mal compris ?

Puis les vagues s'évanouirent comme par enchantement, les ouvriers purent élever les piliers. Quand tout fut terminé, bien après la marée, l'eau remonta dans le lit de la rivière. En un éclair, le pont brilla sur la rivière Lo. Ce fut le plus beau pont que l'on pût voir à mille lieues à la ronde.

Jamais plus les démons ne purent l'abattre ni dévorer les passagers sur leur bateau.

Le bol de santal

Sur la colline en haut de la ville se dresse une vaste demeure. My Nyong y vit avec son père, elle habite un

petit pavillon entouré d'un jardin. Elle aime s'y promener. Au bout du jardin, elle contemple le fleuve qui
s'écoule sans vagues.

Un jour, un pêcheur s'installe dans la petite crique
au pied de la colline. Regarder la silhouette du
pêcheur, l'ombre du sampan sur l'eau et la rive, les
autres barques, lui plaît beaucoup. De la barque s'élève
un chant très beau, My Nyong en est émue, son sourire est un aveu. Ce sentiment d'amour... Dès lors, elle
s'assoit de longues heures dans le petit kiosque, son
rêve se mêle au chant. Infini bonheur.

Un jour elle vient, le sampan a disparu, il n'a laissé
que son ombre qui couvre d'un voile le cœur de My
Nyong, elle grelotte, se met au lit, n'en bouge plus. Le
père interroge les servantes qui avouent sa mélancolie
profonde : le pêcheur est parti un peu plus bas sur la
rivière...

Quelque temps plus tard, un matin, le chant est de
retour. Il semble plus proche qu'autrefois, My Nyong
d'un élan se lève. Au bout du jardin, la silhouette familière chante, le pêcheur s'inspire du ciel et du fleuve...

Elle s'approche tremblante, avec tant de douceur,
elle va poser une main sur son épaule quand il se
retourne, elle arrête son geste, interdite ! Laid ! Il est
laid ! Elle recule d'un pas, sans un mot s'échappe dans
son pavillon.

Le pêcheur reprend son travail. Mais il ne chante
plus. Tandis que My Nyong a fui la laideur, lui a vu la
beauté. Il ne peut l'oublier. Le visage de My Nyong
danse dans le ciel, il lâche le filet, laisse filer les pois-
sons, reste immobile sous la pluie...

Un jour son âme s'en va et glisse au fond du fleuve son corps lourd de douleur. Le pêcheur meurt d'amour. Le corps flotte de longs jours, dérivant au fil de l'eau. Il cogne un bois de santal coincé par un rocher, son âme se lie à ses fibres, le choc détache le bois qui continue l'errance sur l'eau.

Un sculpteur marche le long de la rive. Il voit le santal, sa couleur brille dans le soleil, il entre dans l'eau pour le prendre. Il en fait un bol. Ce bol de santal de forme parfaite, il le montre au riche marchand qui vit sur la haute colline. Le père de My Nyong, ravi, l'offre à sa fille, pour la première fois depuis longtemps elle sourit.

Dans le kiosque, elle s'assoit sur la natte, ses suivantes préparent le thé. My Nyong prend le bol, le thé a de profonds reflets mordorés. Dans le fond du bol, elle voit le sampan. Le pêcheur se met à chanter. My Nyong écoute sa plainte, une larme coule le long de sa joue, glisse sur le bord du bol et le bois de santal se fend. Traces à jamais…

Une goutte d'eau fend la pierre,
assouplit le bois le plus dur,
d'une larme, cœur qui s'ouvre
et son âme, fleur de lotus épanouie.

On dit que le pêcheur tendit la main,
il l'entraîna au fond du bol,
sur le long fleuve, enfin unis,
ils vécurent ainsi toute leur vie.

*

« Dans les fleurs de thé
Ah ! les moineaux jouent
À cache-cache. »

                                    Issa

« IIs ne disent rien
L'invité, l'hôte
Et le chrysanthème blanc. »

                                    Ryôta

« J'ouvre la porte
Et je jette le marc de thé
Rafale de neige ! »

                                    Sobaku

« Les pivoines
Dans l'ombre de l'alcôve
Un coucou ! »

                                    Shiki

Un moment : *kei*, « pureté »

L'amour plus fort que la mort

Chang est étudiant au temple de Xiao. Il mène aussi une vie très dissipée.

Un jour, il flâne nonchalant le long de la rivière quand une amazone, filant à vive allure, traverse la campagne. Elle est de grande beauté, c'est la fille du magistrat Ceng. Peu de temps après, il apprend sa mort subite. La demeure de la famille se trouve dans une autre province et Ceng ne peut la faire transporter, il place le cercueil dans le temple. Chang en est très heureux.

Dans la lueur des lampes, la nuit, il fait des offrandes d'encens pour la jeune fille dont il rêve éperdument. Autrefois, ils étaient proches l'un de l'autre et ils pouvaient se rencontrer, ils ne l'ont pas fait, maintenant, ils sont proches et elle est devenue inaccessible. Si seulement elle pouvait lui apparaître...

Un soir, quand il revient du temple dans sa petite cellule, elle l'attend, assise sur le bord du lit, ils parlent ensemble et les heures s'écoulent. Elle vient toutes les nuits.

Une fois cependant, elle arrive les larmes aux yeux : « Autrefois j'aimais chasser, j'ai tué d'innombrables êtres, le salut me sera refusé, veuillez réciter les sutras pour moi, cent huit mille fois, pour sauver mon âme. »

Il accepte avec bonheur et continue offrandes et prières devant son cercueil. Cinq années passent dans l'intimité et l'enchantement.

Puis le magistrat Ceng quitte ses fonctions, il est nommé dans une autre province, il ne peut transporter le cercueil, et Chang propose un petit coin de terrain dans l'enceinte du temple pour l'enterrer. Ceng le remercie avec reconnaissance, ne sachant quels liens l'unissent à sa fille.

Quelque temps plus tard, elle vient, l'air absent, malgré son amour, elle reste mélancolique. Les yeux baissés, elle soupire :

« Nous ne nous reverrons plus, vos prières me valent de renaître comme fille dans une famille influente du Hebei, chez Lu. Je vous dois reconnaissance éternelle. Si vous avez quelque sentiment pour moi, soyez là dans quinze ans le quinzième jour de la huitième lune, je deviendrai votre épouse.

— Dans quinze ans, je serai un vieillard, j'aurai quarante-cinq ans, les cheveux blancs, appuyé sur une canne.

— Dans ce cas, je deviendrai votre servante. Je vous en prie, laissez-moi m'acquitter de ma dette envers vous. »

Il la porte dans ses bras, légère comme un souffle, ils parviennent sur la route qui quitte la province, une longue file de voitures attend, une femme les voit venir et appelle, la jeune fille se dirige vers elle. Dans un dernier adieu, elle lui rappelle sa promesse. Les voitures s'éloignent.

Chang se marie, a un fils qui se marie lui aussi. Une nuit, il fait un rêve. Une déesse apparaît et lui dit d'entrer dans la mer du Sud. Puis elle s'évanouit. Il comprend qu'il doit changer sa vie. La mer du Sud représente la déesse Guan Yin, la déesse de Compassion. Il devient un dévot, règle sa vie sur la conduite de Bouddha.

Il fait un second rêve. La déesse Guan Yin l'invite dans son palais. Tout est lumières tel l'arc-en-ciel. Les suivantes de la déesse lui offrent un thé parfumé à la fleur de l'épidendron. Ce nectar rafraîchit tout son être. Elles l'entraînent à travers les jardins dans un autre pavillon. Un bain l'attend, parfumé au lotus, l'eau est claire et transparente, les suivantes le plongent dans ce bain, l'eau monte par-dessus sa tête et l'immerge complètement.

De ce jour, sa vue s'éclaircit, son teint devient blancheur de lune, ses cheveux blancs redeviennent noirs, il retrouve son allure de jeune homme. Sa femme meurt de vieillesse et son fils lui enjoint de se remarier. La date du destin approche, il acquiesce à la demande de son fils et se rend dans le Hebei. Sera-t-elle là, a-t-elle changé, le mariage sera-t-il possible ? Autant de questions qui animent son cœur se mêlant à l'espoir et au bonheur de la revoir.

Pendant tout ce temps, la jeune fille est née dans la famille Lu. Le père depuis longtemps veut la marier, elle a refusé tous les partis, avec obstination, invoquant l'excuse d'une promesse faite dans une autre vie. Le père a fini par accepter et attend la date du destin. Il a ordonné au portier de chasser tous les hommes qui viendraient avant ce moment.

Chang se présente à la porte, il veut prendre ses renseignements. Le portier le repousse durement. La date n'est pas encore passée. Chang retourne à l'auberge, inquiet. Le père interroge le portier : personne n'est-il venu ? Il parle de ce Chang, cet étranger venu d'une province lointaine.

Lu va le voir, le trouve correct et l'invite chez lui. Heureux, il fait venir sa fille. Elle accourt aussi vite que possible sur ses petits pieds charmants. Devant elle se tient un jeune homme aux cheveux noirs, elle ne reconnaît pas Chang, elle attendait un vieillard ! Elle pleure. Elle affirme qu'on la trompe, maudit le destin et se réfugie dans sa chambre. Chang, blessé, retourne à l'auberge. De chagrin, la jeune fille se laisse mourir, on l'a mise en cercueil.

Pendant la nuit, une voix appelle Chang. Dans son rêve, la jeune fille vient, ses plaintes lui déchirent l'âme : « Est-ce vous que j'ai vu, vous êtes si différent, si jeune, je ne vous ai pas reconnu, est-ce vous vraiment, je n'ose y croire… pardonnez mon souvenir… mon esprit n'a pas encore quitté les lieux, si vous me rappelez, je puis revenir… »

Chang court chez Lu. Il lui raconte le rêve. Le père n'ose y croire, l'emmène pourtant dans la chambre. Tous deux font des offrandes d'encens, invoquent le nom de la jeune fille, plusieurs fois, à voix forte. Un soupir s'échappe, un souffle anime son corps, ses paupières s'ouvrent et la jeune fille se redresse.

Le père fait établir une date de bon augure. Quelques jours plus tard, déjà, le mariage les unit. Le père accompagne sa fille dans sa nouvelle demeure, où il demeure quelques mois. Chang et la jeune fille ont vécu une harmonie parfaite. De longues années…

Patrul Rinpoche

Patrul Rinpoche est assis sous sa tente. Celle-ci a été montée, dans la montagne, sur un vaste plateau à côté d'un mur de pierres. Les prières gravées sur les pierres brillent dans la neige. Il fait froid.

Patrul Rinpoche voyage beaucoup à travers le pays. Ce grand maître donne des enseignements ici et là, il est très aimé de tous les nomades.

Il est assis sous la tente, enveloppé d'une couverture, son disciple le sert. Il n'y a aucun bruit alentour, on entend le son du thé qui glisse dans le bol.

À ce moment-là, une gamine soulève la porte de la tente, entre et regarde de tous côtés. Soudain elle aperçoit Rinpoche et s'arrête, interdite. Elle porte un manteau de marmotte, le bas est un peu déchiré. Patrul Rinpoche lui demande ce qu'elle veut. Elle a égaré sa *dri*, son yak femelle ! Le disciple la pousse vers la porte, il lui rappelle que c'est un endroit privé. Mais Patrul Rinpoche lui ordonne de lui servir le thé. Ses mains sont bleues de froid, le bout de son nez aussi.

Le disciple avance la théière, la fillette n'a pas de bol dans la manche de son manteau. Patrul Rinpoche lui offre le sien. Elle prend le bol, mange la *tsampa*. Le thé est bu très vite, son beurre est très bon. Ensuite elle essuie bien le bol de sa manche effilée et le rend au Rinpoche. Patrul Rinpoche rit. Le disciple se précipite pour rincer le bol avant de servir Rinpoche, mais le maître l'a déjà saisi et se verse lui-même le thé.

Il envoie son disciple aider la petite à retrouver sa *dri*, il la bénit de loin, elle sourit, un de ces sourires de soleil comme les nomades peuvent le montrer, et Rinpoche aussi sourit... Que son disciple réchauffe les mains de la gamine quand elle aura froid ! Son merveilleux sourire...

Anecdotes taoïstes

À Dunhuang est un homme qui ne craint ni le froid ni le chaud. Il se nourrit uniquement de cristaux de jade, se soigne en mangeant du miel, de la cannelle et des pignons de pin. Il boit du thé.

Cela se passait pendant l'ère de Yuanjia, sous la dynastie Song. Le moine Fayao rencontra le moine Chen taizhen. Celui-ci habitait au temple de la montagne Wu Kang. Il ne se nourrissait que de thé.

Tan Qiu était un immortel qui ne s'intéressait pas aux mets succulents.

Ayant cueilli un peu de thé, il en but, sur quoi il lui
poussa des ailes.

Il s'envola alors pour un château féerique pour fuir
la vanité de la vie.

Maintenant, il vit parmi les nuages dans un palais
inconnu des hommes.

Son thé est préparé dans un samovar d'or par un
jeune immortel qui réside sur une cime parmi les
nuages.

Comme il est sans valeur, le classique de Lu Yu[1],
comparé à cela !

Chiao Jen

Dans les lointaines montagnes de Kou Ye
Habitent des êtres divins
Leur peau est fraîche comme la neige
Ils aspirent le vent et boivent la rosée
Montent sur les nuages et les souffles
Chevauchent les dragons volants
Parcourent les quatre orients
Par leur esprit, ils protègent les êtres,
Font mûrir les récoltes
Par la seule force de leur esprit ! Quelle puissance !
Ils embrassent dix mille choses,
Les transforment en une seule
Les gens les prient mais pourquoi
Se fatiguer avec les affaires du monde ?

---

1. Le *Chajing*, le *Classique du thé*, VIIIe siècle.

Ces hommes de la montagne,
On les appelle les immortels
Ces hommes ignorent la vieillesse
Quand ils ont soif, ils boivent à la fontaine de Jade
Quand ils ont faim, ils mangent des baies sauvages
Ils errent et s'ébattent à travers le monde
Ils volent au-dessus des quatre océans
Leur âge est comme l'or et les pierres
Ils protègent le Royaume
Quand on monte sur la montagne Taishan,
On peut voir les immortels
Leur secret : passer d'un monde à l'autre,
En souriant, dans l'ivresse
Dansant au rythme de la nature retrouvée.

Ô mon maître, mon maître !
Tu anéantis toutes choses sans être cruel
Tu fais largesse aux dix mille générations
Sans être bon
Tu es plus âgé que la plus haute antiquité
Et tu n'es pas vieux
Tu couvres le ciel, tu supportes la terre
Tu modèles toutes les formes sans être habile
C'est toi qu'on nomme Joie Céleste.

« Un bonze courbé par les ans vivait dans un vieux
temple antique, il allumait les bâtons d'encens, battait
le tambour, à voix haute psalmodiait les textes, ses
offrandes étaient des baies de la montagne... le soleil

traversait à peine les pins touffus, les étoiles filtraient à travers les fentes du mur, le portail était resté ouvert, pourquoi le fermer, ce portail rouillé… maintenant il faisait nuit, le bonze était assis à l'intérieur, tranquille… sur la natte de paille déchirée, il était en *samadhi*… à la lumière du réchaud, rougeoyante, infusait le thé de minuit !

Les anachorètes vivaient dans les montagnes profondes, souvent sans argent, sans recevoir d'offrandes, ils descendaient dans les vallées. Dans les maisons de thé, ils chantaient et récoltaient quelques sous, alors ils s'asseyaient et buvaient le thé. Puis, ils repartaient làhaut, nul ne savait où… dans le Gansu, de cette manière, vivait le Maître Céleste, le Grand Mage taoïste…

Il était assis dans sa cabane, la neige était tombée alentour, pas un seul bruit à la ronde que celui des flocons. Un ami arriva, c'était la nuit. Ils burent du thé pour se réchauffer. La bouilloire sifflait, le charbon de bois rougeoyait, la lune apparut splendide sur la neige, elle-même n'offrait rien de particulier mais… les fleurs, ah, les fleurs du prunier ! »

Tu Hsiao-shan

Nansen

Mayoku et Nansen font un pèlerinage de nature avec un de leurs amis. Ils entrent dans une forêt, son

ombre est bienvenue dans la chaleur de l'été. En chemin, ils croisent une femme seule. Ils s'étonnent de
voir une femme ainsi loin de tout village, de toute
habitation, mais elle vit non loin de là, tenant une maison de thé, petite et modeste.

Les trois amis aperçoivent en contrebas les toits des
pavillons. Elle les invite, n'ont-ils pas envie de se reposer par cette chaleur ? Ils l'accompagnent. Ils s'installent sur la terrasse, à l'abri de l'auvent, elle leur apporte
un bol de thé. Rien d'autre !

Les trois amis demandent deux autres bols, elle leur
répond : « Que celui qui a le pouvoir égal d'un dieu
boive ! » Les trois amis se regardent interloqués, aucun
d'eux n'ose prétendre à cela.

Comme ils ne boivent pas, la femme s'approche et leur
dit : « Je ne connais pas le pouvoir d'un dieu, mais je vais
vous montrer le pouvoir d'une femme. » Elle prend le bol,
boit le thé, repose le bol sur la table. Voilà !

Kamo no Chomei

Au temps où les Heike avaient envahi le pays, partout c'était meurtre, pillage, famine, épidémie, exac-
tions de toutes sortes. Partout combats, luttes et
batailles. Les nobles s'étaient réfugiés dans les provinces pour constituer une armée capable de vaincre les
Heike. Les hommes, les femmes allaient sur les chemins, où ils tombaient se relevaient mouraient vivaient
à travers tout le pays...

Dans la montagne, Kamo no Chomei avançait lentement sur le sentier. Dans la montagne lointaine, il fuyait les troubles du pays. Il poussait devant lui sa brouette, transportant sa hutte de bambou, quelques maigres affaires...

Cette hutte de bambou, Kamo no Chomei le poète la posa près d'un torrent, à l'abri du feuillage. Deux petites pièces, l'une pour l'autel du Bouddha et une paillasse, l'autre pour ses pinceaux et les rouleaux de papier.

Il se promenait souvent, flânant au hasard, écrivait ses poèmes, parfois descendait la montagne, plus bas, il parlait avec le bûcheron. Il s'était lié d'amitié avec son fils, ensemble ils allaient ramasser les châtaignes, ou les champignons, et les fruits au hasard des sentiers. Ils suivaient le parfum des fleurs, le jeu des écureuils. Tous deux vivaient la même vie, lui si jeune, lui si vieux...

Quand le vent soufflait et glissait dans les interstices des murs de la hutte, le vent secouait les branches, Kamo no Chomei prenait son pinceau, déroulait le papier, écrivait quelques poèmes, accroché à son pinceau qui traçait les traits de son cœur...

Il menait une vie très simple en somme. Il recueillait l'eau pour préparer le riz, pour faire le thé. Il buvait le thé.

Le bruit du torrent ne couvre pas le vent dans les branches.

Kenreimon-in

L'impératrice Kenreimon-in était l'unique survivante du massacre du clan Heike. Après les combats, la bataille de Dan-no-ura, elle s'était réfugiée dans un ermitage au cœur des montagnes. Il était perdu quelque part près d'un monastère, inaccessible.

Un jour, l'empereur régnant voulut lui rendre visite. Il vint suivi de quelques fidèles, ministres et guerriers. Les herbes avaient envahi le chemin, nul ne venait la voir, l'empereur en fut ému.

Personne n'était là pour l'accueillir, lui et sa suite, l'impératrice était partie dans la montagne pour faire des bouquets de fleurs. Il fallait faire les offrandes aux bouddhas, lui confia une vieille nonne. À ce moment-là, l'impératrice apparut au bout du chemin, l'empereur attendait sur la galerie. Quand elle aperçut l'empereur, elle s'arrêta, rougissant de honte d'être vue les robes trempées de rosée, un panier de fleurs à la main comme une servante, mais une dame de son entourage saisit le panier et la pressa d'accueillir l'empereur selon les règles.

Dans l'ermitage, on apporta une collation légère, on servit le thé. L'empereur régnant et Kenreimon-in parlaient ensemble librement, ils évoquaient les poètes aimés, les amis d'autrefois. Puis ils composèrent un unique poème pour l'occasion.

En la quittant, l'empereur était très ému, tout cela était poignant, ce dénuement, cette solitude, pour une impératrice. Elle disait que les événements du destin

sont impénétrables : impermanentes sont toutes choses… En quittant les lieux sur le sentier d'herbes foulées, il les vit se redresser derrière lui et masquer le
sentier comme si personne jamais n'était passé là.

Minamoto no Yoshitsune

Kiyomori, le chef du clan Heike, a envahi le
royaume, les nobles se réfugient dans les provinces pour
constituer une armée capable de vaincre les Heike.
Minamoto no Yoshitsune veut rejoindre l'armée de
Hidehira au nord-est et lutter contre les Heike. Pour
échapper à leur surveillance, il est déguisé en jeune page
et accompagne Kichiji l'orfèvre et sa troupe sur la route
de la mer orientale. Ils descendent à l'auberge de Yahagi.
Les hommes se restaurent et se reposent.

Yoshitsune est dans le jardin, c'est le printemps, la
lune est belle. Sous un arbre, il contemple, immobile,
les fleurs tombent par grappes sur ses épaules, il récite
des poèmes anciens. Puis, quelques pas, longeant un
mur… Une porte entrouverte, personne, il entre. Un
jardin, des collines, pavillons, buissons taillés, au loin
les grands pins…. En contrebas un étang, sur l'île, des
arbres couverts de joyaux qui tintent légèrement, des
couples d'oiseaux marins flottent ici et là… Une brise,
les pétales sont emportés. Sur l'eau, une nappe de pétales rose et blanc. Un tel jardin, en province, Yoshitsune
se croit au paradis. Une musique s'élève…

Yoshitsune suit le sentier entre les vieux pins. Dans un pavillon éclairé, Jôruri et ses dames jouent les instruments, l'orgue à bouche, la cithare, le luth. Il manque la flûte. Yoshitsune en possède une, cachée sous les plis de son manteau. « Si je jouais… » Ce n'est pas prudent, les gardes circulent dans les jardins, il hésite, mais la musique sans flûte, est-ce musique ?… « Les Heike sont partout, si je suis pris… » Jouer dans de telles conditions, n'est-ce pas la vraie musique ?…

Yoshitsune retire la flûte de son carré de soie, l'humecte de rosée. Il joue un air d'amour, tout en approchant du pavillon. À l'intérieur, les instruments se taisent, les dames écoutent…

Quand son air s'achève, les dames, derrière les stores, tentent de l'apercevoir. Jôruri les interroge. Ce n'est que le jeune page, répondent-elles, il accompagne les hommes descendus à l'auberge, il semble très ordinaire. Jôruri ne peut les croire : Une telle musique est celle d'un noble, beaucoup se cachent pour échapper aux Heike. Elle envoie dame Tamamo pour l'observer…

Dame Tamamo, les joues roses, revient et décrit les vêtements. « Il porte deux robes de soie, l'une couleur saule, l'autre couleur pêche, à même la peau. Un manteau brodé de fleurs de printemps, sur l'autre pan du manteau un paysage d'automne. Les chausses même sont brodées de barques qui rentrent dans la baie. La garde du sabre est ornée des étoiles du Bouvier et de la Tisserande, les constellations de l'amour. Il porte l'*eboshi*, le chapeau noir plié à la mode des nobles, dans l'ouverture il a glissé un rameau de cerisier en fleur. D'une beauté indicible… un noble assurément… »

Jôruri le fait entrer. Il prend place, arrange les pans de son manteau autour de lui, aussitôt les dames l'entourent, l'interrogent sur mille choses : la littérature, les textes sacrés, la calligraphie. Mille choses, il connaît... Jôruri, dissimulée derrière un écran, ne peut le voir mais elle ne perd rien de la conversation. Il ne la voit pas mais perçoit chaque mouvement de son cœur. On goûte quelques plats, on boit, on joue encore. Enfin, il demande la permission de se retirer, on peine à la lui accorder ...

Yoshitsune est dans l'auberge. Allongé sur sa couche parmi ses compagnons de route, il rêve d'elle et se dit soudain : « Quand on part au combat armé de pied en cap, on ne sait si on reviendra vivant, pourtant on y va, je rencontre une femme sublime et j'hésiterais... »

Il traverse le jardin, pas un seul garde : chance ou piège ? La porte est restée ouverte, il la fait glisser doucement, aussitôt une voix dit : « Qui va là ? » C'est dame Tamamo !

« C'est moi, le jeune page ! » Elle le fait entrer ! La pièce est sombre, dame Tamamo veut le précéder pour lui montrer le chemin, mais Yoshitsune impatient déplace lui-même les douze paravents, les neuf écrans, les huit stores, les sept rideaux, il est dans la chambre, enfin il la voit ! Dormante !

Telle une fée descendue de la lune, tout son être, un murmure d'amour comme un vœu...

La pièce est éclairée de dizaines de bougies, il la contemple : elle porte douze robes les unes sur les autres, couleur rose, vert et prune, la joue droite posée sur l'appuie-tête de santal, ses longs cheveux telle une rivière noire glissant tout le long du dos jusqu'aux genoux, dans ses brocarts de printemps …

Il ose à peine respirer. On entend le souffle des bougies. Que faire, partir, rester ? C'est la première fois…

De son éventail, Yoshitsune éteint les bougies, il en laisse trois. Jôruri s'éveille. Il déclare sa flamme avec élan, porté sur les grandes vagues de sa passion, elle lui réplique : « Vous êtes un page ! » S'opposant à lui, elle donne mille arguments pour refuser, il repousse chaque prétexte. À la fin, elle n'a plus de raisons, elle se dit : « Je l'aime, pourquoi refuser ? »

Jôruri défait la ceinture de ses robes.

Ensemble, ils entrent dans la nuit, belle et magnifique, de leur amour…

Par ces temps obscurs, on voit la lune se lever au-dessus des collines…

La rosée se dépose sur les herbes et les fait ployer dans la fraîcheur du matin, tous deux goûtent ce thé de profonde douceur.

Mais l'aube ! Déjà ? Partir ! Déjà ?

« Restez, je vous en prie !

– Non ! la route est longue… »

Elle l'accompagne sur la terrasse :

> *Je ne peux me séparer en deux*
> *Mais mon cœur vous accompagne*
> *Partout en tous lieux.*

Jôruri est si touchante mais Yoshitsune n'ose lui dire qui il est par prudence. Pour elle, il reste le jeune page. Et pourtant…

Yoshitsune repart sur les routes avec la troupe de Kichiji l'orfèvre, il va, déguisé en jeune page....

Il rejoindra Hidehira et son armée, deviendra le jeune général en chef, à vingt ans, donnera victoire sur victoire à son clan contre les Heike, jusqu'à la dernière grande bataille de Dan-no-ura. L'image de Jôruri l'accompagnera durant ces années de combat.

Telle la lune qui se lève sur les collines et éclaire le pays alentour, leur rencontre illumine les siècles...

*

Jôshû[1] demande à Nansen :

« Qu'est-ce que la voie ?

— La vie quotidienne est la voie.

— Peut-on l'étudier ?

— L'étudier, c'est s'en éloigner, ne pas l'étudier, c'est ne pas la connaître.

— Alors comment savoir que c'est la voie ?

— C'est au-delà de la perception, de la non-perception. Si tu veux atteindre la vraie voie au-delà du doute, regarde le ciel et les oiseaux !

— Le ciel ?

— Sois de cette même liberté. Le ciel n'est ni bon ni mauvais, n'est-ce pas ! »

Jôshû connut le satori, il fut illuminé.

---

1. Moine zen chinois du IXᵉ siècle.

L'offrande : *sei*, « respect »

Drukpa Kunley[1]

Ce yogi errant arrive dans un monastère quand il y a cérémonie de confession. Il veut offrir du thé aux moines. Il n'a qu'une petite pincée de thé pour tous, ils sont un millier ! Comment faire du bon thé avec si peu ? s'exclament-ils, il est chassé.

Drukpa Kunley va dans un autre monastère, à Tashi Lhumpo[2]. Il est bon d'offrir quelque chose, il ne possède que cette pincée de thé. Le moine cuisinier est ébahi : ce thé qui tient dans une cuillère ! Il y a là mystère ! Plutôt que le chasser, il va interroger l'abbé. Pour l'abbé, cet homme est un yogi spécial, il faut faire tout ce qu'il demande.

On prépare le thé : Drukpa Kunley pose le thé dans le fond du chaudron, une noix de beurre, un grain de

---

1. Yogi tantrique tibétain, du XVIe siècle. Appelé le « fou divin », il parcourait le Tibet et le Bhoutan pour enseigner aux êtres.
2. Près de Shigatse, province de Tsang, au Tibet.

sel. Il recommande de ne pas lever le couvercle avant son retour. Puis le yogi va en ville boire de la bière.

C'est l'heure de servir le thé, pas de yogi. On soulève le couvercle, le chaudron est rempli de thé aux trois quarts. Arrive Drukpa Kunley : « Je vous avais recommandé de m'attendre, désormais il n'y aura jamais plus de thé que ceci dans ce chaudron ! »

Dans le temple, les moines se sont rassemblés, en rangs perpendiculaires à l'autel des bouddhas, les anciens à l'avant, les plus jeunes à l'arrière. Les moinillons passent entre les rangs, versent le thé dans les bols. Drukpa Kunley fait l'offrande : venu avec une pincée de thé, il souhaite que ce thé leur plaise. Le thé est délicieux, l'abbé trouve cela de bon augure. Le yogi dit : « Si ce thé est de bon augure, il faut boire de la bière ! » Le moine de la bonne morale est offusqué, très mauvais exemple pour les novices. Comme ce yogi est un être spécial, on sert la bière.

Les moinillons versent la bière dans les mêmes bols. Drukpa Kunley prononce la formule d'offrande, puis tournant le dos à l'assemblée, relève sa robe, lance un pet magistral qui retentit comme dragon dans le ciel ! Les moines les plus anciens se bouchent le nez, offusqués, les novices éclatent de rire. Un parfum d'encens se répand dans le temple. Seuls les novices peuvent le respirer.

Depuis ce jour, les volutes d'encens se répandent vers l'arrière, jamais aux premiers rangs où siègent les anciens.

Le thé du monastère est réputé pour son excellence mais le chaudron jamais n'a pu être plus rempli que ce jour-là !

La libation de thé

Cela se passait dans le district de Shan. Une vieille femme aimait le thé. Elle était seule et avait deux fils. Elle les élevait seule. Dans la cour de la maison se trouvait une large dalle plate, une tombe. Chaque jour, elle préparait le thé et versait une libation de thé. Elle trouvait bon de faire ainsi. Les fils murmuraient : « Le thé coûte cher, pourquoi cette dépense inutile ? C'est du gaspillage ! Sur une tombe dont on ne connaît pas la famille ! »

Une nuit, la vieille femme fit un rêve. Un homme lui apparut. Il la remerciait des offrandes de thé : « Je suis là depuis trois cents ans, je suis seul, sans vous je me sentirais plus seul encore. Vos fils veulent faire disparaître ma tombe pour vous empêcher de continuer. Mais grâce à vos offrandes, je suis sous votre protection. Je suis un vieux tas d'os blanchis, et pourtant vous faites les libations. Comment ne pas vous remercier ? »

Le lendemain, à l'aube, à l'heure des libations, elle découvrit sur la tombe un sac de pièces d'or. Les fils furent effrayés. La tombe fut vénérée.

Jôshû

Jôshû, assis devant la porte de son pavillon, vit passer un novice qu'il ne connaissait pas :

« D'où viens-tu, tu es ici depuis longtemps ?

– Non, je viens d'arriver.

– Viens prendre un bol de thé ! »

Passa un vieux moine. Jôshû l'invita également : « Viens prendre un bol de thé ! »

Le vieux moine se joignit à eux.

L'abbé Injû qui avait assisté à la scène l'interpella : « Comment peux-tu offrir le thé à un novice et à un vieux moine exactement de la même manière ? » L'abbé Injû partit à grands pas.

« Injû !

– Oui !

– Viens prendre le thé ! »

Le cultivateur

Un cultivateur de thé désire offrir une cérémonie de thé à Sen no Rikyû.

Sen no Rikyû vient avec quelques disciples. Le cultivateur prépare le thé, il est lent. À un moment, il prend la boîte à thé, referme mal le couvercle, la cuillère retombe à côté, les élèves froncent les sourcils. Le cultivateur, d'émotion, verse un peu d'eau sur la natte, les élèves, horrifiés, sont prêts à interrompre la cérémonie pour ne pas embarrasser leur maître vénéré, si exigeant, qui ne supporte pas le moindre écart.

Durant toute la cérémonie, le cultivateur sourit, heureux.

À la fin de la cérémonie, l'usage veut que l'hôte dise

un mot ou un poème qui couronne le moment, telle la fleur la saveur du thé. Sen no Rikyû s'incline, remercie et dit simplement : « Votre thé est excellent. »

Excellent ! Les disciples en sont muets.

Sur le chemin du retour :

« Maître, comment avez-vous pu trouver ce thé excellent ?

— Ce cultivateur ne cherchait pas à me plaire ni à être parfait, il m'a servi le thé du plus profond de son cœur, voilà la vraie cérémonie. »

Les trois thés

Hideyoshi parcourt la campagne. Il s'arrête chez un seigneur, il désire boire du thé.

Le serviteur, très jeune, apporte un bol de thé largement rempli, le thé est presque tiède. Hideyoshi s'étonne de ce manque d'usage mais ne dit rien. Le serviteur attend. Quand le bol est vide, immédiatement il présente un second bol, d'un thé plus serré, au goût plus fin. Hideyoshi est surpris mais il goûte ce thé et ressent un grand bien-être l'envahir. Et le serviteur lui sert un troisième bol, petit et étroit. Ce thé, d'un goût très puissant, est un peu épais, servi très chaud, presque brûlant.

Hideyoshi s'adresse au serviteur et lui demande pourquoi il a servi trois thés différents. Le serviteur explique ceci : quand Hideyoshi est arrivé, il faisait chaud, il ressentait la fatigue du voyage, le serviteur a servi un thé tiède pour rafraîchir et détendre le corps ; ensuite, il a présenté un thé qui rassemble l'énergie, le thé était plus serré ; enfin, un thé qui ait un véritable goût.

Hideyoshi le félicite de sa finesse et le nomme gouverneur d'une province.

Ainsi, un simple serviteur d'origine modeste sans famille put accéder à un rang et recevoir un tel honneur pour son attention et son soin à servir le thé selon les circonstances plutôt que selon les règles.

Le maître de sabre

La concentration de Sen no Rikyû était parfaite, le maître de sabre en doutait. D'après lui, il suffisait d'une seconde pour que l'esprit relâche l'attention. Il voulait éprouver Sen no Rikyû.

Sen no Rikyû préparait le thé. Pendant la cérémonie, le maître de sabre observait chaque geste de Sen no Rikyû, il tenait son éventail serré dans la main droite prêt à le pointer au moindre manquement. À un moment donné, il perçut un relâchement. Ha ! Je le surprends ! Il allait tendre l'éventail en avant, à cet instant Sen no Rikyû tourna la tête vers lui et son regard fustigea le geste.

Le maître de sabre était confondu : Sen no Rikyû avait deviné son intention ! Il était impossible de le prendre en défaut, sa réputation n'était pas surfaite…

Kato

Le seigneur Taiko suit des cours de cérémonie de
thé. Il se rend régulièrement chez le maître de thé Sen
no Rikyû. Kato, un des samouraïs de ce seigneur,
craint que son maître n'oublie son devoir et les armes,
il veut empêcher cela. Pour ce faire, il décide de supprimer le maître de thé.

Il demande de participer à une cérémonie de thé,
le maître accepte. Kato entre dans le jardin, s'assoit
sous l'auvent où les samouraïs déposent leur sabre
selon l'usage. Kato garde le sien. Quand Sen no
Rikyû vient chercher son hôte, il remarque le sabre
sous les plis du manteau, Kato refuse de s'en séparer.
Sen no Rikyû lit dans le regard de Kato son intention, il ne dit rien.

Dans la chambre de thé, Sen no Rikyû prépare les
ustensiles. Kato est assis sur la natte devant le foyer. Il
n'a jamais assisté à une telle cérémonie, il pense la suivre un moment, cherchant l'occasion d'agir : ce maître
est sans armes, Kato ne prend aucun risque.

L'eau frémit, puis commence à bouillir. Kato,
immobile, attend. D'un coup de pied, Sen no Rikyû
renverse la bouilloire, l'eau se répand sur les tisons. Un
sifflement strident. Une vapeur épaisse et brûlante
envahit la pièce, le samouraï, effrayé, s'échappe dehors.

Sen no Rikyû est resté à l'intérieur, le samouraï en
profite pour exécuter son dessein, il se précipite. Dans
la chambre, il porte la main à son sabre, il a disparu !
Sen no Rikyû le tient sur ses genoux !

Sen no Rikyû lui dit : « Votre sabre, il est noir de suie, je le nettoie, pour vous … »
Pour Kato, il fut impossible de le tuer !

*

> « *À celui qui ne rêve*
> *Que fleurs au printemps*
> *Je montre*
> *Sur les hautes collines*
> *Les jeunes herbes*
> *Au milieu de la neige.* »

> *Fujiwara no Ietaka*

Dans le jardin : *jaku*, « sérénité »

Le son du caillou et du bambou

C'est l'histoire d'un moine qui savait tout, il avait tout étudié. Cependant le doute le tenaillait sur toutes choses, il interrogeait sans cesse son maître. Le maître répondait patiemment. Mais une réponse amenait une question, une question une autre réponse et c'était sans fin.

Le maître dit au moine : « Tu dois redevenir comme un enfant qui ne sait pas ce qu'est le nord, le sud, l'est et l'ouest ! Oublie ta connaissance ! »

Le moine, hébété, sous le choc, prend ses livres, ses textes, ses commentaires, tout, il jette tout dans le feu. Le feu brûle. Les larmes baignent son visage, lavent les écrits, rejoignent le feu. Quand tout est éteint, il prend le premier sentier devant lui, qui se perd dans la montagne jusqu'à un ermitage abandonné. Le moine répare l'ermitage et commence une nouvelle vie.

Chaque jour, il recueille l'eau pour préparer le thé ou le riz. Il se fait un petit jardin, écrit des poèmes. Non loin de l'ermitage s'étend un bosquet de bambous, petits, légers, qui chantent avec le vent. Il aime s'y promener. Sous la lune, le bambou est lisse.

Dans sa nudité, sous les reflets de la lune, le temps l'effleure sans laisser de traces... Le léger murmure du feuillage paisible accueille les jeux du vent et de la lune...

Un jour, il est dans le jardin, un caillou se détache de la montagne, roule le long de la pente, cogne un bambou ! Le son du caillou, le son du bambou, d'un coup il connaît le satori, l'éveil ! Il envoie un poème à son maître dans la vallée :

Par le son du caillou et du bambou, j'ai tout oublié ! Confusion, pensées, complications, tout s'est envolé !

Le maître répond :

Non ! Pas par le son du caillou et du bambou, ce fut longtemps auparavant !

Mais quand ?

Rikyû et Dôan

Rikyû a demandé à son fils Dôan de balayer le jardin de la maison de thé. Il faut le rendre propre. Dôan balaie toutes les feuilles, arrose les dalles de l'allée...

Rikyû vient voir et dit : « Ce n'est pas assez propre. » Dôan recommence, ôte des brindilles entre les roches, ramasse quelques aiguilles de pin oubliées, arrose à nouveau les dalles. Il appelle son père, Rikyû jette un coup d'œil sur le jardin, affirme à nouveau que ce n'est pas propre.

Dôan ne comprenant pas, Rikyû lui dit de regarder. Il secoue un érable, quelques feuilles tombent sur la mousse. Rikyû laisse ceci intact : « Maintenant le jardin est propre. D'une beauté naturelle… »

Les belles-de-jour

Le maître de thé Sen no Rikyû possède un parterre de belles-de-jour. Il est le seul dans toute la province à les cultiver. Elles sont si belles que l'on vient de loin pour les admirer. Leur réputation parvient aux oreilles du shogun Hideyoshi qui manifeste le désir de voir ces fleurs rares qu'il ne connaît pas. Pour cela, il faut traverser le jardin, pour aller dans le jardin, il faut être convié à une cérémonie de thé. Il demande à Sen no Rikyû d'assister à l'une d'elles et le maître l'invite.

Le jour dit, le shogun revêt une tunique blanche qu'il recouvre d'une casaque à longue traîne d'un bleu profond. L'effet est sobre et raffiné, en harmonie parfaite avec la cérémonie de thé. Quand il parvient aux portes du monastère, un serviteur l'attend pour le conduire à l'emplacement désiré. Celui-ci le mène entre les buissons, le long du sentier, ils passent sur le pont au-dessus de l'étang, traversent le bosquet de bambous, glissent entre deux palissades de joncs tressés, enfin le serviteur s'arrête.

Il s'arrête devant un carré de terre nue ! Hideyoshi s'étonne de ne voir aucune fleur. Il regarde de tous côtés mais ne voit rien. Le moine l'assure que c'est bien l'endroit où sont les belles-de-jour. Le shogun blêmit de rage. On ose le tromper !

Il se dirige à grands pas vers la chambre de thé pour corriger ce maître impudent qui a osé se moquer de lui ! D'un geste violent, il fait coulisser la porte, le maître l'attend, paisible. Souriant même ! Hideyoshi, furieux, entre, déjà il lève la main, quand son regard plonge dans le *tokonoma* : là, dans un vase, une belle-de-jour !

Une belle-de-jour à la corolle blanche, délicate, fragile, sur une tige qui penche par-dessus le vase. Au bout de la courbe de cette tige tombe la colère du shogun Hideyoshi…

Le matin même, quand il a appris que le shogun voulait voir les fleurs, le maître de thé, Sen no Rikyû, s'est rendu devant le parterre de fleurs, il les a contemplées longuement. Il en a choisi une, la plus belle, il l'a cueillie, doucement. Puis il a coupé toutes les autres. Il a retourné et aplani la terre, dessiné les sillons sur le sol nu. Enfin, il a placé la fleur dans un vase, un bronze rare de facture Song…

La fleur blanche sur sa longue tige souple qui ploie par-dessus le vase large solide comme la terre, l'effet est sublime. Hideyoshi sourit.

Le maître de thé l'invite et le shogun s'agenouille. Sen no Rikyû prépare le thé. Ensemble ils le partagent.

Dans le *tokonoma* est une belle-de-jour, la reine de tout le parterre. Une seule fleur dont la beauté vaut celle de toutes les autres, donne tout son sens à la cérémonie de thé que le maître de thé, Sen no Rikyû, offre ce jour-là au shogun Hideyoshi.

Himeuri

Sen no Rikyû est invité par un ami pour une cérémonie de thé. Cet ami est un seigneur qui vit dans la province dans une certaine pauvreté. Il demande s'il y a des fleurs pour faire l'arrangement floral, mais il n'y en a pas, rien que des melons.

Sen no Rikyû choisit pour lui-même une tige de melon, son ami lui présente un vase, Sen no Rikyû y pose la tige, cette tige de melon glisse du vase et court sur le sol de l'alcôve, c'est merveilleux.

L'ami en est si enchanté qu'il gardera le vase et l'appellera *himeuri*, qui veut dire « tige de melon ». Ce vase s'est transmis jusqu'à nos jours.

La branche de prunier

Hideyoshi revenait de campagne victorieux,
il demanda à Sen no Rikyû de le rejoindre.
Il voulait partager le thé et, pour la cérémonie,
il proposa à son maître de thé
un arrangement floral avec une branche de prunier.
On était encore au milieu de l'hiver,
les pruniers n'étaient pas en fleur.
La branche choisie n'offrait que des bourgeons.
Cette branche était droite, sans élégance.
Le vase, une large coupe évasée,
n'offrait aucune possibilité de réussir.

Les disciples eux-mêmes pensaient
qu'il était impossible de réaliser quelque chose.
Sen no Rikyû ne s'émut pas.
Il prit la branche, égrena les bourgeons
au-dessus de la coupe.
Tous tombèrent dans l'eau en pluie,
    remontèrent à la surface,
        formèrent une nappe rose et blanc.
L'effet était inattendu et exquis !
Hideyoshi sourit vraiment. Un tel geste…
Les serviteurs se détendirent, ravis.
Sen no Rikyû était excellent !
On ne pouvait pas le piéger.

*

« *Je contemple le rivage*
Ni fleurs épanouies ni feuilles d'érable rouge
Une simple cabane
À la lisière des vagues
Crépuscule d'automne. »

Fujiwara no Teika

Ces regards…

L'auberge de la Grue Jaune

Lü Dongbin s'asseyait toujours à la même table, dans la même auberge. L'aubergiste lui servait du vin et des mets délicats, Lu Dongbin ne payait rien mais l'aubergiste n'y voyait aucun mal, il aimait parler avec lui. Ils évoquaient ensemble les poètes d'autrefois, les philosophes. Le bruit des hommes attablés ne les dérangeait pas.

Un soir, l'aubergiste lui sert le vin et apporte les plats, mais Lü Dongbin prend les baguettes, affine les pointes et en fait un pinceau. Il a apporté le vaisseau à encre. D'une forme simple, sculpté en son bord extrême d'une montagne, de grottes et d'un dragon volant. Il a également le bâton d'encre.

Lü Dongbin pose les objets sur la table. Sa main les effleure comme une caresse qui éveille le dragon endormi et qui répand le souffle des grottes. Il frotte le bâtonnet dans l'eau sur la pierre, avec patience. Il trempe le pinceau dans l'encre noire et se met à peindre.

Au bout du pinceau, les dix mille choses se pressent, concentrées, du bout du pinceau les dix mille choses en un élan jaillissent. Sur le mur de l'auberge, il esquisse des montagnes effilées, des brumes étendues. Il brosse des chutes d'eau lointaines, il dessine des grottes cachées, une rivière, quelques barques…

Autour de lui, les hommes attablés cessent de parler et de boire, de penser même, ils regardent. Sur le mur apparaît une grue blanche en train de se lisser les plumes, le bec retourné enfoui sous l'aile. Cette peinture est si vivante, comme s'il n'y avait aucune trace d'encre…

Lü Dongbin repose le pinceau, les hommes attablés se taisent, fascinés.

Dans ce silence, trois claquements de mains sonnent, Lü Dongbin frappe dans ses mains trois fois. La grue blanche émerge de la peinture, elle fait quelques pas au milieu de l'assemblée et se met à danser !

La grue blanche tourne sur ses pattes agiles, déploie ses ailes. Elle virevolte, l'aile blanche frôle le toit. Soudain ni toit ni murs, seul le ciel, seule la grue qui danse, neige dans le ciel. Seul le son des plumes blanches unies aux flocons de neige, rien d'autre que ce silence, rien d'autre que le chant des ailes. La grue danse au sommet de la Voie lactée, sur la montagne Huangshan, au pied de l'arbre. La grue danse au sommet du ciel parmi les étoiles, dix mille flocons de neige tournoient lentement.

Un des hommes murmure comme pour lui-même le poème de Hsuan Chueh :

Xin jin ming jian wu ai
kuo ran ying che zhou sha jie

wan xiang sen luo ying xian zhong
yi ke yuan guang fei nei wai

Le clair miroir du cœur reflète, et nul obstacle
Le vaste vide pénètre d'innombrables mondes
Révélant du plus profond une myriade de choses
Une perle, pure lumière, ni dehors ni dedans.

Puis la grue se fond dans la peinture, reprend sa forme peinte sur le mur : une grue blanche qui se lisse les plumes...

Les hommes attablés regardent encore la danse achevée, l'aubergiste lui-même est dans son rêve, Lü Dongbin se tourne vers lui : « Voici mon présent pour vous remercier de votre générosité, la grue dansera chaque soir dès que vous frapperez trois fois dans les mains, mais une seule fois par soir, et devant toute l'assemblée. »

Lü Dongbin a quitté l'auberge, les hommes encore se taisent...

L'auberge ne désemplit plus, les hommes viennent de loin pour voir la danse de la grue blanche, ils accourent des provinces voisines, des vallées lointaines pour assister à cet événement.

Un jour, la nouvelle parvient aux oreilles du propriétaire de l'auberge, il pense : « C'est probablement un tour de l'aubergiste pour attirer le monde et faire du profit ! » Mais ses amis l'assurent qu'il y a là quelque chose de fameux. Le propriétaire s'assoit au premier rang, goguenard, incrédule.

Quand il voit la grue danser, les immortels eux-mêmes sont présents, les dragons célestes eux-mêmes se tiennent sur des nuages au-dessus de leurs têtes, il en est sûr, tous assistent à la danse sacrée.

Les hommes ont depuis longtemps quitté l'auberge, le propriétaire est encore assis à la même place.

Il appelle l'aubergiste, il veut voir le héron danser pour lui. L'aubergiste s'excuse, c'est impossible. Le propriétaire jette une bourse de pièces d'or bien remplie sur la table, l'aubergiste refuse, il argumente, il ruse. Le propriétaire se fâche, menace de lui faire couper la tête, l'aubergiste se tait. Sa défense usée, il frappe dans les mains, trois fois…

La grue tristement vient, elle trébuche un peu, puis ouvre les ailes, elles sont jaunes… Une plume tombe sur le sol, qui vole un peu soulevée par le vent, la porte s'est ouverte. Lü Dongbin est sur le seuil. De sa flûte, il appelle la grue jaune, elle vient à petits pas. Il se retourne et la grue jaune le suit.

L'aubergiste et le propriétaire restent immobiles, la tête penchée vers la porte. Lü Dongbin s'assoit sur le dos de la grue jaune, qui s'envole. Elle vole vers le royaume des dieux, à la cime de la montagne céleste.

Le lendemain, l'aubergiste fait construire un pavillon à la gloire de Lü Dongbin : le pavillon de la Grue Jaune. Sur les murs est inscrite cette calligraphie :

Chevauchant une grue jaune, Lü s'envola dans les nuées
Depuis mille longues années l'oiseau a disparu des cieux
Le ciel ne peut qu'exprimer sa tristesse sans limites.

Entre les bambous

Dongyong est né de parents pauvres. Son père est mort quand il était enfant, sa mère est devenue tisserande, elle travaille dur pour les faire vivre tous les deux. Elle veut que son fils devienne lettré.

Dongyong passe les examens, mais sa mère meurt épuisée par le travail. Il se retrouve seul sans ressources, il n'a pas encore été nommé à un poste officiel, il n'a pas même de quoi régler les funérailles selon les rites traditionnels... Il réfléchit longuement et finit par se rendre au marché pour se vendre comme esclave. Maître Fu l'achète et lui donne l'argent nécessaire pour l'enterrement.

Dongyong fait réciter les prières dans le temple, il dépose les monnaies de papier, offre l'encens, puis met les cendres dans une urne et se rend au cimetière. Enfin il place une stèle très simple sur laquelle il inscrit le nom de sa mère.

La stèle comme un miroir lui montre sa vie : il se voit démuni, seul, sans avenir, lui qui promettait tant... Le sol se dérobe sous ses pieds, il tombe évanoui. Il reste longtemps la tête sur la mousse...

Une brise soulève la mèche de ses cheveux. Une jeune fille le regarde, sa longue robe rose se plisse légèrement dans cette brise. Son sourire lui plaît.

« Je suis ta femme, dit-elle.

— Je ne suis pas marié !

— Ta mère avait préparé le mariage avant de partir.

— Je ne suis au courant de rien. »

Elle semble douce comme la soie, pure comme la neige, il la suivrait les yeux fermés, il a un doute pourtant :

« Il faut des témoins.

– Les arbres seront nos témoins.

– Ils doivent consentir.

– Regarde ! »

Les arbres s'inclinent vers eux. Ainsi sont-ils unis.

Elle s'appelle Meili. Il la mène dans la demeure de maître Fu. À voir son logis et sa condition, elle ne dit rien. Elle brode une paire de bottes pour la première épouse de maître Fu. La première épouse admire ces bottes ornées de pivoines et de papillons, si finement brodées, elle lui donne un métier à tisser. Meili tisse une étoffe de soie fine et lumineuse comme l'arc-en-ciel. La première épouse la trouve aussi légère qu'une robe de plumes, elle la montre à son époux : « Seule une immortelle peut la tisser ! »

Ils craignent de rabaisser Meili et donnent la liberté au couple.

Tous deux s'installent dans une maisonnette non loin de là. Elle tisse, il étudie, le bonheur entre les fils, entre les lignes, les lie l'un à l'autre, un fils leur vient. Dongyong passe l'examen impérial des lettrés, il réussit, il est nommé pour un poste important dans une autre ville. Ils font leurs bagages.

Le jour du départ, Dongyong attend Meili, elle ne vient pas. Il se rend dans son pavillon, personne !

Les bambous frémissent, un souffle les traverse, Dongyong regarde par la fenêtre, une robe rose glisse entre les feuillages : « Non ! »

Il se précipite dans le jardin, il prend un raccourci par le petit pont, il arrive au bout du chemin en même temps qu'elle. Ils se regardent longtemps, infinie mélancolie…

Puis Dongyong fait un pas vers elle, il la prend par le bras. Meili lui répond :

« Ne me retiens pas ! Je ne suis pas de ce monde. Ta mère adorait la dame de la Soie, tu étais un fils fidèle, j'ai voulu t'aider. Tu as réussi l'examen, maintenant je dois m'en aller. Prends soin de notre fils. »

Il la retient par la manche, la manche devient brume rose. Sa main laisse aller le vide…

Longuement un souffle parcourt les bambous. Il chante l'amour que l'immortelle porte à ce fils fidèle…

L'eau du puits

Lü Dongbin erre sur terre de lieu en lieu, faisant le bien partout où il passe. Un jour, cet immortel rencontre une courtisane qui présente des signes d'aptitude à l'immortalité. Bai Mudan n'est pas insensible aux charmes de cet homme, elle le séduit, il se laisse séduire. Mais Bai Mudan est consternée, jamais son amant n'émet sa semence.

Deux immortels distraits par les agapes de Lü Dongbin découvrent sa liaison. Bai Mudan les rencontre, par le plus grand des hasards. Ils lui révèlent le point sensible du corps de son amant. Le bon tour qu'ils viennent de lui jouer, ils en rient beaucoup !

Le soir même, elle presse sur ce point sensible dans le dos, et Lü Dongbin émet sa semence qui jaillit avec une telle puissance ! Par la seule force de la semence, Bai Mudan devient immortelle. Lü Dongbin est content, il vient de trouver la dernière immortelle qui manquait pour former le groupe des Huit Immortels.

Comme il a commis une faute avec une mortelle, son maître lui interdit de revenir au Paradis des Immortels, il doit errer sur terre le temps d'accumuler suffisamment de mérites pour revenir là-haut.

Il devient marchand d'huile. Il s'installe sur les places de marché et vend son huile. Les clients toujours rechignent : l'huile est trouble, c'est trop cher, ou ceci ou cela. Lü Dongbin se désole de l'humanité et de son avidité.

Un jour, une femme vient vers lui, d'âge moyen, belle encore. Elle achète l'huile, paie sans contester, Lü Dongbin en est surpris : « Vous ne discutez pas le prix ! » Elle lui répond : « Huile de bonne qualité, prix honnête, pas de quoi discuter ! »

Ils lient connaissance, elle invite Lü Dongbin à prendre le repas en sa compagnie. Il se rend chez elle, une maisonnette au bout d'une cour. Dans la cour trône un puits assez large pour toute la maisonnée. Elle puise l'eau, prépare le riz, ils mangent assis sur des tabourets dans la cour, ils bavardent. Elle lui confie sa vie. Le mari parti, enrôlé pour construire la Grande Muraille, les enfants, la belle-mère, la belle-sœur, tant de travail, elle vend des herbes à la pharmacie... Lü Dongbin, dans sa grande bonté, désire l'aider. Au moment de partir, il souffle sur la surface du puits, jette un grain de mil dans l'eau et s'en va.

Quand la femme ressort dans la cour, une odeur capiteuse se dégage du puits. Elle puise l'eau, elle goûte, fait claquer la langue, c'est délicieux. Un tel vin, jamais elle n'en a goûté ! Elle devient experte et vend le vin, le puits jamais ne se vide ! En quelques années, elle devient très riche.

Un jour, Lü Dongbin repasse par là, il a envie de voir ce qu'est devenue cette femme, il entre dans la cour, pas de chance, elle est sortie. Mais le fils est là, il a grandi, il s'occupe des affaires du vin, Lü Dongbin l'interroge :

« Les affaires, excellentes ?

– Oui, ça va, mais il y a encore les porcs qui n'ont pas grand-chose à manger ! »

Lü Dongbin : « Ah, l'humanité et son avidité ! » Il se penche sur la margelle, souffle sur l'eau du puits, une lueur surgit, il reprend son grain de mil, et repart sur son île retrouver les autres immortels !

Quand la femme revient chez elle, le puits est rempli d'eau, tout le vin a disparu ! Elle ne reverra pas Lü Dongbin. Elle est devenue vendeuse d'eau pour le thé.

Chang'e

Neuf soleils tournent autour de la terre, c'est un vrai fléau. Les hommes se plaignent à l'Empereur de Jade, l'Empereur du Ciel qui règne sur tout et sur tous. L'Empereur de Jade ordonne à Yi l'archer de mettre de l'ordre. Il décoche ses flèches dans huit soleils et laisse le neuvième car il est bon. Le peuple lui en est reconnaissant.

Sur le chemin du retour, Yi prend son temps avant de remonter au palais du Ciel. Il aime chasser et parcourt la terre de forêt en forêt. Ce jour-là, il lève une biche, elle fuit. Il court, souple, rapide, à grandes foulées, la biche disparaît entre les buissons. Il traverse ces buissons, de l'autre côté coule un ruisseau, une jeune fille recueille l'eau.

Yi a soif, elle lui tend la calebasse. Il s'approche, prend la calebasse. Un parfum de bergamote flotte autour d'elle. Il boit, il regarde la fille du coin du regard. Sa taille est fine comme le bambou qui ploie dans la brise de l'été, des cheveux noirs mi-longs, le visage blanc, une robe blanche ! Que fait-elle, seule dans la forêt, en robe de deuil ? Il lui demande son nom. Elle s'appelle Chang'e, ses parents sont morts il y a peu, elle vit seule et chasse dans la forêt. Il remarque l'arc et les flèches et lui propose de chasser pour préparer les réserves d'hiver. Tous deux vivent comme frère et sœur, mais peu à peu, ils deviennent amoureux l'un de l'autre, ils mènent une vie heureuse et Yi l'archer oublie le palais du Ciel.

Trois années plus tard, l'Empereur de Jade veut voir Yi l'archer, mais nulle trace de Yi ! L'Empereur apprend qu'il est resté sur terre et qu'il vit avec une mortelle ! « C'est contre l'ordre du ciel ! s'écrie-t-il. C'est contre mon accord ! » Sa voix tonne et sur terre les orages éclatent. L'Empereur chasse Yi l'archer et lui interdit l'accès au palais du Ciel.

Yi l'archer ne s'en soucie pas, il est heureux avec sa femme. Ensemble ils chassent, ensemble ils voyagent. Ils ne se quittent jamais, comme deux canards mandarins tout le long de l'année.

Mais Yi est immortel, il sait que la vie humaine a ses limites, il désire vivre toujours avec Chang'e. Il décide de rendre visite à Xiwangmu, la reine mère d'Occident, pour lui demander une pastille d'immortalité.

Yi l'archer part sur son cheval. Le chemin est long pour rejoindre les monts Kunlun. Mille dangers guettent le voyageur, mille obstacles se dressent sur sa route.

Yi l'archer parvient devant le fleuve aux Eaux Limpides. Les eaux de ce fleuve sont si légères qu'une simple plume coule à pic comme du plomb jusqu'au fond. Mais Yi l'archer explore alentour et découvre un arbre plus léger que l'eau elle-même. Il creuse le tronc, en fait une barque et passe le fleuve.

Il continue son chemin sur son cheval rapide comme le vent jusqu'à la montagne de Feu. Elle est si gigantesque, impossible de la franchir. Autrefois Yi l'archer a combattu un monstre dont il a gardé la peau, il la revêt comme une armure. Puis il lance son cheval rapide comme le vent. En trois bonds le cheval est au sommet de la montagne, en trois bonds il dévale les pentes, en trois bonds il sort des flammes. Yi l'archer descend de son cheval, ôte la peau, pas une seule égratignure. Il examine son cheval, pas une seule trace de brûlure, seul le dernier poil à la pointe de la queue est roussi !

Ainsi Yi l'archer, protégé par ses pouvoirs acquis lors des combats antérieurs, par ses mérites, parvient aux monts Kunlun, au palais de Xiwangmu, la reine mère d'Occident.

Xiwangmu habite la montagne de Jade, au centre des monts Kunlun. Son palais est entouré de murs couverts de feuilles d'or qui resplendissent tel un soleil de midi. Ses dames vivent dans les pavillons de droite, les seigneurs vivent dans les pavillons de gauche.

Quand Yi arrive dans la salle du trône, Xiwangmu l'attend ! L'Oiseau Vert l'a avertie de l'arrivée du voyageur. Elle connaît bien Yi, sa réputation s'est répandue par-delà les fleuves et les déserts, elle sait qu'il a sauvé le peuple du fléau des neuf soleils. Son histoire d'amour avec Chang'e l'a charmée.

Xiwangmu dans ses atours de brocarts resplendit de mille printemps, de mille couleurs d'été, Yi l'archer est émerveillé par sa beauté, il n'ose demander la précieuse pastille. La reine mère d'Occident la donne très rarement.

Xiwangmu l'emmène dans le jardin de Jade, ils admirent l'Étang Émeraude, passent devant l'Étang Turquoise. Elle entraîne Yi l'archer dans son verger. Les pêchers fleurissent tous les trois mille ans, donnent des fruits tous les trois mille ans. Elle lui montre le pavillon où les fruits sont transformés en pastilles d'immortalité. Tous deux devisent tranquillement.

Le soir, Xiwangmu organise un banquet en son honneur, au bord de l'Étang Émeraude. Elle invite les mille immortels, offre à chacun une pêche d'immortalité cueillie le matin même. Dans ces jardins enchanteurs, le temps glisse, les immortels ivres chantent des élégies en hommage à Xiwangmu, la nuit semble ne jamais finir !

Xiwangmu remet à Yi une pastille d'immortalité, dans un étui de soie brodée, pour lui et Chang'e : « Vous la partagerez, ainsi vous resterez toujours unis. Mais prenez garde, il faut la prendre ensemble, si l'un de vous l'avale seul, il s'en ira pour mes royaumes et

jamais ne reviendra sur terre. Prenez-la un jour faste. »
Quand le matin se lève, Xiwangmu donne un brin de
l'herbe de beauté pour Chang'e.

Sur son cheval rapide comme le vent, Yi l'archer arrive
à la maison où l'attend Chang'e. Il lui offre l'herbe de
beauté qui rend belle celle qui respire son parfum.
Chang'e sourit de bonheur, charmeuse... Il lui remet la
pastille et lui recommande de ne pas la perdre en attendant un jour propice. Elle la porte autour du cou, sous sa
robe, bien dissimulée.

Cependant Yi l'archer a des élèves. L'un d'eux, Feng
Meng, est un bon archer mais un homme jaloux, il rêve
de prendre la place de Yi et même de l'évincer. Il rêve que
Yi disparaisse avant lui pour qu'il puisse devenir le
meilleur archer du royaume. Il surprend la conversation
de Yi à son retour. Il en est plein de rage : si Yi prolonge
son immortalité, jamais Feng Meng ne pourra être maître. Dès lors, il guette l'occasion de voler la pastille.

Un jour où Yi fait la sieste, Feng Meng entre dans sa
maison, et menace Chang'e.

« Feng Meng, que fais-tu, tu es l'élève préféré de Yi !

– Donne-moi cette pastille ! »

Chang'e appelle Yi à l'aide mais Yi dort profondément,
il se repose des fatigues du voyage.

« Donne-la-moi !

– Non ! »

Feng Meng tend son arc et la vise : « Pour la dernière
fois, donne-la ! » Chang'e saute par la fenêtre et s'enfuit
droit devant elle. Il faut sauver la pastille des mains de ce
monstre.

Feng Meng la poursuit, elle contourne les buissons,
s'engouffre dans la forêt. Feng Meng court derrière

elle, elle est rapide, habituée à la course, mais peu à peu il se rapproche. De désespoir, elle arrache le sac de soie qu'elle tient à son cou, avale la pastille. Elle entend le souffle de Feng Meng, elle court encore, de toutes ses forces. Elle glisse par-dessus les herbes, vole par-dessus les buissons, s'éloigne à grandes enjambées par-dessus les arbres. Elle est dans le ciel, dans les grands vents, elle voit la terre en bas, déjà si petite. Elle tend les bras vers la terre, tente de revenir, mais elle est entraînée par les courants. Dans l'immensité du ciel, elle est seule. La lune se lève devant elle, elle y trouve refuge.

Sur terre, Feng Meng, furieux de son échec, est retourné vers la maison de Yi, il se cache et attend. Quand Yi sort, Feng Meng lève le bâton et le frappe. Yi est mortellement touché. Tous les élèves de Yi poursuivent Feng Meng et l'abattent.

Depuis ce jour, le peuple élève Yi l'archer au rang de dieu tutélaire en hommage aux bienfaits qu'il a prodigués durant sa vie.

Chang'e vit dans le palais de la Lune, seule, en compagnie du lièvre qui broie les herbes médicinales pour les immortels. Une fois par an, au moment de la pleine lune d'automne, elle se promène sur la lune, et ceux qui peuvent la voir aperçoivent le visage de leur bien-aimé.

Ce jour-là est jour de fête. Dans les parcs, au bord des lacs, on joue de la musique, on se promène. On goûte les gâteaux de lune. À boire le vin, à composer des poèmes, on rêve sur les barques au milieu du lac. Boire le thé dans les petits pavillons, où tout est rires et sourires…

Senjo

Dans la demeure de la famille Ma[1], la cour intérieure est remplie d'arbres en pots et de fleurs rares. Un
papillon se pose sur une pivoine. Senjo le contemple
avec ravissement. Elle vient d'avoir douze ans et elle
aime Wangchu, ce beau jeune homme qui va sur ses
seize ans. Bientôt leur union sera célébrée, Senjo confie
son bonheur au papillon.

Lors d'un long voyage d'études, leurs pères se sont
rencontrés au bord du Lac de l'Ouest, à Hangzhou.
Une ville où la vie fleurit, paisible, entre les collines
légendaires et le lac mille fois dépeint par les poètes et
les peintres. Ensemble, ils ont gravi la Gushan, la
Montagne Solitaire, puis la colline Feilai Feng, qui
avait volé à travers les airs de l'Inde jusqu'en ce lieu. Ils
sont entrés dans la pagode des Six Harmonies, on y
enseignait l'essence des six harmonies, celles du corps,
de la parole, de l'esprit, ne pas accumuler de richesses,
ne pas suivre des opinions extrêmes, résister aux tenta-
tions.

Ils se sont rendus dans le pavillon au centre du lac,
où la lune se reflète dans les trois bassins en même
temps. Goûtant le vin sous les lueurs de la lune, l'un,
inspiré, s'est tourné vers l'autre : « En souvenir de ce
moment, jurons d'être frères pour l'éternité. »

Le lendemain, dans le temple Lingyinsi, devant la
statue de Bouddha, ils se sont inclinés. Pour mieux

---

1. Famille du XIᵉ siècle. Senjo est la fille de Chyo Kan.

sceller leur amitié, ils se sont promis d'unir plus tard leurs enfants l'un à l'autre.

Puis, l'un est devenu marchand, il a eu un fils, Wangchu. L'autre a été nommé mandarin et, quelques années plus tard, a eu une fille qu'il a nommée Senjo. Aussitôt les familles ont fait dresser la carte du ciel des deux enfants, les astres annonçaient une union faste, et les deux enfants ont grandi destinés l'un à l'autre.

Senjo est restée dans la cour des femmes. Wangchu de son côté a appris le métier de son père et ce que doit connaître un homme cultivé, digne de son rang.

Wangchu fréquente la maison de thé au bord du lac, avec d'autres jeunes de sa condition, en compagnie de courtisanes raffinées qui composent des poèmes sur leurs instruments de musique. Il aime la plus belle. L'arbre jeune manifeste des désirs de floraison ! Dès lors, le jour de ses seize ans, on lui fait part du nom de sa fiancée. Il ne dit mot, épouser la fille des Ma est un honneur certes, mais quelle est la beauté de sa future épouse, on ne le lui dit pas.

Un jour, il rencontre les frères et les cousins de Senjo, ensemble ils boivent le vin. Au milieu du festin, Wangchu leur demande :

« Quel genre de beauté est Senjo, est-elle semblable à la maîtresse de Cheng, la plus belle de toutes les courtisanes ?

— *Ying wu bi*, pas de comparaison, répondent-ils.

— Est-elle semblable à la sixième fille du prince des Wu qui surpasse en beauté toutes les femmes de l'histoire ?

— Pas de comparaison !

— Est-elle comparable à une immortelle ?

— *Ying wu bi…* »

Wangchu est heureux. À l'idée que sa future épouse est aussi belle que la sixième fille du prince des Wu, il veut contempler cette beauté, mais entrer dans la cour des femmes est impensable. Wangchu s'arrange avec une des servantes de la famille Ma et obtient d'elle qu'elle laisse la porte de la cour ouverte.

Ce jour-là, Wangchu est posté près de la porte, Senjo passe devant celle-ci. Quand Wangchu l'aperçoit, ses cheveux noués en anneaux au-dessus de ses oreilles, son visage pur comme le jade, la grâce avec laquelle elle tient son éventail et fait aller ses manches, tout le ravit.

Senjo a remarqué ce beau jeune homme qui l'observe, elle rougit, se cache derrière son éventail, mais ses yeux sont éloquents ! Et lui passe et repasse devant la porte avec les airs d'un jeune seigneur.

Depuis ce jour, Wangchu souvent lève sa coupe de vin seul, soupirant après Senjo :

> *Les nuages me font penser à ses vêtements*
> *Les fleurs au charme de son visage.*

Et combien de rêves printaniers ne fait-il pas ! Il veut lui parler. Un soir, au crépuscule, les frères et le père absents, la servante le fait entrer par une porte dérobée.

À l'ombre du prunier l'attend Senjo. Frêle et fragile dans l'ombre blanche de la lune, dans de longues robes de soie…

Soudain il se sent gauche, elle timide, *ye se bai faguangde*, leurs épaules se frôlent, leurs mains se nouent, *xiang dui i wang yan*, se voir et déjà sans paroles, ils se confient leur amour…

La servante rêve en les regardant, elle lève les yeux, la

lune blanche s'éloigne, le jour vient, rester plus longtemps est dangereux, il serait mené chez le juge et battu ou puni de mort, elle tire Wangchu par la manche, il s'éclipse par la petite porte dérobée...

Un après-midi, le fils du prince Liao rend visite au père de la famille Ma, il voit Senjo. Elle porte à présent un double chignon, une épingle de jade glissée dans ses cheveux, son visage rond comme la lune, sa taille fine et ses petits pieds sculptés... tout le charme. Il désire l'épouser ! Sans attendre, il envoie un serviteur chargé de cadeaux pour faire sa demande en mariage au père de la famille Ma. Le père accepte ! *Fuqin tongyi ?* Aussitôt le blâme tombe sur lui : il néglige son amitié ancienne, gomme sa promesse, ignore l'amour des deux enfants, oublie l'accord des astres, qu'il encoure la colère du ciel ! Il accepte car la proposition du fils du prince n'est pas négligeable, quelle union flatteuse que celle du prince Liao pour Senjo et pour la famille Ma !

Quand Senjo entend cela, elle cache son visage dans la longue manche de sa robe. Sur ses petits pieds sculptés, elle traverse la cour, son ombre recouvre le papillon qui s'enfuit, elle se réfugie dans les bras de sa nourrice et couvre ses manches de toutes ses larmes. Que peut-elle faire, que peut-elle dire ? Elle est fille.

Quand Wangchu apprend cela, il marche droit devant lui, il se dirige vers la rivière, il monte dans sa barque, à grands coups de rames il remonte le grand canal, à grands coups de rames, à grands coups de rage et de désespoir, il remonte vers le fleuve, le Yangzi Jiang...

Plus loin, la barque flotte au fil de l'eau, glisse le vent, passent les nuages, Wangchu regarde les arbres, la rivière, il se retourne vers le sommet de la colline. Là-haut, une

manche rouge apparaît, de qui ? Elle apparaît disparaît
entre les buissons[1]…

La nuit tombe, Senjo lui semble aussi inaccessible que
les étoiles du Bouvier et de la Tisserande…

> *Rêve, rêve et rêve encore*
> *Le rêve ne te la donnera pas.*

Au petit matin la brume se répand sur la rivière, entre
les roseaux :

> *Hua fei hua*
> *Wu fei wu*
> *Ye pan lai*
> *Tian ming gu*
> *Lai ru chun meng bu duo shi*
> *Qu si chao yun wu mi-chu[2].*

Dans la brume, on entend : « Wangchu ! »

Sur la rive, une silhouette court le long du fleuve, elle
lui semble familière, il s'accroche aux branches des saules
et reconnaît Senjo en robe rouge :

---

1. « La barque flotte, sur les eaux de Nan ling, s'éloigne,
lointain / Souffle le vent, glisse le nuage, l'automne déjà approche / Le cœur indécis le voyageur se retourne : au pavillon là-
haut, de qui ? appuyée, une manche rouge… », Tu Mu, poète
chinois du IXe siècle.
2. « Fleur, est-ce fleur / Brume, est-ce brume / Apparue à
minuit / Disparue à l'aube / C'est rêve de printemps éphémère
/ Parti, comme nuée du matin, nulle trace », Po Chi, poète chinois du VIIIe siècle. Ce poème est un *tz'u*, « poème-chant ».

« *Ni shenme ma ?* Senjo ! Est-ce que je rêve ?

– Non, vous ne rêvez pas ! J'ai réussi à déjouer la surveillance des servantes et à me glisser dehors par une porte dérobée. Je brave le scandale et la honte pour vous suivre, ne vous moquez pas de moi, il y va de mon bonheur, de notre bonheur... »

Se moquer d'elle ! Ses paroles sont pour Wangchu comme nourriture et boisson à celui que tourmentent la faim et la soif. Il lui tend la main, fait monter Senjo dans la barque longue et plate. Au fond de la barque, ils s'allongent... Il n'y a plus de rêves printaniers, mais le printemps lui-même et le jeu des nuages et de la pluie.

Ils voyagent trois jours et trois nuits jusqu'à atteindre la province voisine, le Anhui. Une province voisine est comme un pays étranger, ils sont sûrs que personne ne pourra plus les condamner ni même les rattraper. Dans la ville principale, Wangchu fait la connaissance d'un marchand prospère. Wangchu vend ses rouleaux de soie. Senjo reste à la maison, bientôt ils ont un fils, puis une fille.

Un soir, Wangchu trouve Senjo en larmes : « Quand je regarde la rivière je repense à mon pays natal, je voudrais revoir mon père, ma mère, les enfants voudraient connaître leur grand-père, leur grand-mère. » Wangchu comprend, tous quatre descendent le cours du fleuve, le Yangtse Kiang, puis le grand canal jusqu'à Hangzhou.

À l'approche de Hangzhou, la crainte habite Senjo. Malgré les années qui ont passé, elle ne sait quel sera l'accueil de son père, elle préfère s'installer dans une auberge non loin de la demeure familiale.

Wangchu se renseigne dans les environs pour savoir quelle fut la réaction du père. Comme personne ne peut lui dévoiler ce qu'il en est, il se présente à la demeure de la famille Ma. Il y est chaleureusement accueilli ! Wang-chu est quelque peu perplexe mais il se dit que tout est pour le mieux, il se sent soulagé.

Le père l'invite à entrer. Les cousins sont présents et le père offre le vin, chacun lève plusieurs fois la coupe. Dans cette douce ivresse, le père se tourne vers Wangchu :

« Maintenant que vous êtes revenu, vous allez pouvoir guérir Senjo. Depuis votre départ, elle mange, elle boit, elle dort, son corps est présent, mais son esprit est ailleurs.

– Veuillez me pardonner, mais votre fille s'est enfuie avec moi, nous avons vécu ensemble toutes ces années, nous avons partagé le lit ensemble.

– Ma fille, avec vous ! Wangchu, certainement, vous avez été victime d'une *yao* femelle, une renarde qui aura pris l'apparence de ma fille pour vous séduire, cela s'est déjà vu dans la région… »

Devant l'air confus de Wangchu, il l'emmène vers la chambre de Senjo. Le père pousse la porte, une servante soulève les rideaux, Senjo est allongée sur le lit. Wangchu observe. Le double chignon, l'épingle de jade, son visage pur comme le jade, *sa robe même il la connaissait…*

Comme un fou, il court à l'auberge, Senjo est là, entourée des servantes, elle regarde les deux enfants jouer. Sans explication, il prend femme et enfants par la main jusqu'à la demeure de la famille Ma.

Dans la cour d'entrée, Senjo se tient debout entre son père et sa mère. Senjo, tenant les deux enfants par la main, s'avance vers elle. Les deux Senjo vont l'une vers l'autre, quand elles sont proches l'une de l'autre, leurs souffles se mêlent, elles se fondent l'une dans l'autre.

Le père s'exclame : « Vous voyez bien, Wangchu ! C'est un fantôme qui vous a suivi, une *yao* femelle, la vraie Senjo est restée ici avec nous. »

Mais Senjo se tourne vers son père et lui dit : « Non, père ! La vraie Senjo est celle qui est partie avec Wangchu, et les deux enfants prouvent la vérité de mon corps. »

La mère qui jamais ne donne un mot en public, ce jour-là, se permet une phrase : « Ne sommes-nous pas souvent ainsi dans la vie, une Senjo qui rêve, l'autre qui est dans la réalité... Mais laquelle des deux Senjo est la plus réelle ? »

Et puis le père : « Vénérable épouse, vous me rappelez le philosophe Tchouang Tseu qui écrivait à peu près ceci :

« Tchong Cheou rêve qu'il est un papillon, il s'éveille, s'aperçoit avec surprise qu'il est Cheou, il ne sait plus s'il est Cheou rêvant qu'il est papillon ou un papillon rêvant qu'il est Cheou, mais entre les deux est une différence de nature, on l'appelle la transformation des êtres. Ni contraires, ni oppositions, *pien hua*, transformation. »

La mère lui répond : « Vénérable époux, laissons cela aujourd'hui ! Fêtons leur mariage ! »

Senjo et Wangchu sont enfin unis. Leur union est faste comme les astres l'ont annoncé.

Le jour du mariage, Senjo se promène dans la cour des femmes. Un papillon se pose sur une fleur de pêcher. Le papillon ouvre et ferme doucement ses ailes.

Senjo le contemple et lui confie tout son bonheur. Le papillon s'envole... Loin...

La légende de la peinture

Le roi avait fait construire un palais d'été sur les collines. Il avait accordé toute son attention à l'ornement de ce palais. De loin on le voyait sur la colline, rose et blanc, comme un joyau rare et lumineux.

Le roi avait tout fait décorer sauf une pièce, celle qui menait aux jardins. Il cherche un peintre qui soit digne de devenir le peintre de la cour et de magnifier les grands moments de son règne. Il a l'idée de lancer un concours. Deux peintres sont retenus, un peintre grec et un peintre chinois. Le roi demande à chacun de peindre la moitié de la pièce. Le meilleur deviendra le peintre de la cour. On tend un rideau pour diviser la pièce et chacun travaille dans le plus grand secret.

Après six mois, les deux peintures sont terminées. Le roi se rend au palais d'été, accompagné de toute la cour. Le cortège se déploie sur les chemins, les couleurs des atours et des coiffes ondulent sur les collines comme une rivière de brocart. Les hommes et les femmes entrent dans la première partie de la pièce, ils découvrent la peinture chinoise.

Le peintre a réalisé un paysage de son pays. Des montagnes effilées s'élancent vers le ciel, des brumes estompent les sommets par endroits et se perdent dans des lacs qui eux-mêmes glissent à l'infini dans le lointain, de minuscules pavillons, des torrents, des sentiers minces comme un fil… Jamais ils n'ont vu peinture aussi belle, tous s'exclament : c'est le meilleur peintre, assurément !

Puis un serviteur retire le voile qui sépare la pièce en deux, on découvre l'œuvre du peintre grec. Un silence muet l'accueille.

Un immense miroir est tendu sur toute la surface ! Les hommes les femmes peuvent se voir dans ce miroir, les dames dans leurs plus belles robes, les coiffes, les bijoux, les sourires, les visages. L'étonnement, la crainte la jalousie l'admiration ? Non, la surprise simplement… Les hommes se voient dans leurs tuniques, le sabre sur le côté, les colliers, les ceintures, les bottes, barbes et feux dans le regard…

Un murmure joyeux parcourt l'assemblée. Puis, tous se tournent vers le roi, pour connaître son choix.

Le roi dit : « Le peintre chinois a peint un paysage extraordinaire, immuable, limpide et subtil. Mais il n'y a pas d'hommes d'aujourd'hui dans ce paysage immobile. Le peintre grec a peint la vie changeante, émouvante. Par ce miroir, les hommes et les femmes peuvent se voir eux aussi d'un temps immuable, ce seront toujours des hommes et des femmes, des êtres qui viennent, qui passent et s'en vont, fleuve sans cesse mouvant. Le peintre chinois a peint le temps éternel dans son immobilité, le peintre grec le temps éternel dans son mouvement. Tous deux, le temps, mais dans ce miroir, nous nous voyons, et nous sommes acteurs de ce miroir. Je choisis le peintre grec. »

Il entre dans le jardin, la cour le suit.

Sur le miroir, traces de ce passage, reflets de quelques couleurs.

Un parfum.

Puis le silence, subtil sourire des murs…

Cannü

Dans la grande steppe, parmi les collines d'herbe rase se trouve le village. Les tentes blanches au toit pointu sont installées au bord de la rivière. Dans la plus grande vit Cannü, avec son père et sa mère. Le père adore sa fille et l'emmène pour de longues chevauchées sur son fidèle cheval noir. Ce cheval est son complice mais elle est son joyau. Quand c'est le temps des caravanes, le père s'en va pour de longs mois, avec son retour revient le bonheur.

Cette année-là, après trois semaines, on voit revenir le cheval noir sans son cavalier. La caravane a été attaquée et pillée, les hommes ont été tués, d'autres sont prisonniers des brigands.

Le cheval est arrivé à l'aube, il s'est arrêté devant Cannü, posant sur son épaule sa tête aux grands yeux encore frémissants d'horreur. Depuis elle seule prend soin de lui. Elle lui apporte la nourriture et la boisson, chaque jour elle le monte dans la grande steppe. Seules les courses apaisent leur douleur.

Le cheval galope dans la grande plaine
Les sabots martèlent le sol
Éclatent les mottes de terre
Quand le vent va plus vite
Le cheval s'arrête reprend force
Repart jusqu'à le dépasser
La crinière chante sous le vent
La mousse rouge aux naseaux
Des filets de sang le long de ses flancs

Il va si vite le vent le soulève
Sous elle la force du cheval
Le vent emporte sa peine
Tout : le cheval la terre le ciel immense
Elle la chevauchée le vent
Tout fait un corps à corps ensemble

Et quand elle arrive au bout du bout de la plaine, quand il n'y a plus que Samarcande à l'horizon, la grande ville des caravanes, la ville aux mosaïques bleues dans la brume mauve du lointain, elle se dresse debout sur le dos du cheval noir, elle regarde partout alentour, mais nulle trace du père !

Cannü rentre au village, laisse le cheval au repos de sa litière, elle s'écroule sur son lit sans débotter, et encore dans ses rêves, la grande plaine danse devant ses yeux, sur le cheval ailé plus léger que l'air…

Cannü ne mange plus, ne boit plus. La mère s'inquiète. Cherchant un remède, elle réunit les garçons du village et leur dit : « Celui qui ramène le père aura la fille en mariage ! »

Les plus amoureux, les plus téméraires partent, ils reviennent, mais sans le père.

La mère ne sait plus que faire, un matin elle lance au ciel, à la terre, aux herbes, aux oiseaux : « Celui qui ramène le père reçoit la fille en mariage ! »

Le lendemain quand la fille vient nourrir le cheval, le corral est vide. Dès lors, la fille erre ici et là, elle n'attend plus rien.

Quelques jours plus tard, de la brume de l'aube émerge la silhouette d'un cheval, et sur son dos, un cavalier : le cheval noir a ramené le père.

Le père est de retour ! Jour de bonheur, jour faste, le voisin choisit le plus beau mouton et lui prend la vie selon le rite. Trois jours, trois nuits, c'est fête, viande, arak, rires et chants…

Le père a joie de revoir son cheval. Mais le cheval ne mange plus, ne boit plus ! Quand Cannü passe devant lui, il piaffe et hennit. Le père s'approche doucement de lui, enfouit son visage dans sa crinière, comme autrefois, mais le cheval recule : ce n'est pas ce parfum qu'il veut respirer. Le père murmure des poèmes à son oreille, comme autrefois, le cheval le foudroie du regard : ce n'est pas cette voix qu'il veut entendre. Le père avance la main pour flatter l'encolure, le cheval se cabre : ce n'est pas cette main qu'il veut sentir !

« Cheval noir, fidèle compagnon, je ne te comprends plus, ami, dis-moi ce qui te blesse, confie-moi ta douleur. » Mais le cheval rue et s'enfuit.

Le père se rend chez la mère : « Femme, je ne comprends plus mon cheval… »

La mère baisse la tête. Le père, surpris, soupçonne quelque chose : « Que s'est-il passé pendant mon absence ? Que lui avez-vous fait ? »

La mère avoue sa promesse, le père rit : « Ho ! Le cheval veut épouser ma fille ! Pour qui se prend-il ? » Le père prend le cheval, saute sur son dos, de sa cravache le pousse jusqu'à la colline proche du village. Il revient seul, à pied.

Ce jour-là, la fille sort, l'air est doux, la colline couverte de fleurs jaunes et blanches, elle se promène dans le parfum du printemps qui fait respirer son cœur… Arrivée au pied de la colline, elle voit la peau du cheval étalée sur le sol, séchant au soleil ! Elle tombe à genoux : « Non ! Mon ami ! C'était mon ami ! »

Au village, le père entend le cri de sa fille,
    il court vers la colline,
Un tourbillon de vent se lève,
    soulève la peau du cheval.
La peau enveloppe la fille, puis s'envole dans l'air.
Le sac de peau passe devant le père, file vers le sud.
Le père court au village,
    les hommes sautent sur leurs chevaux.

Ils ont galopé droit devant à la suite de la peau qui file dans le ciel, loin devant eux, vers les villages du sud, vers les forêts. Ils ont rejoint les forêts de mûriers. Les chevaux fourbus avancent au pas entre les arbres. Les hommes cherchent.

« Là, regardez ! » Au mûrier le plus grand, le plus haut, pend la peau du cheval. Sur la branche voisine, un ver blanc à tête de cheval dévore les feuilles.

Le père terrifié ne peut détacher ses yeux de ce spectacle : « Ce cheval a le pouvoir de transformer ma fille en ver blanc, ce cheval est un dieu ! » Le père maudit son geste.

Le ver blanc mange les feuilles et grossit à vue d'œil. Un long fil blanc commence à sortir de la bouche de l'animal. La tête de cheval va et vient, de gauche et de droite, par son mouvement le fil s'enroule autour du corps, à l'infini, jusqu'à le faire disparaître entièrement dans ce cocon.

Il se fait un long silence. Les hommes enfin descendent de leur cheval et s'installent pour la nuit.

Le lendemain matin, la peau du cheval et le cocon ont disparu. Le père se dit encore : « Ce cheval vrai-

ment était un dieu ! » Il regrette amèrement son geste.
Les hommes restent sur place, espérant un retour...

La nuit, le père fait un rêve. Dans son rêve, le ciel
devient lumineux. Sur des nuages arc-en-ciel apparaissent des déesses d'offrande, au milieu d'elles avance
une déesse d'une beauté indicible. Elle porte des robes
de voile aux couleurs rose, blanc, rouge, un manteau
pourpre léger comme plume flotte sur ses épaules, ses
longs cheveux noirs sont enroulés en anneaux, une
haute coiffure, sur le sommet de sa tête. Au milieu de
la chevelure trône une tête de cheval. Le père
s'exclame : « Ma fille ! Mon cheval ! »

Il joint les mains et la prie :

« Pardonnez-moi, je ne savais pas !

– Père, laissez votre peine, votre peur, laissez ... Je
suis parmi les dieux, immortelle ... »

Elle ouvre les mains, une pluie de cocons blancs
glisse dans les mains du père qui les recueille.

« Donnez ceci aux femmes, écoutez-moi, que je
vous dise comment faire... » Puis elle se fond dans
l'espace... Tout se fait nuit noire et le père veille toute
la nuit. Les hommes retournent vers leur village. Le
père offre cette neige de cocons à sa femme, elle sourit,
elle aussi a reçu un rêve...

Le soir, le père emmène sa femme pour une chevauchée dans les collines de la steppe, ils s'arrêtent au
bord de la rivière. Dans les rayons de la lune, il aperçoit des reflets blanc et vert : du jade ! Sa femme
plonge et rapporte la pierre. Il la sculpte, lui donne la
forme de la déesse vue dans le rêve. Il la nomme
Cannü...

Depuis ce jour, Cannü est devenue déesse de la soie,

protectrice des tisserandes, en longues robes de soie, dans sa chevelure, une tête de cheval.

Dans les villages, les hommes chantent l'amour,
    les femmes en tissent la trame...
Sur les grandes plaines,
    les chevaux galopent et jouent avec le vent,
Sous les tentes, la navette file entre la chaîne
    et la trame, rapide comme le cheval...
La soie toujours chante et murmure l'amour,
    le secret du vent et de l'espace.

*

Le thé sur la Route

Parmi les collines du désert, sur la hauteur, se dresse la coupole de Soltaniyeh. Sous la voûte de dentelle tout en mosaïques bleues et blanches, le voyageur se repose, prenant le thé brûlant. Le samovar trône sur une table devant les hommes assis ensemble sur de larges banquettes. Un voyageur entre, encore titubant de la Route et du dromadaire. À l'ombre des feuillages, sur les larges banquettes couvertes de tapis épais, arabesques et fleurs étalent leurs couleurs de paradis, ils parlent entre eux, certains jouent les instruments, l'un chante les ghazals. Le thé parfumé d'épices et de sucre brûle l'ardeur des sables, cette attente...

« Je suis un fou étrange,
Ni dans la steppe ni dans le désert

Mon cœur est fleuve de lumière qui n'a pas sa place en
    ce monde
Je suis puissant comme un sultan, mais je n'ai pas ma
    place au ciel
Ni dans la mosquée qui entoure la pierre noire.
Je suis un pèlerin sur les routes de la Vérité
Parfois derviche, roi, ou mendiant parfois
Pèlerin extravagant, je n'ai pas ma place au Jugement
    dernier
Je suis Mashrab cet esclave
Je n'ai de place ni en ce monde ni en l'autre. »

Ghazal de Mashrab, XVII siècle*

« Où y aurait-il maintenant, ô mon âme, une aimée aussi
    chère que toi ?
En voyant ton visage de rose, mon âme est piégée dans ton
    jardin
Dieu fasse que je conserve ton amour tant que les âmes
    seront dans mon cœur
Et moi où que je sois, mon cœur est avec toi
Le feu de la passion a soudain embrasé mon âme
Cela n'a pas d'importance, je n'ai plus le moindre intérêt
    pour les biens de ce monde
Mon cœur est rempli de sang, comme la tulipe
Mais moi, où que je sois mon cœur est avec toi. »

Anonyme

*

Khai Khosrow

Khai Khosrow !

Le peuple acclame le shah, qui revient victorieux d'une campagne menée contre les Barbares de la frontière. Le shah va fièrement sur son cheval, derrière lui viennent les généraux, puis le butin, les esclaves, les soldats, tous entrent dans la ville par la grand-rue bordée par le peuple. C'est jour de fête, liesse, réjouissances, trois jours de bonheur et de plaisirs.

Au palais, Khai Khosrow offre à ses fidèles guerriers festins et banquets. Il s'entoure de ses amis, un cénacle de poètes, peintres et sages, parmi eux Sâri. Il admire Sâri, sa finesse, sa profondeur. Mais il a une petite pointe de jalousie à son endroit. Le shah vient d'une tribu des montagnes, il a conquis le pays à la force du poignet, Sâri est à son opposé, homme de haute noblesse. Le conseiller félon sait cela et en joue pour dresser Khai Khosrow contre Sâri.

Au premier signe d'ennui, lors d'un repas, le conseiller glisse à Khai Khosrow : « Ton ami Sâri, pendant ton absence, a essayé de comploter contre toi, par magie. »

Khai Khosrow déteste la magie, il n'en faut pas plus pour attiser sa colère, il réunit ses fidèles guerriers, la troupe galope à cheval vers le domaine de Sâri. Ils se rassemblent dans un petit bois en face du château. Au signal, tous s'élancent, les chevaux courent le cou tendu vers l'avant, les hommes le regard sur le but : Sâri !

Au milieu de la plaine, les chevaux refusent d'avancer. On les pousse, ils se cabrent, on les fouette, ils jettent leur cavalier à terre et s'enfuient. La terre gronde, des trombes d'eau s'abattent sur eux. Pris de terreur, ils se réfugient dans le petit bois. Khai Khosrow sent la colère monter, le ministre félon, très habilement, clame : « Vois, Khai Khosrow, comme Sâri est puissant ! Comme il peut faire trembler la terre ! Ni victoire ni défaite ! Il n'y a pas eu de bataille ! Il faudra revenir. »

Les hommes sont soulagés, mais Khai Khosrow reste sombre, une question vient de lui être posée à laquelle il n'y a pas de réponse…

Les chevaux retournent au petit galop vers la ville. Parvenus au sommet de la colline où l'on a vue sur le paysage, ils s'arrêtent, muets : la ville est à moitié détruite, le palais demeure debout, mais la plupart des maisons sont en ruine…

Les chevaux dévalent la pente, traversent la rivière, pénètrent dans les rues, tout est vide. Peu à peu, les hommes, les femmes sortent des bois et des collines alentour.

Khai Khosrow crie : « Que s'est-il passé ? Parlez ! Celui qui se tait aura la tête tranchée ! »

Tous répondent en même temps : des envahisseurs, la tempête, une tornade, des rats qui ont rongé les murs, le fleuve qui a débordé… Nul ne sait. Khai Khosrow, devant l'incompréhensible, sent la haine et la colère jaillir, il faut des coupables ! Quand une voix crie : « Khai Khosrow ! »

L'ermite de la montagne fend la foule et dit : « Je sais la vérité. Je peux te la dire mais pas ici, pas devant eux. Je te la dirai là-haut, dans mon ermitage, si tu veux me suivre ! »

Jamais on ne lui a parlé ainsi, mais il veut savoir. Sans un mot, il descend de cheval et suit l'ermite. Il grimpe le sentier le long de la montagne et déjà cela l'apaise un peu. Ils s'assoient face à la vallée, tout cet espace…

L'ermite lui confie :

« Sâri n'est pas un magicien, tu le sais. Aucun homme, même magicien, ne peut provoquer de tels désastres, ton ministre est félon, tu le sais. (Silence.) Toi seul es responsable, les dieux te punissent, Khai Khosrow ! Regarde ton pays qui s'étend à nos pieds, magnifique, gigantesque. Tu l'as conquis, tu le protèges, mais ton peuple en supporte la peine et retient ta tyrannie. Les dieux te donnent un avertissement, et tu le sais !

– Les dieux m'ont donné ces victoires et ce trône ! Je les ai bien servis ! S'ils sont mécontents, je demande réparation ! Et j'irai là-haut la leur demander ! »

Khai Khosrow le quitte sur ces mots et redescend la montagne, rasséréné. L'ermite sourit, il contemple cet homme fou du monde.

Khai Khosrow convoque tous les artisans du royaume et leur demande de construire une machine capable de le mener dans le royaume des dieux. Aucun ne peut, tous refusent, on murmure que c'est sacrilège. Khai Khosrow revient chez l'ermite et celui-ci promet d'en construire une : « Reviens dans un mois, elle sera prête ! »

Un mois plus tard, Khai Khosrow sort du palais par une porte dérobée. Il grimpe le sentier, sous un ciel rose et blanc…

L'ermite l'attend. Il lui présente la machine. C'est une nacelle à haut dossier, en osier, solide et légère. Aux quatre coins, une perche. À chaque perche est enchaîné un aigle, au sommet des perches, un quartier de viande. Dans la nacelle, des fruits, du vin, un emplacement pour le sabre. Sans un mot, Khai Khosrow prend place. On ôte le cache des yeux des aigles, ils voient la viande, s'élancent pour la saisir, et les ailes se déploient. Ils s'envolent, la nacelle s'élève. Khai Khosrow regarde…

Il voit sa ville tant aimée devenir minuscule… La rivière, les arbres le long de la rivière, les montagnes au loin, puis la nacelle s'élève plus haut, par-delà les montagnes, d'autres pays, d'autres montagnes, la mer, d'autres terres… La Terre est si petite, l'homme une goutte d'eau dans l'océan, une plume dans l'espace, un parmi tant d'autres avant lui, tant d'hommes autour de lui…

Khai Khosrow regarde l'espace, mais dans le grand vent du ciel, pas de signe de royaume des dieux, l'ermite lui aurait-il menti ? … La nuit tombe, les étoiles apparaissent, il les entend filer autour de lui. Rien, ni dieux ni royaume… Peu à peu, les aigles redescendent d'eux-mêmes, fatigués de leur exploit…

Khai Khosrow se dit : « Si le royaume des dieux n'existe pas dans le ciel, peut-être doit-il rester intact, impénétrable à l'homme… Peut-être y a-t-il un autre chemin, qui m'est inconnu… Peut-être Sâri, ce poète tranquille, profond et sensible, connaît ce chemin… » Le silence l'envahit, il se laisse baigner dedans, porté…

La nacelle se pose sur le sol, sur la terre de son pays. Entre sa ville et le domaine de Sâri. Exactement au milieu. Khai Khosrow donne la viande aux aigles, il les remercie et les libère.

Enfin, il se dirige droit devant lui. Au premier village, il demande un cheval, il va rejoindre Sâri, son ami …

La femme des sables

Elle court, par-dessus cailloux et buissons, elle court,
  elle vole, dans les vents, les sables déserts.
Elle va entre les dunes, parmi les gazelles, ombre derrière les ombres.
Avec le vent qui souffle, elle chante, de sa voix légère
  qui glisse jusqu'au palais dans les rêves…
Dans ses rêves, le prince entend cette voix de femme si
  belle, mais jamais il ne s'éveille..

Une nuit, l'appel est puissant, le prince rassemble ses
  chiens et part sur le chemin.
L'aube à peine se lève, le prince est parti à la chasse, les
  chiens guident ses pas.
Le chemin serpente entre les arbustes, contourne un
  amas de rochers,
puis s'arrête devant un point d'eau.
Les pas du prince se taisent, de l'autre côté les gazelles
  boivent,
au milieu d'elles, une femme boit elle aussi, accroupie
  devant la source.
Soudain, une oreille se lève, une gazelle redresse la tête :
un imperceptible mouvement du prince ?
L'alerte est donnée, toutes s'enfuient, la femme reste
  seule.

Le prince fait le tour de la source, ne la quitte pas des
  yeux, elle le regarde sans bouger.
Elle est très belle, il avance, l'air altier.

Quand il est en face d'elle, il la relève, lui demande qui elle est, elle ne répond pas.

« Quel est ton nom, qui sont tes frères ?» Elle ne dit rien.

« Elle est muette sûrement », se dit le prince, il l'emmène au palais du roi son père.

Ils sont tous deux sur le chemin. La femme va aux côtés du prince, le regard devant elle.

Ses longs cheveux noirs ondulent comme la mer sous la brise de l'été.

Le prince va fièrement vers le palais, son épaisse chevelure noire dans le même vent.

Au palais, le prince la confie au meilleur médecin de la cour.

Le médecin la regarde sans rien dire, il l'écoute.

Peu à peu, il perçoit en elle les sons de l'eau imperceptible qui glisse sous le sable, le vent qui trace des sillons à la surface, le sable qui s'enroule autour des roches, mais elle se tait.

Le médecin entrevoit un paysage au fond de ses yeux, des chants entre les dattiers des oasis, des rires d'enfants, des fêtes, un palais, mais elle ne raconte rien.

Cependant, de sa gorge affleurent des sons, une mélodie tranquille et douce, des mots abrupts parfois. Enfin elle parle, et s'exprime. Le prince exulte, il récompense ce médecin habile.

Tous les jours, le prince vient la voir.

Tous deux se promènent dans les jardins, entre les fontaines et les orangers.

Au bord du bassin, le prince confie ses joies et ses
     peines,
elle l'écoute.
Il aime cette femme et demande à son père la permis-
     sion de l'épouser.
Le roi son père accepte, cette femme est digne et belle.
Les noces sont superbes.

Quelques mois plus tard, elle met au monde un enfant.
Le prince, fier d'avoir un fils, offre à sa femme un collier
en or. Elle pose le bijou dans son coffret, ne remercie pas.
Le prince s'étonne mais, heureux, ne dit rien. L'année suivante naît un second fils. Le prince prend soin du cadeau,
il choisit une parure de rubis dont la couleur est assortie
au regard de feu de sa femme. Elle regarde à peine ce présent, remercie et le met dans le coffret sans le porter. Le
prince est blessé mais ne dit rien. Puis elle met au monde
un troisième fils. Le prince veut éblouir sa femme, il lui
offre un coffret rempli de pierres précieuses. Elle regarde
longuement ces pierres dans sa main, le prince attend un
mot, un signe. Elle parle : « Dans mon pays, quand une
femme met au monde un enfant, les autres femmes lui
offrent des fruits frais, des œufs, des baies, de l'eau fraîche,
toute chose donnée par la nature et laissée intacte de la
main de l'homme… » Le prince ne comprend pas sa
femme : pour lui, les choses les plus belles sont celles
façonnées par l'homme ! Il quitte la pièce irrité.
   Quand le prince revient le soir, la chambre est vide.
Surpris, il demeure immobile. Les voiles du lit se soulè-
vent un peu dans la brise du soir. Le rideau qui sépare la
chambre de la terrasse est ouvert. Sa femme est accroupie
dans l'ombre. Une marmite est posée sur le feu devant

elle, de temps en temps, elle remue ce qu'il y a dedans, on entend un cliquetis. Intrigué, le prince s'approche. Au fond de la marmite, le collier en or, la parure de rubis, les pierres précieuses. Il se fâche ! « Mendiante trouvée dans les sables ! » Sous l'insulte, elle ne dit rien.

Quelques semaines plus tard, elle demande au prince la permission de retourner sur les lieux de son passé. Le prince, empressé de connaître ce passé, accepte. Il fait préparer les chevaux. Ils partent de bon matin accompagnés de quelques gardes et serviteurs. Ils traversent les villages, les campagnes environnantes. Ils parviennent aux portes du désert, le prince ne sait où elle le mène.

Un peu plus loin, elle arrête la troupe. Ils sont devant des collines de rocs entourées de dunes de sable, les vestiges d'une muraille par endroits. Il n'y a aucun signe de vie, ni ville ni palais. Elle ordonne aux gardes de déblayer le sable.

Les gardes dégagent une porte. Un couloir apparaît. Le prince suit sa femme à l'intérieur. Le couloir est orné de colonnettes ouvragées, le long d'une cour intérieure, toute de marbre et de porphyre. Elle entre dans une première pièce. Des dizaines d'urnes remplies d'or, d'argent, de pierres précieuses. Le prince est ébloui ! Il loue toutes ces richesses insoupçonnées !

Sans s'attarder, elle passe entre les urnes, l'entraîne plus loin. Le prince se fige sur le seuil. Devant lui, des squelettes gisent alignés sur le sol…

« Mais qui sont ces gens ? Que leur est-il arrivé ?

– Voici mon père, ma mère, mes frères, mes sœurs. Nous vivions heureux dans un petit royaume ignoré du monde, mon père régnait sur un peuple tranquille, la vie était simple et belle. Une année, la pluie n'est pas tombée, on a pris les réserves. L'année suivante, la pluie n'est pas revenue, les champs asséchés, les enfants morts, les hommes malades, mon père a envoyé des gardes chercher des points d'eau, aucun n'est revenu. Mon père contemplait sa richesse, mais il ne pouvait offrir une orange à son peuple, il pleurait. »

Le prince commence à comprendre. Une orange et un collier en or pèsent dans l'espace devant lui.

« Quand le roi mon père fut entouré de quelques dignitaires et sa famille, il versa un poison dans une coupe. Il ne voulait pas abandonner son peuple et fuir. Il en but, tendit la coupe, chacun avala un peu, quand ce fut mon tour je fis semblant de boire. Puis tous s'allongèrent, attendant l'instant fatal. Quand il n'y eut plus aucun bruit, pas même un souffle, je m'enfuis. J'ai couru devant moi sans un regard, sans m'arrêter, à bout de souffle… Je me suis arrêtée le jour où vous m'avez trouvée, prince. » Il écoute. Le silence s'approfondit en lui, le regard perdu dans le lointain, quand il entend un bruit.

Sa femme est accroupie dans un coin sombre, elle ouvre une petite porte dissimulée, en retire une coupe. Cette coupe en or d'une exquise beauté qui brille dans l'ombre de la pièce, le prince en admire l'ouvrage. Sa femme l'interrompt : « Voici la coupe, à présent je peux accomplir le destin voulu par mon père. »

Elle la porte à ses lèvres. La coupe roule sur le sol, le poison se répand, aussitôt absorbé par le sable. Le prince n'est pas si endormi, il vient de jeter la coupe avant qu'elle ne boive !

Il saisit sa femme par la main, d'un élan, il la relève : « Vous avez des choses à apprendre à nos fils ! »

S'échappant du couloir, le prince l'entraîne à l'air libre.
Il fait murer la porte d'entrée : que le sable enfouisse le
malheur, que la porte reste close à jamais.

Dans les jardins du palais, sur la terrasse,
    le prince et sa femme goûtent le repos.
Les fils sont mariés, les enfants jouent dans le parc.
À l'ombre des orangers, sur une table,
    la théière illumine le soleil couchant.

La princesse indocile

Le roi aime sa fille, belle, intelligente. Il veut qu'elle
épouse le prince de son choix, un père a tous les droits
sur sa fille. Elle proteste et affirme que chacun choisit
sa voie, celle-là seule est bonne pour soi. Le roi, furieux
d'être contesté, et par sa fille, la fait enfermer. Dans sa
prison, elle patiente et reste ferme. Le roi se dit qu'avec
le temps elle verra que c'est lui le plus fort, qu'enfer-
mée sa vie dépend de lui, qu'il a raison. Il pose un
mois de délai.

Le mois écoulé, elle n'a pas changé d'idée. Une princesse indocile est une graine de révolte générale, il ne peut
la garder. Il l'envoie en exil aux confins du royaume, dans
les déserts, où on délaisse les indésirables renégats et révol-
tés. Par-delà les frontières, elle n'est plus sa fille. Ni princesse. Simple femme ? Pas même : un être humain. Ni
nom ni passé. Seule, entourée de dunes de sable à
l'infini...

Dans ce lieu réduit à l'essentiel, elle est abandonnée. Une grotte l'accueille. Quelques arbres fruitiers, une source d'eau l'apaisent. Elle découvre comment recueillir l'eau et faire pousser la moindre herbe reconnaissante. Les fruits servis dans la vaisselle d'argent, elle les voit se gonfler de soleil, un fruit est vivant. Ses mains apprennent d'elles-mêmes, de la nature, d'une mémoire venue du fond des temps qu'elle ignorait connaître. Cela suffit à sa vie. Et cet espace se révèle un paradis. De la grotte, elle contemple. Seule devant l'immensité…

Des hommes se joignent à elle. Les indésirables forment une communauté et s'entraident. Autour de la grotte s'élèvent des huttes. Le désert recule. Une ville s'étend. La lumière de la femme maintient l'harmonie entre eux.

Un jour, un prince vient. Ils se plaisent du premier regard. Leur amour se déploie telle une galaxie qui les unit. Ces deux époux, le prince et la princesse, les hommes autour d'eux les unissent et les choisissent pour souverains.

Enfin, le roi, père de la princesse, désire avoir des nouvelles de sa fille. A-t-elle péri dans le désert ? On ne trouve aucune trace d'elle. On lui apprend que le désert a reculé, un nouveau royaume est né. À sa tête, un roi et une reine. On loue leur beauté et leur sagesse.

Le roi rassemble une caravane qui quitte la ville, chargée des richesses les plus belles. Dans le nouveau royaume, la caravane vient et s'arrête sur la place du marché devant le palais. Boutiques opulentes, femmes couvertes de bijoux, hommes nobles et fiers…

Assise sur le trône, le roi reconnaît sa fille, la princesse indocile. Elle murmure :

« Voyez, père ! Chacun mène sa voie, car celle-là seule est bonne pour soi, et pour le monde. »

Khorré Bémâh

Bahrâm Gour est parti à la chasse, l'orage l'a surpris, il trouve refuge chez Khorré Bémâh. Celui-ci possède d'immenses troupeaux qui couvrent toute la vallée.

Khorré Bémâh ne reconnaît pas le roi en cet homme trempé par la pluie, il le reçoit sans égards, le roi est mécontent mais ne dit rien.

Un peu plus tard, le berger annonce à Khorré Bémâh que les brebis ont donné si peu de lait qu'il s'en inquiète, Khorré Bémâh s'adresse à sa femme et sa fille :

« Si les brebis donnent si peu de lait, c'est signe que le roi médite quelque chose de mal contre le peuple, il vaut mieux quitter le pays. »

Sa fille lui répond : « Nous possédons beaucoup de réserves de nourriture, si nous partons demain, nous ne pourrons tout emporter, nous pourrions offrir un festin à notre hôte. »

Khorré Bémâh offre des mets raffinés à Bahrâm Gour, sert le meilleur vin dans des verres de cristal. Le roi est content, il demande à Khorré Bémâh une servante jeune et jolie pour distraire sa solitude. Celui-ci va chercher sa propre fille, elle est belle, jeune et vierge, mais le regard de l'homme ne ternira pas sa pureté.

Elle vient. Bahrâm Gour est ébloui par sa beauté, sa grâce, sa conversation. Il pense en faire une de ses épouses…

Le lendemain, le roi prend congé de son hôte.

Plus tard, le berger annonce à Khorré Bémâh que les brebis donnent tant de lait qu'il ne sait où le mettre ! Khorré Bémâh s'interroge sur ce qui a pu changer l'esprit du roi. À ce moment-là, un message lui parvient : le roi le remercie de son hospitalité et le nomme maître de toute la vallée. Il choisit sa fille comme épouse et désire qu'elle vienne sans tarder au palais.

La fille nomade

Le printemps était passé.
Les nomades n'étaient pas partis.
Leurs tentes restaient près de la rivière.
Au village on ne comprenait pas.
À cette époque, chaque année, ils partaient.

Mais quelques jours plus tard, on apprit qu'ils fêtaient
les fiançailles d'une jeune fille
avec l'homme qu'elle aimait.
Et c'était sublime !
La fête, cette jeune fille !
Ses cheveux brillaient comme la nuit noire,
ses joues étaient telles les tulipes,
son teint de jasmin, son parfum d'ambre…
Elle était timide, d'un amour pur et parfait…

Le lendemain fut sombre,
tout avait basculé pendant la nuit.
Les cheveux de cette jeune fille étaient devenus blancs !
Et cela, en une seule nuit !
Les nomades dirent : « C'est *nawruz*[1] ! C'est fatalité !
On aurait dû partir selon la coutume
au moment du printemps... »

Enfin, après quelques jours, au village,
on vit la caravane s'ébranler.
Les nomades remontaient vers le nord.
On les voyait défiler un à un.
Elle, elle restait à l'arrière, la tête baissée,
la honte sur le front,
les cheveux tenus serrés sous un foulard.
Il ne fallait pas qu'on sache la faute,
mais tous la connaissaient.
Lui, il était parti gagner sa vie.
La vie, pour elle, était triste et morne,
sans amies à qui confier sa peine.
L'année passa sans répit, sans égard.
Sous le signe des cheveux blancs.

Puis *nawruz* !
À nouveau, le retour !
Les nomades sont revenus !
Leurs tentes se dressent près de la rivière !
L'homme a ramené une tente, des chameaux,
il pourra subvenir aux besoins de sa future famille...

---

1. Ou *norouz*, fête de Nouvel An en Asie centrale.

Les lueurs des feux montent vers les étoiles.
Au son des tambourins, on fête le mariage
de la jeune fille avec l'homme qu'elle aime
et qui l'aime.
Le village est invité à cette fête,
les villageois offrent les œufs et les fruits,
tous dansent, dansent jusqu'à l'aube.
Joie ! Chants, vin, et souhaits…

Au milieu de la nuit,
l'homme enlève sa jeune femme.
Le cheval galope dans la plaine
jusqu'aux collines des hautes herbes.
Là, il plante la perche, signe suprême !
L'amour les unit !
Tous deux s'émerveillent…

Le lendemain, l'homme voit les cheveux blancs
de sa jeune épouse.
Elle se jette à ses pieds, le supplie à genoux :
« Je t'en prie, pardonne-moi, ce n'est pas ma faute.
Les cheveux blancs, je sais, sont signe funeste,
signe d'une faute commise.
Mes cheveux blancs, ce n'est pas ma faute !
Tue-moi, que ton honneur soit sauf ! »

Il devient pâle, son doute est extrême :
« Dis vite, dis-moi vite.
– Le soir de nos fiançailles, je rêvais de toi…
je dormais, je crois, un baiser a effleuré mes lèvres,
j'ai crié !

Cet homme s'est éclipsé, mais il a laissé une trace :
le lendemain, mes cheveux blancs ! ».

Elle attend le coup fatal mais rien ne lui vient.
Elle murmure : « C'était toi ?
– Moi, oui ! Un baiser sur tes lèvres...
Comme j'en rêvais de toi...
Le soir de nos fiançailles, j'ai voulu y goûter,
je suis entré dans la tente interdite...
C'était moi
– Ô toi ! »

Le lendemain, les nomades sont venus
les saluer dans la tente selon la coutume.
Les femmes ont pu voir les cheveux de la jeune fille :
noirs !
Ils étaient redevenus noirs !
Magie de la femme...
Pardon des années de misère ...

*

Trois vues sur le thé

Assis, maître Rikyû est tranquille comme toujours.
Je me souviens des paroles de Chao Chou[1].
À quelqu'un qui l'interrogeait sur la Paix profonde,
Chao Chou avait répondu :

---

1. Joshû.

« Buvez ce thé, et en toute sérénité allez. »
Ashikaga Yoshimasa demande à Murata Shukô[1] :
« Quelle est l'essence de votre thé ? »
Shukô répond :
« Le thé est un goût unique et pur.
Il contient la Joie du zen et le plaisir de la Vérité. »

« Les trois qualités du thé : a-ja, baja, ra-ja
Mets-les dans le pot de cuivre Bkra-çis khyil-ba
(Tourbillon de Bonne Fortune)
Avec du sel blanc du nord relève le goût du thé
Avec le lait d'une vache qui a mis bas l'an dernier
  améliore la couleur. »

Guésar de Ling, épopée du Tibet

*

Le bouquet de fleurs

Un homme riche possédait de grandes rizières. Veuf, il élevait seul ses deux enfants.

À la fin de sa vie, il les appelle et leur confie qu'il a un secret : un de leurs ancêtres a caché un trésor dans les rizières, toute sa vie il l'a cherché mais, accaparé par le tra-

---

1. Murata Shukô ou Jukô, maître de thé du XVe siècle, moine au temple Daitoku-ji, à Kyôto, sous l'empereur Ashikaga Yoshimasa.

vail, il en a rêvé sans rien trouver. Il leur recommande de veiller sur les rizières, de prendre le temps de découvrir ce trésor. Tout est consigné dans le carnet noir, ajoute-t-il, celui des ancêtres…

Sur ces derniers mots, le père s'en va. Les enfants récitent les prières, l'encens imprègne la demeure. Sur l'autel des ancêtres est posé le précieux carnet :

> *Ni toit par-dessus*
> *Ni sol sous les pieds*
> *Revêts un nouvel habit*
> *Un seul pas vraiment te suffira*
> *Et le ciel, du dragon, tremblera.*

Le frère lit le poème, il n'en comprend pas le sens. Sa jeune sœur non plus. Il referme le carnet, elle dit qu'avec le temps tout deviendra clair.

Ils apprennent le travail des rizières, puis engagent des ouvriers, les affaires prospèrent, le temps passe. Le frère rêve du trésor. Il décide de tout quitter pour se retirer dans un monastère et s'y consacrer entièrement. Sa sœur l'encourage, elle mènera l'affaire seule. Il part vers la montagne.

Pendant des mois, le frère vit avec ce poème. Chaque mot tourne dans sa tête, il les mord quand il mange, il les sarcle quand il jardine, les respire quand il médite, mais le sens lui échappe. Malgré plusieurs années de discipline intense, il échoue à en saisir le secret. Corde trop tendue risque de se briser. Il décide de rentrer chez lui.

Le retour est paisible. En descendant les collines, voir les rizières est une fête. À l'approche du village, il reconnaît le grand manguier, derrière la butte il verra les premiers toits. Sur le chemin, une voix très pure s'élève. Une jeune fille cueille des fleurs ici et là. Le frère et la sœur se reconnaissent.

Ils se sourient : ha ! Son retour, bonheur partagé !

Émus, ils font quelques pas sans rien dire. Assis à l'ombre, il raconte sa vie au monastère. Et comme il s'est épuisé, en vain. Puis leur silence fait flotter le temps.

Elle parle, doucement. Elle a cherché aussi, à sa manière, pensant au poème. « Ni toit par-dessus ni sol sous les pieds », ce devait être la rizière. Après son départ, elle est allée dans les rizières, avec le buffle bleu. Chaque jour, elle y allait.

Les sabots du buffle qui labouraient la terre, pas à pas elle le suivait, le guidant de sa petite baguette. La sueur ruisselante sur la peau noire du buffle qui la rendait bleue. L'eau s'enroulant autour de ses deux chevilles. Elle examinait chaque parcelle, ses longues nattes glissant dans le dos quand elle se penchait. De longs jours. Avec patience. Les sillons dessinés, traces de leur effort. Elle aime cette marche dans la boue avec le buffle. De ce rythme, les pensées s'évanouissent aussitôt apparues. Les sens captent tout, l'esprit est limpide. Tout est soudain plus vaste que soi.

Ainsi, le sens du poème surgit, lumineux, à son esprit : cette harmonie est le trésor de leur ancêtre.

Les grenouilles chantent…

Le frère comprend que sa quête n'a pas été vaine. Chacun a suivi son chemin. Dès lors, le trésor peut être offert à tous. Aux rizières, au buffle, au ciel.

Cet encens imprègne leur demeure, du plus profond de leur cœur se répand dans le village. Alentour…

Sur l'autel des ancêtres, à côté d'un carnet noir, un bouquet de fleurs des champs illumine l'ombre de la pièce. La brise se lève.

Choonyang (Parfum de Printemps)

Dans la ville de Namwon vit Yi Doryung, le fils du magistrat. C'est le printemps. Préoccupé par ses études, ce jeune noble désire cependant voir les arbres en fleurs. Il demande à son serviteur quelle est la plus belle vue pour contempler le paysage. Ayant répondu Ojok-Kyo, le pont de la Pie, celui-ci l'emmène sur une colline d'où s'étend une vue splendide.

Entre les arbres en fleurs, le mouvement d'une robe, un rire attirent le regard de Yi Doryung. Quelques jeunes filles se promènent, l'une d'elles monte sur un escabeau et cueille des rameaux fleuris. Il regarde cette scène charmante et remarque une jeune fille au visage rose. Sa beauté rayonne comme une lune diffuse la rosée du matin. Yi Doryung est touché, il s'enhardit, lui parle, elle rougit et s'enfuit.

Yi Doryung ne parvient plus à étudier, l'image de la jeune fille emplit ses rêves. Son serviteur se renseigne. La mère est une ancienne courtisane mais sa fille a une réputation de grande vertu. Yi Doryung n'hésite pas.

Depuis quelque temps, la mère faisait le même rêve : un dragon emportait sa fille dans sa gueule et l'emmenait dans le ciel. Quand Yi Doryung se présente, elle comprend combien ce rêve est de bon augure. Il demande la fille en mariage, le rêve devient réalité. Elle accepte mais elle dit : « Vous êtes noble, ma fille est de peu de condition… »

Pour la rassurer, il écrit, sur une feuille de papier mauve, un poème en guise de promesse de mariage :

> *La mer bleue peut devenir un champ de mûres,*
> *Le champ de mûres se transformer en vagues,*
> *À Choonyang mon cœur toujours restera fidèle*
> *Que la terre et le ciel en soient témoins.*

La mère est rassurée, la fille reconnaissante.

Délices… Tous deux baignent dans le bonheur parfait.

La mère exige le secret jusqu'au jour du mariage, car il est notable et elle issue du peuple.

Cette nuit-là, Yi Doryung rêve de canards mandarins, signe d'harmonie dans l'amour.

Yi Doryung est appelé à la capitale pour passer les examens impériaux, il les réussit. Il est nommé par le roi comme inspecteur général des provinces. Il est envoyé dans le pays pour voir comment vit le peuple et rendre la justice. Ils parcourent le pays, enfin arrivent à Namwon. Combien de temps a-t-il attendu ce moment, pour elle… Mais il faut exercer sa tâche en premier. Et son rêve s'effondre.

Ils sont descendus dans une auberge à l'entrée de la ville tous déguisés en mendiants. Tout en buvant ils écoutent. Partout, on parle de l'affaire de Choonyang. Le magistrat voulait l'épouser. Certains disent qu'elle a refusé, d'autres qu'elle s'est mariée en secret, tout est confus et contradictoire.

Yi Doryung rencontre la mère de Choonyang qui confirme les rumeurs : le magistrat l'a demandée en mariage mais elle a refusé. Il l'a jetée en prison, lui a donné cent jours pour accepter sinon elle perdra la vie. Yi Doryung va voir Choonyang. Le soir, il se rend à la prison, la fenêtre est à ras du sol. Dans l'ombre, il aperçoit une ombre, il l'appelle. Elle le reconnaît, tend la main vers lui. Seuls leurs doigts peuvent se rejoindre. Par les regards enlacés, amour intact… Il murmure : « Ayez confiance ! » Elle pleure : lui mendiant, elle condamnée, comment parler de confiance…

Yi Doryung va à la demeure du gouverneur et mendie de la nourriture, le gouverneur le renvoie avec mépris puis se récuse et le rappelle, lui offre repas et boisson. Au cours du banquet, le gouverneur offre le vin, attend les remerciements de ce mendiant qu'il traite avec générosité. Yi Doryung se lève et répond par un poème :

> *Ce vin, servi dans des coupes en or,*
> *est le sang de milliers de gens !*
> *Cette viande de qualité, sur ces tables de jade,*
> *est la chair de milliers de gens !*
> *Quand la cire des bougies coule,*
> *ce sont les larmes du peuple qui pleure de faim !*
> *Plus fort que le bruit des courtisans résonnent*
> *les plaintes des paysans opprimés !*

Le gouverneur furieux, l'assemblée effrayée, Yi Doryung déjà a disparu…

Yi Doryung retourne à l'auberge. Tous reprennent leurs costumes officiels. On annonce leur arrivée au gouverneur de la ville. Celui-ci reçoit l'inspecteur général dans sa belle demeure et organise une fête en son honneur. Les tables de marbre ont été dissimulées. Yi Doryung évoque les affaires de la ville et propose d'assister aux jugements.

Le lendemain, dans la salle du conseil, on fait venir Choonyang. Les cent jours sont écoulés, elle a refusé. Elle avance tête baissée, les larmes aux yeux. Elle songe : Yi Doryung n'a pas tenu sa promesse, ne l'a pas sauvée, qu'importe sa vie, elle a perdu tout espoir de justice.

Yi Doryung entend la plainte du gouverneur, la fille ne dit rien, n'ose lever les yeux, il parle haut : « Vous pouvez échapper à la condamnation si vous m'épousez à la place du gouverneur ! »

Elle est prête à refuser, fidèle à sa promesse. Elle reconnaît la voix de Yi Doryung, n'ose y croire : la veille elle l'a vu mendiant ! Yi Doryung pressent son hésitation. Avant qu'elle ne parle, il dit : « Si je vous montre ceci, me reconnaîtrez-vous ? » Il lui donne la bague qu'elle avait échangée, enfin elle le regarde…

Yi Doryung punit le gouverneur et le condamne à vivre sur une île pour expier sa faute : gouverner le peuple signifie servir et protéger.

Le peuple acclame Yi Doryung et Choonyang, On fête leur mariage et, entre ce jeune noble et la fille du peuple, jour d'hiver devient jour de printemps.

La mer bleue n'est pas devenue champ de mûres.

*

Un thé en Corée

> *L'essence véritable ne peut être divisée en corps et esprit,*
> *ou thé et eau.*

> *La nouvelle lune est belle dans le ciel en ce début de nuit,*
> *claire lumière qui scintille doucement à l'infini,*
> *les cercles d'étoiles se dessinent nettement*
> *autour de la Voie lactée,*
> *tout apparaît en même temps en une lueur de jade, le thé,*
> *et éloigne le sommeil de cette nuit.*

> *Le son des bambous, le vent dans les pins,*
> *ensemble me rafraîchissent*
> *L'air frais et clair pénètre mes os, ranime mon esprit*
> *J'aime inviter ce nuage blanc et la lune brillante*
> *à être mes hôtes*
> *Là où un Homme du Sentier s'assoit, ceux-ci le comblent,*
> *nul besoin d'assemblée.*

Ch'o-ûi, moine coréen, du XIXe siècle

*

Târâ nue, la Libératrice

Chandrakirti et Chandragomi étaient moines à Nalanda. Ils avaient tous deux étudié la *Prajnaparamita*. Ils menaient de longues discussions sur ce texte mais ils ne s'accordaient pas sur certains points de la doctrine. Ils discutèrent pendant sept années sans parvenir à l'harmonie, ni à avoir raison l'un sur l'autre.

Un jour, il y eut un puits entre les deux moines.

Chandrakirti avait écrit un commentaire sur la Voie du milieu. Chandragomi aussi, il lut celui de Chandrakirti. Il fut découragé : « Son commentaire est mieux écrit que le mien, le mien est médiocre, il ne sert à rien ! » Chandragomi le jeta dans un puits. Son livre toucha le fond du puits, au même moment la déesse Târâ émergea dans l'espace devant lui : « Ton commentaire est écrit avec moins de style littéraire, mais avec plus de compassion que Chandrakirti, il aidera de nombreux disciples dans les temps futurs. »

On dit que, quand on boit l'eau de ce puits, on a l'esprit plus clair et on comprend instantanément les écritures !

Plus tard, il y eut une image entre eux.

Dans la ville, une femme demandait partout l'aumône, elle voulait rassembler l'argent nécessaire pour payer la dot de sa sœur qui faisait un beau mariage. Un matin, elle parvint au monastère et s'adressa à Chandrakirti, mais il ne possédait pas d'argent et envoya la femme chez l'ermite, au bout de la ville.

Elle parvint à une hutte, là où vivait Chandragomi. « Il a encore moins que Chandrakirti ! » En fait, il ne possédait rien d'autre que ses vêtements et les textes qu'il étudiait. Elle s'effondra en larmes !

Chandragomi, pris de compassion, s'adressa à la déesse Târâ[1], sur l'image accrochée au mur en face de lui, et lui demanda d'exaucer le vœu de cette femme. Târâ descendit de la peinture, ôta ses voiles de soie, retira ses bijoux, posa le tout devant Chandragomi, puis, naturellement, simplement, reprit sa place sur la peinture.

Chandragomi remit le tout à la femme qui remercia et s'en fut. Chandragomi se dit : « Quand on fait un vœu pour l'autre, Târâ le réalise aussitôt, quand c'est pour soi, cela prend plus de temps ! »

Cette peinture s'appelait *Târâ nue, la Libératrice*.

Le pont arc-en-ciel

Sur le lac est un pont de glace…

Gotsangpa est un moine qui a vécu au XIIe siècle. Un jour, il décide d'aller sur l'île faire des pratiques d'offrandes. Il part avec un disciple. Ils arrivent en face du lac en plein hiver, la glace couvre le lac, passer sur l'île est facile.

---

1. Târâ, déesse tibétaine Jetsun Dolma, bodhisattva qui a fait le vœu de garder sa forme féminine pour sauver les êtres. *Târâ* signifie « libératrice » ou « étoile ».

Ils ont apporté des réserves de nourriture et, chaque jour, ils font des offrandes de *tormas*[1] aux *dâkinîs*[2] et aux divinités protectrices de l'endroit. Leur réserve de *tsampa* diminue beaucoup et, très vite, ils n'en ont plus assez pour eux, ils la gardent pour les offrandes. Quand ils n'ont plus rien, ils continuent leur méditation et se nourrissent de thé.

Puis ils terminent leur pratique, mais l'hiver tarde à venir, le lac ne gèle pas, ils sont coincés sur l'île. Ils continuent de méditer et se nourrissent de plantes et d'herbes qu'ils récoltent ici et là.

> Sur le lac est un pont de glace
> mince comme une feuille…

Un matin, Gotsangpa dit à son disciple : « Notre pratique d'offrande a pleinement réussi, nous pouvons passer le lac, viens ! »

Un mince pont de glace transparent se profile entre l'île et la terre. Gotsangpa emmène son disciple vers la rive.

> Sur le lac est un pont d'arc-en-ciel…

Gotsangpa commence à marcher dessus, le disciple n'ose avancer. « Viens, surtout ne te retourne pas ! »

---

1. Gâteaux d'offrande de formes diverses, ornés de disques de beurre colorés.
2. Protectrice, sorte de fée, essence d'un rituel de pratique, révélatrice de texte de prières.

Quand ils parviennent de l'autre côté, ils se retournent et regardent le lac. Des centaines de mains tendues forment un pont de lumière, des centaines de *dâkinîs* se sont rassemblées.

Elles ont partagé leurs *tormas* d'offrande pendant leur méditation et les remercient. Leurs mains unies dessinent un pont infime, en complète adoration elles fêtent les deux moines !

> Sur le lac est un pont d'arc-en-ciel
> lumineux comme l'éveil…

La Dâkinî Dormante

Jomo Manmo[1] !
Les enfants l'appellent. Ensemble ils mènent
les moutons vers les hauts pâturages.
La fillette vit seule, ses parents étant morts,
elle aide les gens des villages
à garder leurs moutons. Toujours souriante,
tout le monde prend soin d'elle.
Jomo Manmo part tôt sur les hautes collines, seule,
elle aime l'air vif du matin.
Plus tard, elle s'endort et fait la sieste,
jamais elle ne la faisait, mais ce jour-là…

---

1. Jomo Manmo, la Dâkinî Dormante, incarnation de la reine Yeshe Tsogyal, XIIIe siècle.

Jomo Manmo !
Elle s'éveille, le ciel est plus bleu que jamais,
l'herbe verte et la terre vraiment rouge.
Un chant lui parvient, très beau,
provenant du bas de la pente.
Elle découvre un amas de rochers,
se glisse entre eux par une fente, entre dans une grotte.
Un groupe de *dâkinîs* alignées dos à la paroi.
Devant elles un charnier. Ces chairs sanguinolentes,
des bêtes sauvages les dévorent à pleines dents !
Jomo Manmo n'est pas effrayée par ce spectacle.
Elle entre résolument à l'intérieur
et devant elle se dresse
Vajra-yogini ! La Dâkinî Rouge ! La Laie Adamantine
psalmodie le texte sacré et accomplit le rituel.
Un halo rouge l'entoure, émanant d'elle, translucide.
« Jomo Manmo ! Tu es une *dâkinî* dormante ! Viens !
Libère-toi ! Regarde comme tu es libre
depuis toujours ! Réalise ceci ! »
La Dâkinî Rouge prend la première page
de son texte et effleure son front de cette feuille légère.
Jomo Manmo réalise sa vraie nature, illuminée…
La Dâkinî Rouge lui transmet la sagesse transcendante
puis elle lui donne le texte.
Jomo Manmo quitte la grotte.
Quand elle se retourne, la grotte a disparu, nulle trace !

Jomo Manmo !
Yoginî excentrique, elle vit sans souci.
Ni attachement ni aversion pour le bien ou le mal.
Elle agit sans inhibition, jouit de la paix parfaite.

Elle parcourt le pays comme un ermite errant.
Ce texte reçu des *dâkinîs* est très précieux.
Elle l'enseigne à ses disciples reconnues.

Puis, un jour, elle revient sur la haute colline.
Sur les pentes d'herbe rase, les bouviers
faisant paître les bêtes voient les femmes
accomplir le rituel, la grande fête sacrificielle.
Des heures, ils entendent les voix psalmodier
au son des tambourins et des clochettes.
Puis, au milieu de la fête rituelle,
les trois femmes lancent leur cri !
Elles s'envolent ! Leurs corps deviennent arc-en-ciel !
Puis s'évanouissent dans l'espace !

Jomo Manmo !
Les bouviers courent au sommet de la colline,
découvrent les restes du festin, mangent les gâteaux.
Spontanément ils entrent en profonde méditation.

Le yogi Saraha

Saraha[1] est brahmane la journée et moine bouddhiste
la nuit. Il ne lui déplaît pas de se moquer de la rigueur des

---

1. Saraha, né dans une famille brahmane du Bengale, au
VIIIe siècle, devient moine bouddhiste. Plus tard, il obtient
l'illumination et enseigne les disciples. Il est à l'origine de la
lignée qui mène à Milarépa. Il a écrit de nombreux chants de
réalisation.

brahmanes et de prendre des libertés avec les règles, ni de contourner l'interdit. Les brahmanes se vengent et l'accusent auprès du roi Ratnapâla :

« Ce Saraha est chef de quinze mille hommes mais il boit, c'est un très mauvais exemple pour ses sujets, il faut le destituer et le chasser !

– Je ne peux chasser le chef de quinze mille hommes ! »

Néanmoins, le roi fait venir Saraha. Les brahmanes l'accusent, il nie :

« Si je bois, que ma main plongée dans le feu brûle ! » Il plonge sa main dans le feu, elle ressort intacte !

Les brahmanes insistent, lui aussi : « Que ce cuivre incandescent me brûle si je mens ! » Il boit une coupe de cuivre fondu, sa poitrine n'est pas touchée !

Les brahmanes hurlent que c'est un ivrogne. Saraha leur lance un défi : « Que l'un d'entre vous plonge avec moi dans ce bassin d'eau, celui qui coule est coupable ! » L'un d'eux, mince et fluet, saute dans le bassin, il coule !

Les brahmanes se déchaînent. Saraha les défie encore : « Qu'on nous pèse sur une balance, le plus léger est coupable ! » L'un d'eux, massif et pesant, s'installe, il reste en l'air !

Le roi Ratnapâla finit par dire : « S'il a de tels pouvoirs, qu'on le laisse faire, qu'il boive ! »

Saraha désormais ne peut rester dans cette ville, il quitte tout et devient yogi errant. Dans la ville voisine, cinq jeunes filles jolies et rieuses l'invitent à boire du vin, ils entrent dans l'auberge… Dans l'abondance du vin, au cœur de l'ivresse, apparaît devant Saraha un bodhisattva qui lui recommande d'aller au marché : « Va auprès de la tailleuse de flèches ! De votre rencontre naîtra de grands bienfaits pour les êtres ! »

Saraha va au marché et trouve en effet une femme en train de tailler une flèche. Elle taille le bois, fixe l'embout en fer, place les plumes, avec la plus parfaite concentration, sans aucune distraction. Saraha s'est mis en face d'elle, bien en vue, elle ne lui prête aucune attention. Puis elle examine la droiture de la flèche, enfin la dépose à côté des autres.

Saraha lui pose une question triviale. Sans même le regarder, elle lui dit : « La connaissance de Bouddha se fait par les signes et les actions, non par les livres et les études. »

Il comprend qu'elle est son maître. Elle l'accepte comme disciple, elle devient son épouse tantrique.

Ils partent dans la montagne continuer leur yoga. La yoginî mendie dans les villages voisins pour leur subsistance. Il chante sa louange :

L'action de cette yoginî est sans égale !
Elle anéantit l'homme de famille
Fait jaillir en lui l'éveil spontané
Au-delà de la passion et de l'absence de passion
Rien que s'asseoir à ses côtés, elle dont le mental est détruit
Quelle merveille, cette yoginî
On mange, on boit
On laisse les pensées venir
Mais c'est au-delà de la pensée, inconcevable
Cette merveille, la yoginî
En elle, le soleil et la lune sont sans différence
En elle, le triple monde est formé
Parfaite de pensée, union de l'éveil spontané
Puissiez-vous rencontrer cette merveille, la yoginî.

Un jour Saraha lui demande de préparer un curry de radis. Elle part au village, rapporte le meilleur lait, prépare le curry. Quand tout est prêt, elle l'apporte à Saraha. Il reste plongé dans sa méditation, en parfait *samadhi*, elle n'ose le déranger et le laisse ainsi.

Douze années passent. Saraha enfin sort de *samadhi*. La première chose qu'il demande à sa compagne, c'est le curry de radis ! Elle est consternée : « Vous restez en *samadhi* pendant douze ans et vous me demandez le curry ? Ce n'est pas la saison, il n'y a pas de radis ! »

Il est stupéfait ! Jamais il n'aurait imaginé être resté si longtemps en *samadhi* ! Il décide de parfaire sa méditation et d'aller dans la montagne profonde. Elle le dissuade : « L'isolement physique n'est pas la vraie solitude. À quoi vous sert-il d'aller si loin si, après tout ce temps de *samadhi*, vous êtes encore attaché à un curry vieux d'il y a douze ans ? Vous devez vous défaire de cette habitude du jugement. Défaites votre esprit, votre mental, de ses habitudes et de ses définitions, voilà la vraie solitude et vous réaliserez la vérité. »

Saraha comprend qu'elle voit juste. Il suit les conseils de son épouse tantrique. Il continue sa pratique durant douze années, il lui faut tout ce temps pour défaire son mental de tout ce qui l'entrave.

Après cela, il reste sur terre durant des centaines d'années pour aider les êtres puis il monte au paradis des *dâkinîs*.

Sokha Dilimen

Sokha Dilimen est penchée sur le torrent,
  elle recueille l'eau pour préparer le thé.
Le torrent bondit joyeux, *kyourourou*
L'eau glisse dans la jarre, *kyourourou*
Elle est juste à côté de la maison
  où elle vit avec son vieux père et sa vieille mère,
la maison est sous la forêt, la forêt sous le col
  de la montagne, là vivait l'ogre.
L'ogre dévore tous les êtres qui passent
  sur le chemin devant son repaire.

Ce jour-là l'ogre est descendu dans la forêt plus bas que d'habitude, il a croisé un mouflon, d'un coup de poing il l'a abattu. Il met la carcasse sur son épaule quand il entend une voix qui chante. Une voix qui chante !

Il cavale le long du torrent, entre les rochers il se cache, il voit Sokha Dilimen. Elle chante, sa voix se mêle à l'eau du torrent.

« Belle ! *Nying je-po*, belle ! » Son visage blanc, son allure, tout plaît à l'ogre.

Avant même qu'elle ne le sache, il frappe à la porte de la maison et demande d'épouser la belle. La vieille maigre asséchée par les années a du répondant :

« L'as-tu seulement bien vue ?

– *Nying je-po !*

– Connais-tu son nom ? »

La carcasse sursaute sur l'épaule de l'ogre, il avoue qu'il l'ignore. « Tu peux l'épouser si tu trouves son nom ! »

Perplexe, l'ogre tourne les talons, sur le chemin, *ou'r ou'r*, il va, pesamment, *ou'r ou'r*, sur le chemin, il se demande comment trouver, *ou'r ou'r*, le nom de cette belle, et machinalement, *ou'r ou'r*, il arrache une patte du mouflon et la dévore à pleines dents, *ou'r ou'r*.

Quand, *dourdour*, oui, la renarde sort, *dourdour*, elle sort, d'entre les arbres, juste devant les pas de l'ogre, d'un coup de pied, *ou'r ou'r*, il la renvoie sur le côté, il l'attrape d'une coulée de mains, *ou'r ou'r*, mais on ne mange pas une renarde : « Je te laisse la vie sauve, si tu trouves le nom de la belle qui vit là-bas, dans la maison du grand torrent. »

Et, *dourdour*, la renarde glisse entre les jambes de l'ogre, elle court à toute allure, *dourdour*, elle traverse la forêt, dévale la pente le long du torrent, passe le pont au-dessus des flots, arrive devant la maison, elle tourne autour et elle écoute : pas un seul bruit, pas un mouvement, elle s'assoit longtemps elle attend, quand soudain : « Sokha Dilimen, la nuit est tombée ! »

Sokha Dilimen ! Les yeux de la renarde brillent, dans la nuit elle court ventre à terre, *dourdour*, elle passe le pont du torrent, *dourdour*, traverse toute la forêt, elle court elle saute elle vole, *dourdour*, à la sortie de la forêt, elle trébuche sur des cailloux, *dourdour* ! Dans le noir de la nuit, elle ne les a pas vus non, dans ce rebond le nom lui échappe, quand elle arrive devant l'ogre, *dourdour*, elle ne peut plus s'en souvenir...

« *Dourdour !* » D'un coup de pied, l'ogre la repousse sur le chemin : « Retourne ! »

Et la renarde va ventre plus à terre encore, *dourdour*, elle traverse la forêt, dévale les pentes, *dourdour*, passe le pont du torrent, court jusqu'à la maison, *dourdour*, elle tourne autour mais c'est la nuit, pas un seul bruit pas un mouvement, *dourdour*, elle se couche longtemps elle attend… À l'aube elle entend la psalmodie des prières puis : « Sokha Dilimen ! Le jour est levé ! »

Sokha Dilimen ! La renarde saute sur ses pattes, elle passe le pont du torrent, Sokha Dilimen, elle traverse la forêt, Sokha Dilimen, elle court elle saute elle vole, Sokha Dilimen, devant le repaire de l'ogre, elle arrive enfin, elle lui crie : « Sokha Dilimen ! »

L'ogre ravi rugit raide la bouscule, il lui jette le cadavre de bébé qu'il dévorait, la renarde épuisée repousse le cadavre qui la dégoûte et dévore plutôt le mouton qui est sur le côté, gras luisant appétissant…

L'ogre ravi et rapide, à grands pas petite allure, descend, à pas pesants, *ou'r ou'r*, jusqu'à la maison près du grand torrent : la belle est à lui !

L'ogre s'assoit sur le banc devant la porte, un grand sac entre les pieds. La vieille sort de la maison. Quand elle le voit, elle est surprise, elle pensait ne jamais le revoir.

« Sokha Dilimen, *mo-ming-la Sokha Dilimen ray* ! Je la veux ! »

La vieille est vraiment interdite, l'ogre aussitôt ouvre le grand sac et déverse un torrent d'or ! rubis ! turquoises ! ambre ! émeraudes…

« Je n'ai qu'une parole, tu connais le nom de ma fille, *di-gi ray*, elle est à toi.

— Qu'elle vienne, sur l'heure, je m'en vais !

— Comment ! Tu es venu sans cheval pour porter la mariée jusqu'à ta demeure, tu ne peux respecter les usages, ma fille est une grande pratiquante, une *dâkinî*. *Pah gyu*, va-t'en, va chercher une monture digne d'elle, *pah gyu* ! »

L'ogre, perplexe, tourne les talons et part chercher « une monture digne d'elle ».

La mère prend le sac, se retourne pour entrer dans la maison, Sokha Dilimen se trouve sur le pas de la porte, elle a tout entendu :

« Mère, vous me vendez à cet ogre malfaisant pour de l'or !

– Tes prières nous coûtent cher, ma fille ! »

Sokha Dilimen reste seule, désemparée, sur le seuil de la maison. Elle lève les yeux, elle implore le ciel de l'aider, mais les nuages passent dans l'azur limpide...

Soudain, le cheval blanc galope vole descend d'entre les nuages, se pose devant elle : « Cet ogre, même si tu ne l'épouses pas, te suivra partout, partout, depuis qu'il t'a vue. » Le cheval dépose devant elle un talisman, un sac rempli des sept graines précieuses. « Quand tu seras dans la situation la plus pénible qui soit, ouvre ce sac, cela t'aidera. Va rejoindre cet époux maintenant. » Le cheval omniscient remonte galope dans le ciel, disparaît dans un nuage arc-en-ciel.

Tenay, Sokha Dilimen pleine de courage prend ses livres de prières, dit adieu à ses parents et part rejoindre l'ogre, elle passe le pont du torrent, marche dans la forêt.

L'ogre est allé chercher une monture, et quelle monture ! Il chevauche un mouflon à tête d'argali aux cornes recourbées en spirale. Dès qu'il la voit, il se rue sur elle : « Monte ! » Et d'un élan il la prend par la taille, d'un coup de reins il la met en croupe derrière lui, il fouette la bestiole et ainsi ils montent dans la forêt.

À un carrefour, trois chemins se présentent devant

eux, un chemin blanc, un chemin rouge, un chemin multicolore. L'ogre pousse la bête sur le chemin multicolore.

À la sortie de la forêt, ils arrivent devant une citadelle de fer noire et pesante, sans fenêtres, une porte large et haute. L'ogre y installe Sokha Dilimen. Chaque jour, *nyin-tar*, il part chasser. Chaque jour, *nyin-tar*, elle reste seule. Au début, rien ne la perturbe, elle continue à méditer et prier les Trois Joyaux, mais à la longue, cette solitude malsaine lui pèse et de voir cet ogre bâfrer les êtres qui passent devant son repaire et boire leur sang l'étouffe.

Un jour, l'ogre oublie
son trousseau de clés, *di-mig*…
Il y a tant de pièces dans cette citadelle,
toutes bien fermées.
Sokha Dilimen va devant la première porte,
elle essaie une clé,
la porte s'ouvre sur des torrents bouillonnants
qui gèlent en un clin d'œil.
La seconde porte ouvre sur des champs d'orge
qui ondulent sous le ciel d'été.
La troisième sur la grêle qui abat la moisson.
La quatrième montre des géants en guerre
qui s'entretuent, *gyâk-re gyâk-pa*.
La cinquième une foule de gens en fête.
La sixième des richesses innombrables, *gyen-jâ*.
La septième un tremblement de terre
qui emporte tout, *sa-yom*.
Chaque porte abrite un mirage…

> *Gompa chig, un pas*
> *Go chig, une porte*
> *Chig go, une porte*
> *Mi-lâm chig, un rêve, un mirage*
> *Chig mi-lâm, un rêve*
> *Den-pa chig, une vérité*
> *Chig gompa, chig go*
> *Chig go, chig mi-lâm.*

> Un pas une porte
> Une porte un rêve
> Un mirage, l'homme et le monde
> Faux et vrai se mélangent
> Le désespoir la mène
> Comme un fil
> De porte en porte
> Et là ! La dernière porte !
> Est-ce la vérité enfin ?

Mais plus de clé ! Elle n'a plus de clé ! Non ! Le monde s'écroule, tout effort anéanti ! Non… Elle s'assied devant cette dernière porte, elle vide un pot de *chang*, de bière. La tête lui tourne, tout tourne autour d'elle, le sol les murs le plafond… La poutre tourne, s'envague… Dans la poutre quelque chose brille… Une clé ! Une clé d'or !

Elle l'essaie dans la serrure de la dernière porte, la vérité enfin ?

La porte s'ouvre et des miasmes de pourri, de moisi, envahissent son nez délicat. Tout est sombre, noir, *nâ-gong*, dans ce noir elle distingue un amoncellement de cadavres de femmes et, au milieu de la pièce, une vieille est assise qui la regarde : « *La yin-dâng-yin*, bienvenue, jeune fille passionnée ! »

La jeune et la vieille se font face.

De vieilles dents, oui, elles mangent le temps
De jeunes dents, oui, elles mangent le temps
La jeune vit, oui, pays ouvert
La vieille vit, oui, tombeau ouvert.

« *La yin-dâng-yin*, bienvenue, fille passionnée, que viens-tu faire ici ? Tu es jeune et belle encore !

– Que fais-tu là, vieille mère, tu vis encore ?

– Ici l'ogre nous met, nous ses femmes, quand il est fatigué de nous, toutes ont été jeunes et belles comme toi.

La fleur jeune plaît à l'ogre
La fleur fanée déplaît à l'ogre.

Et il l'abandonne ici. Personne n'échappe à la vieillesse, jeune fille passionnée, c'est le destin de tout être.

– Mais je veux vivre encore, y a-t-il moyen d'échapper ? *Ku-chi, nga-la rog nâng-da*, je vous en prie, aidez-moi !

– Toi qui es fortunée d'être venue jusqu'ici, peut-être pourras-tu quitter ces lieux. Tu vois cette vieille qui vient de mourir, prends sa peau, mets-la sur toi et fuis jusqu'à la vallée du roi qui aime la Loi divine. »

Sokha Dilimen arrache la peau de la vieille, prête à vomir et défaillir, elle s'en revêt et s'enfuit. Elle va dans la forêt courbée sous le poids d'un sac de *tsampa* comme une vieille...

L'ogre revient, comme chaque soir appelle sa belle, mais personne, pas de réponse ! Il la cherche partout, ne la trouve pas, il se rue à l'écurie, fouette la bestiole à tête d'argali aux cornes recourbées. La bestiole parcourt les lieux, elle va de gauche et de droite, et soudain, dans la forêt, sur le chemin, l'ogre aperçoit une silhouette ! Pour sûr, c'est Sokha Dilimen ! Mais… c'est une vieille !

« Une vieille ! As-tu vu passer une jeune et belle ?

– *La tong la tong*, non, non, vu personne. »

L'ogre continue son chemin puis, pris d'un doute, il revient sur ses pas, d'un coup de coude, il bouscule la vieille, elle tombe :

« *Throksing !*

– Qui a craqué ?

– Ce sont mes vieux os qui craquent ! »

Lui croque sa rage, il reprend son chemin, sa mâchoire dévore une patte d'animal qui croquignole sur son épaule, il continue, puis le doute le tenaille, il revient. Il la bouscule d'un coup de pied :

« *Throksing ! Throksing !*

– Qui a craqué ?

– Ce sont mes vieux os qui craquent ! »

Furieux, il la pousse encore : « *Throksing…* »

Il ricane méchamment et, *ou'r ou'r*, il s'en va, sur le chemin, il s'en va, *ou'r ou'r*.

Elle se relève péniblement, *throksing* ! Le monstre ne savait pas que c'était le trousseau de clés des chambres à illusions qui cliquetait.

Pour éviter qu'il ne revienne, Sokha Dilimen se réfugie entre les arbres, elle suit un autre chemin. Peu à peu les arbres s'éclaircissent, une vallée large et claire s'ouvre devant elle. Elle s'assoit pour se remettre des bousculades, la nuit tombe... Une foule d'étoiles l'environne... Le silence des étoiles, leur vent... c'était *merere merere*...

Dans la nuit, une ombre blanche se dessine. Le matin, un château émerge de cette ombre blanche, la vieille mère Sokha Dilimen cesse d'errer et elle traverse la vallée vers le château, car là tout chante.

À l'entrée, un garde l'arrête.

« Je cherche du travail.

– Toi, vieille mère ! Que peux-tu faire ?

– Porter l'eau est possible encore. »

Il accepte et la voilà au service du roi qui aime la Loi divine. Chaque jour, elle dessine le chemin entre la rivière et le château.

Un après-midi d'été, l'eau fraîche de la rivière l'attire, elle retire la peau de vieille, elle se baigne.

L'eau chante comme autrefois, elle rit, *kyourourou* !

L'eau glisse, myriades de lumières, *kyourourou*, elle rit !

Un cavalier passait par là, il la voit, entre les buissons, il approche, *nying je-po* ! Belle ! Puis, elle sort de l'eau, revêt la peau de vieille, il en perd sa voix ! Il en est tout pantois ! En grand émoi, il court chez le roi, il lui raconte... tout !

Le roi ordonne que la vieille porteuse soit menée devant lui. Elle entre dans la pièce, le roi est assis sur son siège surélevé. Il ordonne qu'elle retire sa peau, deux gardes l'enlèvent comme on tire la peau d'un lapin, une *dâkinî* resplendissante en jaillit, *nying je-po* ! Vraiment belle, à faire tourner la Terre dans l'autre sens ! Toute la cour est émerveillée, le roi lui-même en reste muet !

Mais la Terre tourne toujours dans le même sens, peu
de temps plus tard le roi épouse Sokha Dilimen. Merveille !

La terre rit, oui, moissons dorées
Le ciel rit, oui, pluie de joyaux.

Tout célèbre leur bonheur, *ten-del chay kyi-po*.

Bientôt Sokha Dilimen attend un enfant. Ils sont heureux mais peu avant la naissance, le lama astrologue
conseille au roi de partir en pèlerinage, et le roi part.

L'enfant merveilleux naît avec une tête d'or, des membres turquoise et un ventre de nacre pure. Sokha Dilimen
et les ministres envoient un messager au roi pour le rap-
peler.

Mais en chemin, entre-temps... L'ogre cherche toujours sa belle, il surveille tous les cols de la région. De là-
haut, il repère ce messager à cheval qui court à toute allure
sur les chemins étroits de la montagne. Il se poste derrière
un détour du chemin, au passage du cavalier il surgit
devant lui et l'arrête. Il lui propose de boire de la bière, le
messager sans méfiance accepte, ils boivent. Le messager
s'endort, l'ogre le fouille, découvre la lettre et la lit :
« L'enfant est né avec une tête d'or, des membres turquoise, un ventre de nacre pure... »

Il rugit de plaisir : « C'est l'enfant de Sokha Dilimen ! »

Il écrit un autre message : « L'enfant a une tête de
singe, un corps d'âne, faut-il l'abandonner ? » Il remet la
lettre dans l'*ambag*, la poche du manteau du messager.
Quand le messager s'éveille, il est seul, il reprend le chemin.

L'ogre guette son retour. Quand il voit le messager revenir, il surgit de derrière une roche, il lui propose de la bière comme l'autre fois, le messager ne soupçonne rien. Ils boivent, le messager s'endort, l'ogre lit la réponse :

« Il est notre fils, gardez-le !

– C'est la réponse digne d'un roi, voici la mienne ! »

L'ogre subtilise la lettre et répond : « Abandonnez l'enfant et la mère au col de la montagne. »

Quand le messager s'éveille, il est seul, il court au château. Les ministres lisent la lettre du roi bien-aimé, ils sont atterrés, ils ne comprennent rien... Mais le roi est le roi, ils exécutent son ordre. Ils mènent Sokha Dilimen et l'enfant nouveau-né là-haut où le vent et la neige règnent, puis redescendent sans se retourner pour ne pas faillir.

Sokha Dilimen se retrouve seule, si seule, avec le bébé, sur le col de la montagne où les vents soufflent, violents au milieu des neiges. Elle n'a pas le temps de crier ni même de faire un seul pas : l'ogre, *ou'r ou'r*, surgit !

Là devant elle !

La toise !

« C'est le fameux bébé ? Ça ? »

Il le saisit par le pied, le regarde, son énorme rire l'avale comme un hareng, il rote, puis fait la morale à la pauvre Sokha Dilimen, paralysée par l'effroi : « Si ton fils a une tête d'or, c'est pour me remercier de l'or que j'ai donné à tes parents ! Et pour les turquoises ! Si ton fils a un ventre de nacre, c'est pour toutes les bonnes pensées que j'ai eues avec toi ! »

Puis il s'assoit sur une grande roche, il l'observe, bizarre, il ricane et soudain hurle :

« Maintenant, je vais te manger toi aussi ! Mais avant, peigne-moi les cheveux, il y a peut-être quelques poux ! »

Comme hypnotisée, elle approche, devant la tête de l'ogre, elle se secoue, jamais dans sa vie cela n'a été aussi bas et atroce ! *Pay dhuk-cha !* Terrible !

Tenay, vite, elle tire le talisman, lance les graines précieuses vers le ciel, prie les dieux et déesses de lui venir en aide, le cheval omniscient émerge comme du néant dans un nuage arc-en-ciel, il se pose devant elle : « Monte ! »

Sokha Dilimen est sur le cheval
Elle vole comme la pensée
Rapide comme le vent.
Sous eux, des terres inconnues
Défilent noires et désertes.
Mais elle se sent si mal.
Elle le crie au cheval.
Voilà qu'il s'écroule sous elle !
Il est mort ! Vraiment mort, l'est-il ?
Elle éclate en gros sanglots.
À nouveau, *tse-sog chi-wa* !
À nouveau, vie et mort mêlées !
Tse-sog, la vie, *chi-wa,* la mort,
Et tout est *dhuk-cha* si horrible !
Le vent, la tempête, se lèvent…
Plus elle pleure, plus le tonnerre gronde.
Ce sont tornades de neige et de grêle,
D'arbres, de sable et de rochers.
Sokha Dilimen hurle !
C'était *teh, sem-kyo, sem-tel lâng* !
C'était peur, tristesse et angoisse !
Sokha Dilimen hurle…
Le cheval hurle plus fort :
« Si tu continues de pleurer,

Tu mourras toute gelée,
Ton âme deviendra de glace,
Écorche-moi en riant bien,
Le soleil te réchauffera,
Place mon corps comme je le dis,
Étale la peau sur le sol,
Fais gicler la cervelle sur les crêtes,
Place la tête sur la peau,
Mets le cœur, les reins, les poumons autour d'elle,
Puis les membres autour de la peau comme bordure,
Autour des membres déroule les intestins
comme une ceinture,
Et tu connaîtras le bonheur,
Sokha Dilimen ! »
Le cheval meurt réellement.
Sokha Dilimen sanglote
Si fort, la neige couvre tout,
La tourmente cogne partout.
Puis elle n'en peut plus de pleurer,
Les larmes ont asséché
Sa colère et son désarroi.
Quelques notes claires de sa gorge…
Elle ose un rire, le rire sonne !
Elle écorche le cheval, joyeuse !
Elle ne pense plus à rien.
Elle fait comme il a dit.
La tempête se calme, elle rit.
Le soleil réchauffe la terre
Et elle, et tout alentour.
Quand elle a fini, épuisée,
Kâ-lay ka, elle s'endort, *kâ-lay*…
Sokha Dilimen s'endort.

Quand elle s'éveille : « *Yâk-po choong-pa !* » Merveille ! Tout le paysage a changé !

La terre désolée et hostile a disparu, la vallée s'ouvre, belle, chaleureuse… La terre noire et déserte est devenue fertile et verte… sources, rivière, champs, vergers, troupeaux… Et devant elle, un palais, un temple de cristal transparent tout arc-en-ciel…

Elle comprend que tout cela est le don du cheval, que cela provient de son corps :

> La peau est devenue le palais de cristal
> des poumons sont nés les princesses et les cavaliers
> la tête a donné la tour la plus haute
> des reins ont couru les chiens et les animaux
> du cœur est venu un cheval magnifique
> les yeux ont fait jaillir les sources
> le foie pour des collines de lait caillé de beurre
> et de viandes
> la vésicule biliaire pour tout l'or les turquoises
> les pierres précieuses
> l'estomac a étendu les pâturages
> la cervelle a coulé neige sur les cimes
> des crins les centaines d'arbres fruitiers
> sur les pentes des collines.

Sokha Dilimen entre dans ce palais merveilleux, tous l'accueillent et l'acclament. Elle devient *gyalmo*, la reine de cette contrée et de ce palais.

Le temps passe.

Pendant ce temps, le roi est revenu de son pèlerinage. Il apprend l'abandon de Sokha Dilimen et de l'enfant, il comprend qu'ils ont été victimes de cet ogre malfaisant. Le roi confie le royaume à ses ministres et il part en compagnie de quelques cavaliers. Ils sillonnent la région. Un jour, le roi parvient dans la large vallée devant le palais de cristal.

Ce jour-là, le ciel est plus clair, l'air plus pur que jamais, les nuages flottent légers, tout est si paisible… Ils savent la présence l'un de l'autre avant même de se voir.

Quand le roi arrive à la porte, Sokha Dilimen l'attend, lumineuse. Rien que se voir est tout le bonheur du monde, rien que se prendre par la main est tout le bonheur du monde. Tout est blanc en eux, autour d'eux. Même autour des montagnes, le ciel est blanc…

Plus tard, Sokha Dilimen lui raconte l'ogre, l'enfant dévoré. Elle lui dit comment le cheval omniscient a offert ce pays. Le roi murmure : « Ce cheval a plus de compassion pour vous que vos propres parents ! »

Ils décident de demeurer dans ce château, ce pays.

On fête leur mariage à nouveau. Leur union est complète : généreuse, belle et bonne.

Tout était clair à présent
Tsön-chi tâng-po
    Tout était brillant
    Kar-cha
        Ils furent très heureux
        Khong-tso kyi-po du
            Toujours reconnaissants au cheval
            Rta khong-tso kâ-tin chen-po yin

        Sarva Mangalam
      Que tout soit auspicieux.

*

Sur le Toit du monde

Pour rejoindre le lac Namtso, il faut passer un col de plus de cinq mille mètres. Au sommet du col, les drapeaux de prières ornent le tas de pierres. Le vent claque les drapeaux, toutes les prières volent vers le royaume des dieux. On fait des offrandes, d'autres lancent trois cailloux sur le tas de pierres : kiso ! Les démons sont vaincus ! Lha gyalo ! Les dieux sont vainqueurs !

De là-haut, le lac est si limpide, il semble flotter, entouré de sommets de neige. Seuls le vent, le ciel, quelques mouettes, un aigle passe...

Marcher est lent. Marcher exalte. Sentir le sol sous les pieds, l'herbe, la glace, les mottes de terre. Des dizaines de ruisseaux dévalent les pentes, se déchausser, traverser pieds nus, déjà gelés, masser, remettre les chaussures, plus loin recommencer. La terre nous porte, cette belle énergie nous ravive. Marcher fait vivre la terre.

Quand les chevaux fatiguent, on s'arrête. Ramasser les bouses de yak séchées, allumer le feu. Pendant ce temps, Tsering prend l'eau du torrent. La bouilloire remplie, le thé mêlé de sel et d'orge se prépare. Il ajoute une noix de beurre, la tsampa. Nous buvons ce thé ensemble.

Sous le ciel immense, sur la terre vaste. Le lac ne se regarde pas, il est ici. Puis Tsering s'allonge accoudé sur le sol, royal, il rit et chante. Sa voix monte haut, jusqu'au soleil...

À Lhassa, je rencontre deux femmes qui vivent en Inde, infirmières dans le Bihar. Dans cette région pauvre, elles ne se nourrissent que de pommes de terre, disent-elles, les enfants

courent partout. Ici aussi un petit groupe de kids *nous sui-*
vent et nous entourent, ils rient, sourient et rient encore, avec
nous, et nous avons mille choses à nous dire. Nous prenons le
thé dans le restaurant du Barkhor, le quartier traditionnel.
Quand nous partons, ils nous disent le seul mot anglais qu'ils
connaissent : « Goodbyebye ! »

Dans la bibliothèque du monastère, les moines impriment
les textes sacrés sur des plaques en bois gravées. Quand on leur
apporte le thé, ils m'offrent un bol. Le thé a cette odeur forte
de beurre salé et ranci qui forme une couche épaisse à la sur-
face du bol. À cette altitude, par cette chaleur, ce thé est
délice, un vrai repas. C'est parfumé, corsé, tout l'été des lacs
et des sommets dans ce bol. Comme je les remercie ! Comme
ils me remercient ! Me montrant les sublimes thangkas *pein-*
tes sur les murs des galeries, dans les chapelles, disant les noms
des dieux, et ces déesses fabuleuses qui fondent en pluie bien-
faisante.

Je tais la détresse en moi, à voir où va le monde, pour
me baigner de leur force tranquille, la beauté de leur
regard. Je m'incline devant les dieux, c'est devant le sou-
rire des Tibétains.

*

Hoichi

Hoichi était joueur de *biwa*. Il vivait dans un monastère, dans un petit pavillon, au bord d'un étang. Sa musique était belle et souvent les gens venaient l'écouter.
Hoichi aimait son *biwa*, ce luth en forme de poire, cou-

vert de laque noire, le plectre glissait sur les cordes sans effort.

Un soir de brume, Hoichi joue seul dans son pavillon, quand il entend son nom appelé au-dehors. Il fait glisser la porte coulissante, devant lui se dresse un guerrier ! Ce guerrier porte le casque à cornes, l'armure aux lacets de cuir fauve, les jambières, les deux sabres glissés dans la ceinture, le carquois, l'arc, les flèches. Hoichi a un mouvement de recul, le guerrier lui dit : « Ne craignez rien ! J'accompagne une famille de haute noblesse, ils sont venus à Dan-no-ura, sur les lieux de la bataille de jadis. La princesse a entendu parler de votre musique, elle veut vous entendre, veuillez me suivre ! »

Mais Hoichi n'a nulle envie de le suivre, il recule, le guerrier le saisit par le bras, Hoichi rattrape son *biwa* de justesse, le guerrier le tire au-dehors et l'entraîne sur le chemin.

Le guerrier avance vite, semble flotter au-dessus des herbes, Hoichi a de la peine à suivre. Le guerrier emprunte un sentier entre les pins qui lui est inconnu, passe sous le portique d'entrée d'un jardin. Dans le noir de la nuit, sous la faible lune, Hoichi distingue les buissons taillés. Ils traversent l'étang sur un petit pont, passent entre deux palissades, contournent un bosquet de bambous, le guerrier fait glisser une porte, pousse Hoichi à l'intérieur, referme la porte derrière lui.

Hoichi est seul dans la pièce noire. Pas un bruit, pas même un souffle d'air.

Quelqu'un allume une bougie, Hoichi aperçoit… la princesse assise sur des tapis de soie, sa longue chevelure noire étalée autour d'elle tel un manteau sombre. Le long du mur sont assises ses dames si belles, les guerriers en casaque de chasse, le sabre accroché sur le côté. Puis, lentement, la princesse, de son éventail, fait un léger signe, Hoichi prend son *biwa*, sa main effleure les cordes, déjà elles résonnent et jouent…

Pluie qui goutte du toit sur les galets, rivière qui coule dans le jardin, l'homme qui chante son amour, fracas des vagues contre les roches, deux armées ennemies qui s'affrontent… Il joue une mère qui apprend à lire à sa fille, celui qui envoie le poème du matin à la femme qu'il aime… Le *biwa* se rappelle le vent dans les branches, les écureuils jouant le matin, le chant des oiseaux… Il décline toutes les saisons, tous les sentiments se dessinent… La princesse se souvient du temps d'autrefois, la vie de la cour, quand ils allaient sur les collines contempler les cerisiers en fleur, quand elle recevait un poème du prince, le pinceau qui rêvait sur le papier mauve léger, si léger… Ses larmes, le long des joues…

Hoichi joue toute la nuit… toute la nuit, il joue pour la princesse…

Mijikayo ya, déjà l'aube…

La princesse, glissant sur ses genoux, se retire derrière le paravent. Tous quittent la pièce, le guerrier raccompagne Hoichi jusqu'à son pavillon. Il reviendra le soir, dit-il, la princesse a aimé son jeu, qu'il soit prêt !

Le lendemain Hoichi l'attend le *biwa* en main. Quand le guerrier vient, il le suit et joue pour la princesse. Toutes les nuits, pendant une lune, il fait entendre la musique qui chante la vie d'autrefois, le murmure de la nature…

Cependant, l'abbé du monastère constate ses absences, Hoichi devient maigre et si faible. L'abbé l'interroge. Que fait-il ? Où va-t-il la nuit ? Hoichi ne peut répondre, c'est un secret. Surpris, l'abbé ordonne à deux moines de surveiller. Les deux moines observent, rien ne se passe. La nuit tombe, les deux moines s'enveloppent dans leur manteau, s'assoupissent un peu… Un léger glissement, la porte s'ouvre, ils sursautent. Hoichi sort du pavillon le *biwa* sous le bras, une ombre glisse devant eux. Les deux moines lui emboîtent le pas.

Comme tous les soirs, Hoichi suit le guerrier sur le sentier. À présent, il va vite aussi vite que le guerrier. La nuit est noire, les deux moines distinguent à peine l'ombre de Hoichi, ils le perdent de vue.

Hoichi est arrivé dans la demeure et joue pour la princesse.

Les deux moines le cherchent sur les sentiers connus, entre les roches, ne le retrouvent pas. Une fine pluie se met à tomber, ils se découragent, décident de rentrer. Ils marchent l'un derrière l'autre, appellent encore : « *Hoichi, doko desu ka ?* »

Une musique s'entend au loin, ils reconnaissent le *biwa* ! Ils découvrent le sentier entre les grands pins. Ils passent sous le portique d'entrée dans un jardin abandonné, longues herbes entremêlées aux buissons. Ils trébuchent sur le petit pont couvert de mousse. Ils aperçoivent Hoichi, il joue du *biwa*, assis sous la pluie !

Les moines sont perplexes ! « *Hoichi, nan shimasu ka ?* » Il n'entend rien. « *Hoichi, kitte o kudasai !* » Il joue sans les voir !

Les deux moines s'approchent. Hoichi est assis devant une dalle. Ils écartent les herbes, ôtent les feuilles mortes, découvrent une inscription : « Heike ». Tous deux reculent, effrayés : la tombe d'un Heike ! Tout le monde connaît ces terribles guerriers qui avaient envahi le pays, provoqué de terribles combats, puis à Dan-no-ura tous avaient péri dans cette dernière bataille ! On dit qu'ils reviennent parfois sur les lieux d'autrefois et envahissent l'âme d'un vivant. Et là, Hoichi joue du *biwa* dans un cimetière ! Les deux moines crient : « *Hoichi, kaette o kudasai !* »

Hoichi joue du *biwa* sous la pluie…

Les deux moines tentent de l'éveiller. Avec leur chapelet, ils récitent les formules sacrées. Invoquer dieux et déesses, lancer les imprécations contre les démons, prier pour que tous connaissent le bonheur, envoyant tous les êtres au paradis, même les démons… Hoichi reste perdu dans son rêve !

Les deux moines récitent désespérément le *Nembutsu*[1]. Peu à peu, Hoichi semble sortir de sa brume. Il regarde une fumée s'élever entre les grands pins, vers la lune, remarque enfin les deux moines. Il ne comprend rien : il jouait du *biwa* dans la demeure de la princesse…

Hoichi peut à peine marcher, les deux moines le soutiennent et le mènent dans son pavillon. Puis ils courent chez l'abbé, lui racontent ce qui s'est passé, parlant en même temps, s'affolent : ce guerrier s'est emparé de son âme, sûrement il va mourir, on ne peut rien. L'abbé interrompt brutalement : « *Hanashimasen ! Heike ! So desu ne !* Je connais le moyen de le délivrer ! »

L'abbé fait signe au plus jeune, qui prend le pinceau et l'encre. *Isshô-ni ikimashô !*

---

1. Formule de prière à Bouddha Amida (Amitabha), le Bouddha du Paradis de la Terre pure.

Dans le pavillon de Hoichi, le jeune novice prépare l'encre. L'abbé fait dévêtir Hoichi. Il peint sur le corps de Hoichi le *Hannyashingyô*, le *Sûtra du cœur*. Il l'écrit sur toute la peau avec grand soin. Quand le corps est entièrement recouvert de l'écriture, l'abbé ordonne à Hoichi de réciter le *Hannyashingyô*, sans s'arrêter. Le guerrier reviendra, nul doute. Dire ce texte est un puissant talisman.

« Surtout ne dites rien, quoi qu'il fasse ! Pas un mot ! *Zazen ! Shikantaza ! Hannyashingyô !* »

Hoichi aussitôt psalmodie le texte sacré. Terrorisé, il se fond dans la récitation…

La voix du guerrier retentit dans la nuit. Hoichi ne répond pas, il récite le *Hannyashingyô*.

Le guerrier bondit, abat la porte, ses yeux roulent de haine, il hurle : « Hoichi ? » Immobile, Hoichi récite le *Hannyashingyô*.

Le guerrier ne peut le voir mais il remarque le *biwa* posé contre le mur. Hoichi, protégé, invisible, psalmodie à mi-voix. Le guerrier se rue dans le pavillon, cherche, crie, fouille, tape du pied, se retourne et soudain, là !

« *Mimi ! Hoichi no mimi !* »

Les deux oreilles de Hoichi suspendues dans l'air ! Le guerrier les saisit et tire. Il les arrache. Hoichi ne crie pas : *Hannyashingyô*… Le guerrier hurlant s'enfuit dans le noir de sa nuit, les deux oreilles brandies devant lui…

Hoichi ! Le sang coule le long du corps, baigne le texte, sa voix murmure : « *Kanji zai bosatsu… paramita hannyashingyô…* »

Au petit matin, l'abbé le découvre dans cet état : « *Sumimasen, anata no mimi ni Hannyashingyô o kakimasen deshita !* J'ai oublié d'écrire le *Hannyashingyô* sur vos deux oreilles ! Pardonnez-moi, *sumimasen* ! »

Hoichi s'en est remis, le musicien a repris le *biwa*. Plus jamais le guerrier Heike n'est revenu le hanter. Hoichi-sans-oreilles est devenu le plus grand joueur de *biwa* de son temps.

Sa musique est si belle, quand il joue sur la terrasse devant l'étang, tous viennent l'écouter…

Kaguyahimé

Il était une fois une fête verte !

La forêt de bambous s'étendait à perte de vue dans la vallée et sur les premières pentes des hautes collines. Le vieux coupeur de bambous chaque jour se rendait dans la forêt. Les coups de hache résonnaient à travers la vallée, glissaient jusqu'au village, là sa vieille épouse écoutait leur son toute la journée. Quand elle ne l'entendait plus, elle préparait le repas. Le vieux coupeur de bambous revenait de la montagne, enfin ils mangeaient ensemble, le riz, le poisson et la soupe au *miso*[1]. Le vieux coupeur de bambous et sa vieille épouse étaient heureux ensemble.

Un jour, ce fut une fête rose !

Le vieux coupeur de bambous suivait le sentier dans la forêt, quand il aperçut une lueur rose entre les troncs. Comme il approchait, cette lumière grandit. Elle était dense, presque palpable et illuminait une partie de la forêt. Il entra dans la lumière rose, il entendit

---

1. Pâte de haricots de soja fermentée qui sert de condiment dans les plats japonais.

une musique céleste, un chant très beau qu'il n'avait jamais entendu. Il chercha d'où cela venait, il y avait un cercle de bambous plus hauts que les autres. Au milieu d'eux, un bambou si haut qu'il semblait toucher les étoiles. Le vieux coupeur de bambous vit que la lumière rose émanait du tronc de ce bambou. Sa musique était douce. Le vieux coupeur de bambous était très ému.

D'un coup de hache, il trancha le tronc du bambou au-dessus de cette lumière. À l'intérieur, il découvrit une fille, si petite qu'elle tenait dans le creux du bambou, dans le creux de sa main !

Elle portait une robe kimono rose. Ses longs cheveux glissaient jusqu'à ses pieds. Ils étaient lisses, noirs et brillants, des cheveux de nuit étoilée.

Le vieux coupeur de bambous redescendit vers le village, il croisa sa vieille épouse : les coups de hache s'étaient interrompus, elle s'était inquiétée, voilà pourquoi elle était montée dans la forêt. Le vieux coupeur de bambous lui montra la merveilleuse fille. Tous deux n'avaient pas d'enfant. La vieille épouse bénit le ciel de ce cadeau. Elle nomma la fille Kaguyahimé.

Dès que Kaguyahimé entra dans la maison, tout devint clair et lumineux, les deux vieux époux devinrent riches et leur vie fut plus facile qu'autrefois. La vieille épouse avait grand soin de Kaguyahimé. Mais par un fait étrange, chaque mois, elle prenait une année. Très vite, elle atteignit l'âge de seize ans, l'âge de se marier.

Elle était très belle, le vieux coupeur de bambous la gardait cachée aux regards du monde, mais sa beauté si pure rayonnait alentour. Les hommes, attirés par cette lumière inhabituelle, tournaient autour de la maison. Certains se vantaient d'avoir aperçu la fille, sa réputation s'était répandue partout, les princes eux-mêmes venaient dans l'espoir de la contempler.

Quelques-uns désiraient l'épouser. Kaguyahimé pourtant refusait. Le vieux coupeur de bambous tenta de la raisonner : les princes sont beaux et fortunés, d'excellente réputation, pourquoi refuser ?

Kaguyahimé ne voulait pas lui faire de peine. Elle proposa une épreuve aux princes, celui qui réussirait obtiendrait sa main. Elle leur demanda d'aller chercher les objets les plus précieux du monde : le bol d'aumônes du Bouddha ; la perle de l'antre au trésor du roi des dragons de la mer orientale ; une branche de l'arbre aux joyaux de l'île Horai, l'île des immortels ; le suc des hirondelles dont on dit qu'il guérit toute maladie ; la toison de rat qui ne brûle jamais dans le feu ; le miroir de la déesse du soleil Amaterasu.

Les six princes partirent emplis d'espoir et de courage, ne sachant où aller ni comment trouver ces objets que personne jamais n'avait vus. Ils dirent adieu à leur famille et s'en allèrent pour un long voyage.

Puis ce fut le temps du retour. Celui qui cherchait le bol de perles du roi des dragons avait péri en mer, son bateau avait été emporté par un typhon ; celui qui voulait le rameau de joyaux avait fait faire un faux par les artisans de la province voisine, et quand ils réclamèrent l'argent, le prince fut démasqué et puni ; celui qui désirait la toison de rat avait acheté cette chose rare à un marchand d'un pays lointain mais, en la jetant au feu, elle brûla instantanément, le marchand l'avait trompé ; celui qui cherchait le miroir ne put soutenir l'éclat de cette lumière, il laissa le miroir là où il était

et revint aveuglé ; celui qui était parti en quête du bol
de Bouddha erre encore sur les chemins ; celui qui
devait ramener la salive des hirondelles était monté sur
un échafaudage d'échelles, mais il en était tombé et eut
le corps brisé. Tous avaient échoué.

L'empereur voulut lui aussi rencontrer cette femme
qui avait séduit les plus grands princes du royaume. Il
voulait contempler cette beauté sublime, il fut le seul à
la voir sans écran. Quand l'empereur la vit, l'amour
illumina ses jours telle une lune ardente. Il lui envoya
des poèmes écrits au fil du pinceau sur des feuillets
d'un élégant papier bleu et mauve, elle y répondit
d'une écriture délicate et fine, leurs poèmes expri-
maient l'essence du printemps quand il éveille les
cœurs.

Enfin, ce fut une fête blanche !

L'empereur rêvait de l'épouser, elle lui répondit
comme à regret : « Je ne puis, je ne suis pas de cette terre
mais fille de la lune. Le jour de mon anniversaire, les gens
de la lune, bientôt, viendront me chercher. Je les suivrai,
je ne puis me dérober. » L'empereur était désolé, celle-ci
était sa préférée de toutes les femmes.

Le vieux coupeur de bambous voulut empêcher cela et
garder sa fille. Le jour de son anniversaire, il ferma portes
et fenêtres, s'assit derrière la cloison. Avec sa vieille
épouse, tous deux surveillèrent les lieux.

L'empereur était auprès de Kaguyahimé, il avait fait
placer ses gardes en cordon serré autour de la demeure,
nul ne pouvait franchir cette barrière. L'attente déroulait
son cortège d'espoirs et de craintes, la conversation entre
eux était teintée de tristesse.

La journée se déroula ainsi et, quand vint la nuit, le silence fit ployer les corps et les paupières pesèrent sur le désir de veiller, tous s'assoupirent.

Kaguyahimé vit des lumières traverser les murs et entrer par le toit : les gens de la lune sont gens de lune, ils sont lumières. Soudain ils furent devant Kaguyahimé, ils se saluèrent. Puis l'aîné lui tendit une fiole d'élixir : « Il faut faire vite, buvez ceci, vous avez absorbé la nourriture de la terre, buvez cet élixir, il vous permettra de remonter là-haut. »

Kaguyahimé prit ce nectar. Elle en laissa un peu pour l'empereur. Puis elle écrivit un dernier poème à celui qu'elle aimait, elle enroula le poème et le déposa dans un coffret de bois laqué, avec la fiole d'élixir. Elle mit ce coffret devant lui qui dormait un peu.

L'aîné la pressa : « Le jour se lève, nous devons partir, vite, venez ! »

Il prit la robe de plumes et couvrit les épaules de Kaguyahimé, déjà elle oubliait l'empereur, le vieux coupeur de bambous, la vieille épouse. Elle les regardait comme des êtres inconnus…

Tous deux s'éveillèrent au moment de l'envol : « Ma fille ! »

Elle disparut à leurs yeux, restaient des rayons de lune.

« Souviens-toi de nos cheveux blanchis… »

Une neige tomba, fine, légère, qui s'entremêlait aux rayons de lune comme pour leur répondre…

L'empereur s'éveilla lui aussi, aperçut les traces de lumière et découvrit la boîte ornée de feuilles d'or. Il se désespéra du départ de Kaguyahimé, son absence était poignante. Il dit à son serviteur fidèle : « À sa lettre d'amour, au moment de l'adieu, je ne puis répondre !

Boire ce nectar, sans posséder la robe de plumes, ne me mènera pas auprès d'elle. Va sur le mont le plus haut du pays, dans le feu verse le contenu de la fiole, et brûle cette lettre. Mon esprit la rejoindra, peut-être la fille de la lune entendra-t-elle mon vœu... »

Le serviteur alla au sommet du mont Fuji, brûla lettre et liqueur, la fumée s'éleva haut dans le ciel. Longtemps, de tout le pays, on put voir la ligne de fumée blanche monter jusqu'à la lune. L'empereur la contempla de son pavillon. Au petit matin sa vie s'était éteinte, peut-être absorbée dans cette fumée blanche, il avait rejoint son amour sur la lune.

Depuis ce jour, au sommet du mont Fuji, monte une colonne de fumée vers le ciel, jour et nuit. On dit que tous les poèmes d'amour et toutes les promesses de fidélité rejoignent la lune pour que les vœux se réalisent, et si les femmes s'habillent de rose, est-ce pour éveiller une telle profondeur de sentiment...

Takasago

Pour la première fois, le moine, en habit de voyage, quitte le monastère d'Aso. Il se rend à la capitale. De là il rejoindra le rivage de Takasago. Il veut contempler le pin d'antique renommée. On dit que le pin millénaire apporte bienfaits et longue vie. Invoquer le dieu de Takasago ! Voilà son vœu le plus cher ! *Takasago no matsu*[1]...

---

1. Le pin de Takasago

Ses pas posent les chemins infinis
Vers ce rivage lointain qui glisse
Peu à peu dans ses sandales le sable.
Combien de temps pour parvenir à Takasago ?
Passent les jours et balancent les pas
sur le chemin à l'infini
dessinent le lointain rivage,
Takasago no matsu…
Terre sable cailloux
Marche grimpe souffle dors va.
Combien de temps pour parvenir à Takasago ?
Sandales bol bâton
vent pluie neige
dormir debout entre les roches
ne s'arrêter jamais… vers…
Takasago no matsu…

À l'aube
Le voici parvenu
au rivage de Takasago.

Baigné de lune
Le pin le matin
Rocher il s'assoit
Flux reflux
Flux reflux
Ainsi longuement
Seul devant l'immensité.

Le pin devient ombre au crépuscule
Au loin le son de la cloche

Le moine attend un villageois
Pour évoquer la légende des pins
Entre les brumes claires émerge une silhouette
survient un couple de vieillards
Il porte le balai sur l'épaule
Elle tient le balai de bambou à la main
Ils s'arrêtent sous le vieux pin, commencent à balayer.
Lui : Jour après jour, nous balayons les aiguilles de pin
     Elles tombent nombreuses sur le sol
     Malgré leur chute, la beauté du pin reste intacte
Elle : D'année en année, nos cheveux blanchissent.
Lui : Nos épaules se couvrent de neige.
Eux : À l'ombre de l'arbre, nos jours sont prolongés
     Le pin sur la colline lui aussi prend de l'âge…
Elle : Qui veillera sur l'arbre antique ?
Lui : Qui prendra soin de notre vieil âge ?
Eux : Jour après jour, nous balayons
     pour que le miroir des jeunes années
Lui : ne soit pas terni par la poussière accumulée
Elle : Jusqu'à quand vivra le pin de longue renommée ?
Lui : Qui sera mon compagnon ? Ce voyageur de
     silence ?

Le moine interroge le couple de vieillards :
« À Suminoe est un pin semblable à celui-ci,
on dit que les deux pins sont nés ensemble.
Or, ils sont séparés par la mer,
si loin l'un de l'autre, comment est-ce possible ? »
La vieille femme lui répond :
« En effet, les deux pins sont apparus ensemble.
Je suis de Takasago,
et mon vieil époux est de Suminoe… »

Le moine : Vous ici, votre époux à Suminoe ?
Elle : Pour des époux qui s'aiment,
la distance n'est rien,
les cœurs se rejoignent, la route n'est pas longue.
Comment serait-ce différent
pour des pins privés de sens…
En même temps que les pins,
ensemble nous avons vieilli…

La vieille femme approche sa main de la joue
de son époux, tout proche…
Entre la paume et la joue, l'espace,
comme milliers de flocons de neige dansant entre elles.
Jamais cette main n'a rejeté même une ortie.
Jamais n'a pris ni même repoussé un être.
Elle se souvient des jeunes années et des automnes
survenus dans la vie.
Elle balaie, et les aiguilles du pin
demeurent tranquilles…
Le geste même de balayer dépose cette douceur,
patine du temps.
La manière même de marcher est douce et pleine.
La vieillesse ainsi montrée atteint la noblesse du pin,
révèle la poésie de toute chose, de tout être…
Takasago no matsu…

À les entendre, le moine éprouve nostalgie de cette
beauté évoquée… Puis il s'étonne de leur connaissance
des choses secrètes. Existe-t-il une légende de ces deux
pins millénaires ?

Le vieil homme :
« Dire Takasago, c'est évoquer la poésie ! »
La vieille femme :
« Dire Suminoe, c'est se souvenir des *kamis* (dieux) !
C'est se souvenir des âges anciens,
la poésie a cette couleur profonde des pins
du printemps, elle garde la sérénité.
Nous que voici : ensemble nous vivons,
ensemble vieillissons.
Comme les deux pins sont un faste présage,
le règne est prospère et les peuples heureux. »
Le vieil homme :
« Écoutez !
Les herbes et les arbres sont privés de sens,
pourtant le vent les fait chanter.
L'eau qui coule entre les herbes,
l'envol des oies sauvages…
En toute chose est un sentiment,
l'essence de la poésie…
Entre tous, le pin surpasse,
mille givres ne l'abîment… »
Le moine :
« Le matin se lève
La rosée se dépose
sur la branche, à la pointe
de chaque aiguille du pin…
– Matin et soir, dit le vieil homme,
nous balayons les aiguilles,
elles tombent nombreuses,
mais l'arbre reste toujours vert,
le pin de Takasago est un exemple
pour les temps futurs… »

Ce couple semble connaître le secret de la poésie, celui des arbres… qui sont-ils ? Le moine s'interroge. Le vieil homme et la vieille femme lui révèlent qu'ils sont les *kamis*, les esprits des deux pins.

Sous l'apparence de deux époux, ils sont venus vers lui !
Le moine désire les voir sous leur forme réelle,
celle des dieux.
Il les prie de danser les pas sacrés
des dix mille automnes.
Le vieil homme court vers une barque,
agile, il saute dedans :
« Si vous voulez voir la danse,
venez à Suminoe, je vous attends… »

La barque part sur les flots, sans vent, sans rames, ni voile, vers le large, elle s'éloigne… Quand le moine se retourne, la vieille dame disparaît dans le tronc du pin de Takasago. Le moine est seul. Survient un pêcheur. Il s'arrête, saisi de voir ce moine si tôt le matin, assis sur une roche, seul devant la mer. Le moine lui raconte ce qui vient de se passer. Le pêcheur : « Vous êtes béni des dieux ! De rencontrer les esprits des pins, les dieux des deux sanctuaires, vous êtes béni ! J'ai construit une barque, pour l'inaugurer, je vous emmène à Suminoe ! Regardez, les vents se lèvent, c'est bon augure ! Vite, montez. »

Le moine arrive tôt le matin, en même temps qu'une foule nombreuse, c'est jour de fête. Le temple est envahi. Partout tambours, flûtes, cymbales, danseuses, offrandes, thé, psalmodies…

Le moine attend, toute la journée, il attend… Enfin la nuit !

Sous la lune, le dieu émerge du pin de Suminoe.
Il entame la danse de bienvenue.
Ses longues manches se déploient, blanches,
frôlent le sommet du pin, jusqu'à la Voie lactée…
Les pas glissent, tourne la robe, virevolte,
blanche telles les voiles…
Une fine couche de neige tombe et couvre le rivage,
se dépose sur le pin. Le dieu danse.

Puis le dieu s'approche du pin,
frottant sa hanche au tronc,
la verdeur du pin lui emplit les mains.
La neige tombe sur sa robe.
Le dieu invite le moine.
Il s'approche et, tel le dieu,
le moine frotte sa hanche contre le tronc,
mille ans d'âge lui sont donnés.

Le dieu chante :
« Pour dix mille ans vêtu du pur vêtement
De mes bras étendus, je balaie les illusions trompeuses
De mes mains ramenées, j'embrasse bonheur
et longue vie
La danse des dix mille automnes caresse les peuples
Par cette danse, je prolonge vos jours
Le vent dans les pins nés ensemble
Donne le ton, joyeusement, donne le ton… »

À l'aube, sous la dernière lune,
    le dieu se fond dans le pin de Suminoe …
Puis le moine reprend la route vers le monastère d'Aso,
ou un ermitage par-delà les hautes collines.
Les pas posent le chemin infini
vers un rivage lointain qui glisse….
Takasago no matsu…

Hakuryô

Dans sa hutte de bambou, Hakuryô, assis sur la natte,
ne peut dormir. Il va se promener sur la plage.

Les barques des pêcheurs partent au loin, sur la haute
mer, mais lui reste seul. Depuis quelque temps, la pêche
est mauvaise, il ne peut plus nourrir sa famille.

Hakuryô marche sur la plage, entre la mer et la pinède.
Il contemple le clair de lune, tous ces éclats blancs sur les
vagues.

Soudain une pluie de fleurs tombe du ciel, une
douce musique, un parfum suave… Les filles du Ciel
descendent sur terre, elles viennent se baigner dans la
mer. Dans l'eau, elles s'amusent, rient et jouent. Les
gouttes d'eau semblent myriades de perles entre leurs
doigts…

Hakuryô regarde de tous ses yeux ces déesses, jamais il
n'a contemplé pareille beauté… Puis il s'éloigne, lui, le
simple mortel ne peut rester.

Sur un buisson, quelque chose brille, il s'approche,
c'est une robe peu ordinaire, splendide, une robe de plu-

mes. Il la saisit et vite rentre chez lui. Cette robe est digne d'un trésor, la vendre nourrira sa famille…

L'aube se lève, les filles du Ciel, sorties de l'eau, remettent leur robe. L'une d'elles ne trouve pas la sienne. Ses sœurs cherchent avec elle, sur la plage, entre les pins, ne la trouvent pas. Elles doivent remonter avant le jour, abandonnent leur sœur. Celle-ci se retrouve seule sur une terre inconnue, ne sait où aller ni que faire, déjà les grands vents du ciel lui manquent. Elle implore la lune de l'aider mais les nuages voilent sa face, elle se réfugie dans la pinède et verse des larmes…

Pendant ce temps, Hakuryô fait chauffer l'eau pour cuire le millet. La robe posée devant lui, il s'assoupit…

Il se retrouve sur les routes, il va chez le seigneur, lui montre la robe. Au seigneur elle plaît beaucoup, il donne récompense. Hakuryô est nommé à la cour. Il épouse la fille du seigneur. Mais il est accusé d'un complot, le seigneur le destitue de sa charge et l'envoie en exil dans un poste aux confins du royaume. Plus tard, la lumière est faite sur cette affaire, son innocence prouvée, il revient à la cour. Le seigneur meurt et Hakuryô lui succède. Mais le seigneur voisin entend parler du trésor et de la robe de plumes, il désire l'acquérir et envahit le royaume. Hakuryô combat à la tête de milliers d'hommes mais ils perdent la bataille, Hakuryô s'enfuit vers les montagnes. Il marche sur un sentier éloigné, ce sentier s'amenuise, comme un mince fil. Hakuryô voit en contrebas des lacs de boue où des hommes l'insultent, de l'autre côté des lacs de lotus où d'autres hommes le louent, il continue sans regarder. Plus loin, une ombre l'arrête, un Bouddha assis mains croisées pose son regard vers le sol. Devant ce miroir Hakuryô voit tout ce qui est advenu depuis qu'il a pris cette robe de plumes, il ne sait comment réparer le passé : maudite soit cette main ! Il la tend devant lui...

Il se réveille ! Chez lui, dans la hutte de bambou, l'eau frémit à peine... Il se lève, marche sur la plage. De la pinède lui parviennent des pleurs. La fille du Ciel, assise au pied d'un pin, pleure, ses longs cheveux noirs baignés de larmes :

« Rendez-moi ma robe !

— Je ne peux, ma famille a faim !

— Je vous en prie, rendez-moi la robe ! »

Sa détresse émeut le pêcheur fruste, il accepte mais, avant de la rendre, il désire voir la danse des filles du Ciel. Pour danser, elle a besoin de sa robe : qu'il la rende, elle dansera !

Il se méfie encore, elle lui répond que le mensonge n'est pas de l'ordre du ciel mais des hommes. De sa hutte, Hakuryô rapporte la robe.

Revêtue de ses plumes, la fille du Ciel danse pour lui, de la pinède à la Voie lactée... Du sommet des vagues à la pointe du mont Fuji, nuée de printemps, brume d'automne... Éblouissante vision, les longues manches, comme milliers de flocons de neige qui se déploient alentour, elle fait pleuvoir les sept trésors en abondance...

Longtemps, la fille du Ciel danse pour le pêcheur, rien que pour lui... Il contemple cette robe longtemps... Le soleil levé le trouve immobile sur la plage, à regarder cette danse.

Hakuryô le pêcheur a repris sa barque. Ce matin-là il est au milieu des autres en haute mer, c'est lui qui ramène la plus belle pêche.

Depuis ce jour, lui et sa famille n'ont plus manqué de rien, pour des générations… La lune immuable illumine le ciel, de jour comme de nuit, éclaire la mer et la pinède….

Tokusan

Tokusan a beaucoup étudié, il connaît tous les textes sacrés, lui-même a écrit un commentaire sur le *Kongokyô*, le *Sutra du diamant*, qui est étudié par tous les moines, les novices comme les plus érudits.

Un jour, un de ses élèves lui parle d'un maître qui vient de composer un autre commentaire sur le même texte, maître Ryutan, le Dragon du lac.

Enchanté de pouvoir discuter doctrine avec un grand maître, Tokusan prend ses affaires et part sur les routes pour le rencontrer. Il marche de vallées en collines, pendant plusieurs jours, enfin parvient en vue du monastère.

À l'entrée, il aperçoit un attroupement, des hommes entourent une vieille femme. Elle est assise sur un petit tabouret devant un baquet couvert d'un linge. Curieux, il se faufile entre les gens, écoute vaguement la conversation qui lui semble anodine.

Mais que contient ce baquet ? il désire ardemment le savoir. La vieille femme détourne un instant le regard, il en profite, soulève le coin du linge : des *mochi*, des gâteaux de riz ! Croustillants, gonflés, dorés ! Il adore ces gâteaux, il en demande trois.

Trois ! Elle les emballe, les lui tend, mais en les pre-

nant, son sac glisse, Tokusan lâche les *mochi*, rattrape le
sac de justesse, elle les *mochi* ! Étonnée, elle lui demande
ce qu'il porte de si précieux dans son sac pour laisser tomber ses *mochi* si délicieux. Il répond que c'est un texte plus
précieux que tout, le *Kongokyô*. Peu de gens le connaissent, elle-même probablement n'en aura pas même
entendu parler. Elle en a entendu parler. Une question la
préoccupe, elle lui offre les gâteaux de riz s'il peut y
répondre.

« Posez votre question, j'y répondrai volontiers !

– Voici : on dit que l'esprit du passé est insaisissable,
l'esprit du présent insaisissable, celui du futur insaisissable,
avec quel esprit allez-vous manger mes gâteaux de riz ? »

Tokusan, ébahi, ne peut répondre. Si une telle femme
à l'entrée du monastère a un esprit aussi subtil, qu'en sera-
t-il de maître Ryutan dans le monastère ?

Il choisit d'entrer. On lui répond que le maître est
absent, il faut attendre, on lui attribue une tâche, une
petite cellule. Il balaie les feuilles mortes de la cour. Le
lendemain, il désire voir Ryutan, le maître Dragon du lac,
on lui annonce qu'il est parti enseigner ailleurs, il reviendra bientôt, on ne sait quand précisément. Il patiente,
balaie les feuilles. Le temps passe, de semaine en semaine,
de réponse en attente…

Un matin, il jette son balai : « En fait de dragon et de
lac, je ne vois rien ni personne ici, je pars ! » Il prend son
sac, se dirige vers la sortie. Il entend : « Tokusan san !
Kitte o kudasai ! »

Tokusan se retourne, un moinillon court derrière lui :
« Maître Ryutan veut vous voir ! »

Dans le pavillon de Ryutan, tous deux discutent des
points les plus obscurs de la doctrine. Belle rencontre.

Tard dans la nuit, Tokusan prend congé de Ryutan. Il ouvre la porte, la nuit est si noire qu'il ne voit pas le bout de ses sandales de bois. Ryutan rentre à l'intérieur, revient une bougie en main, la tend à Tokusan et, au moment où Tokusan la prend, pfuit ! Ryutan souffle sur la bougie et l'éteint !

Satori ! Nuit noire plus noire encore !

À cet instant précis, Tokusan connaît le *satori*, l'éveil ! Mais comment connaît-il le *satori* ?

*

Un thé sous les cerisiers, ce paravent pour un rêve...

La première fois, est-ce hasard, dans le parc de Munich, un pavillon japonais dissimulé dans un bosquet. Demain, cérémonie de thé. Nous revenons, un rendez-vous connu des étoiles depuis longtemps, la femme maître de thé nous attend, chaque bol est lu comme un ciel, elle nous sourit, lune épanouie... La seconde fois, lors d'une retraite avec un maître zen. On est une vingtaine, il neige beaucoup, venir sans voiture a été un défi. Dehors la tempête de neige, à l'intérieur le thé, en soi le tout ensemble. Ce sourire sans sourire du maître, bienfaisant...

Puis c'est Kyôto. Des moines créent un nouveau jardin, ils m'invitent. Le soir, dans le pavillon de l'abbé, nous sommes assis sur la terrasse qui avance au-dessus de l'étang, alentour le son des grillons envahit l'espace, rend plus noire l'eau de l'étang. L'un des moines allume les bougies, pose les lampes sur le parquet, puis les entoure d'une fine gaze pour protéger les insectes. L'abbé prépare le thé, le moine prend son luth et chante, je me souviens des poèmes de Ono no Komachi...

À l'embranchement des deux rivières, vers le nord-est, monter la colline, passer devant le palais d'Été de l'empereur, respirer l'odeur des rizières mûres, les longues herbes de couleur or dans le soleil. Plus haut se trouve le jardin du temple Entsu-ji, s'asseoir dans le pavillon, contempler. Les sons de la vallée montent, tout disparaît, seul le souffle. Un moine est apparu, tout en robes noires, il s'assoit avec ses deux amis. Il me salue en s'inclinant profondément, je rougis. Des siècles se retrouvent, ce thé-là…

Ailleurs, le pavillon s'ouvre sur un étang, une femme apporte le thé. Assise sur un coussin à même le tapis rouge vif : l'étang dessine la forme du kanji, du mot « cœur ». Le vert de l'étang, le vert dans le bol, même saveur…

Sur le mont Hiei, lentement, venir d'un temple à l'autre. Dans la forêt, un pavillon sur pilotis isolé au milieu des arbres, tout prend une teinte bleue… Retrouver le chemin du monde, le long des pavillons. Un parasol rouge flamboyant donne une ombre délicieuse sur le banc où je me suis posée, le thé très amer réveille cette langueur de fin d'été…

Au temple, il y a grand rituel de purification. L'ermite est venu. Chaque jour il fait le tour de la montagne à pied, depuis des années, course rapide tout en robes blanches. Les gens l'attendent agenouillés sur les nattes, il frappe les épaules de son chapelet, psalmodies, offrandes, le feu où l'on jette des baguettes portant les noms… Un bâtonnet d'encens sur l'autel, de ses volutes, l'imperceptible prière… Les barques sur le lac d'où s'élèvent rires et plaisirs… Le thé ce jour-là ? Blanc et noir côte à côte, est-ce chemin ?

À Rome, découvrir l'école Urasenke en se trompant de chemin, ce jour où la femme maître de thé venue du Japon enseigne aux professeurs italiens, elle m'invite à rester. Ce

thé ! Chacun devait dire un poème pour qualifier le moment.
« Fleur des neiges », dis-je, dans un murmure…

Cette beauté… Le chemin se fait de soi-même. Quittant
mes enfers et paradis, pour partager cette expérience, cette vie
pour conter les histoires et éveiller le bonheur, ce moment.
Cent mille instants…

Renge-shiki, ou la nonne Utpalavarna

Renge-shiki était une femme très belle. Quand elle
chantait, pas un ne résistait, quand elle dansait, tous les
hommes l'admiraient, ils commettaient des folies pour
cette femme.

Un jour, elle épousa l'un d'entre eux, ils vivaient
ensemble chez sa mère. Mais la mère de Renge-shiki
était plus belle que sa fille et elle séduisit son gendre,
l'amour les lia, le lit les attira et Renge-shiki les surprit.
Effarée de son mauvais karma, elle s'enfuit dans une
autre ville.

C'était une autre ville, mais c'était la même vie. Sa
danse, son chant étaient irrésistibles, tous les hommes
étaient à ses genoux. Un jour, elle épousa l'un d'entre
eux. Ils vivaient ensemble chez le père. C'était le fils
d'un riche marchand. Peu à peu, elle oublia son passé,
ce furent des années de bonheur.

Un jour, le père ordonne à son fils de rejoindre la
caravane pour vendre les objets précieux. Le mari part
le cœur en peine. La vie des caravaniers est dure.

Enfin ils parviennent au but de leur voyage. Dans la

ville, ils s'installent pendant plusieurs semaines pour vendre leurs marchandises. Le mari rencontre une jeune fille d'une grande beauté, il l'aime. Quand ils repartent, il l'emmène avec lui. Dans sa ville d'origine, il l'installe près de chez lui, puis il rentre. Il montre peu d'empressement pour Renge-shiki, elle est fine, elle connaît les hommes, il lui avoue toute l'histoire, elle comprend, elle invite la jeune fille à s'installer chez eux.

Renge-shiki fait tout pour l'accueillir, celle-ci fait tout pour lui plaire. Un jour, elle coiffe les cheveux de la jeune fille, elle surprend leurs visages dans le miroir, si semblables : elle recule surprise ! La jeune fille lui confie son passé, Renge-shiki comprend qu'elle est sa fille abandonnée quand elle a quitté son premier mari. Atterrée de son mauvais karma, elle s'enfuit dans un autre pays.

C'est un autre pays, mais elle reprend la même vie. Or, cette ville est pleine de religieux qui enseignent, leurs étudiants sont nombreux. Un jour, Mokuren, un disciple de Bouddha, s'y installe. Très vite les étudiants négligent les religieux pour le suivre. Les religieux, furieux d'être délaissés, cherchent un moyen de le perdre. L'un d'eux entend et voit Renge-shiki, il lui demande de séduire Mokuren dans le but de le surprendre et de le condamner. Elle accepte : tous les hommes sont à ses pieds, lui non plus ne pourra lui résister !

Elle observe ses allées et venues, elle découvre qu'il prend le même sentier chaque jour à la même heure. Un après-midi, elle s'allonge au bord du chemin, quand Mokuren approche, elle gémit, se tord de douleur, mais Mokuren, de grande intuition, continue son chemin sans la regarder. Furieuse, elle se relève, d'un bond elle est auprès de lui, elle lui parle, argumente, murmure à son oreille, il continue, imperturbable. Elle passe la main dans ses cheveux, s'alanguit contre lui, il continue, inébranlable. Elle se fâche, crie, frappe, il continue à marcher, et puis elle se tait, elle n'a plus rien à dire. Il s'arrête, elle regarde devant elle, ils sont arrivés aux portes du monastère. Il n'a pas dit un mot de tout le chemin, elle l'a suivi jusque-là sans s'en rendre compte !

Bouddha se tient à l'entrée, entouré de ses disciples. Il dit à Renge-shiki : « À présent, vous devez devenir une vraie nonne ! » Il pose la main sur sa tête, ses cheveux tombent, il touche ses vêtements, qui se transforment en *kesa*, le manteau monacal !

Renge-shiki fut la nonne préférée de Bouddha, la première. Elle prêchait souvent aux femmes nobles, les encourageait à prendre l'habit, mais les femmes refusaient : « Nous ne sommes pas capables, nous sommes trop attachées à ce monde, à l'amour. » Elle leur racontait que, dans une vie passée, elle avait été danseuse, et qu'un jour, elle dansait quand une nonne était passée devant elle, elle lui avait arraché son *kesa* et l'avait revêtu tout en dansant, puis le lui avait rendu. Ce seul instant avait fait qu'elle avait pu prendre l'habit de nonne dans cette vie, si grand est le pouvoir du *kesa* ! Être nonne, même un jour, même une heure, apporte bonheur et bienfaits.

Kûya

Kûya va vers le sud à Unrin-in, il longe le mur d'enceinte du palais. Il croise un homme à l'air hors du commun qui tremble de froid. Or, on est au mois de juillet. Kûya s'étonne : « Par cette chaleur, comment pouvez-vous souffrir du froid ? » L'autre répond : « Êtes-vous Kûya ? Je vous cherche depuis de longs jours, je suis le grand dieu de Matsunowo. Le vent de l'ignorance souffle en tempête, la grêle des forfaits est tombée sur le monde, voilà pourquoi je ne peux me défendre du froid. Je vous en prie, lisez pour moi le *Sutra du cœur. Hannyashingyô yomite kudasai !* »

Kûya accepte, il va de ce pas dans son temple pour le lire, assure-t-il. Le dieu, content, déjà s'éloigne, mais Kûya ajoute : « Attendez ! Pendant quarante ans j'ai récité le *Sutra* du *cœur*, le *Hannyashingyô*, sans relâche. Toujours je porte la même robe de dessous pour le lire, jamais je ne l'ai ôtée. Elle est imprégnée de crasse, mais je vous l'offre pour vous réchauffer ! »

Le dieu, tout joyeux, l'enfile : « De cette robe imprégnée du *Cœur* de la Loi, je me sens réchauffé. Jusqu'à l'accomplissement de la voie de Bouddha, je serai son fidèle protecteur. » Il se prosterne devant Kûya et s'en va.

Ce dieu était un bouddha manifesté en ce monde pour le secourir, l'esprit avec lequel Kûya a offert la robe est plus méritoire encore.

Partout où il allait, Kûya récitait le sutra et la formule du *Nembutsu*, on l'appelait « le saint homme d'Amida » ! Quand il n'y avait pas de pont, il en jetait un, pas de puits, il en creusait un. Il incitait les gens, sur les places de marché, à réciter le *Nembutsu*, les gens le récitaient. On l'appelait « le saint homme des foires » !

Oryû

Le seigneur est parti à la chasse, il va à cheval suivi de quelques guerriers. Tous portent des casaques de chasse de cuir fauve, l'arc et les flèches. Ils sont partis à la chasse au faucon.

Ils traversent un bois, parviennent en plaine. Là, un guerrier aperçoit un faucon blanc. Le faucon blanc lance un cri, s'envole, passe devant eux, file vers un village bordé de saules. Les hommes s'élancent à sa suite, le faucon s'engouffre à travers les feuillages des saules. Les hommes restent aux abords du bois, on voit vaguement une lueur blanche entre les arbres, le seigneur tire une flèche, mais le faucon n'est pas pris, reste immobile. Le seigneur demande s'il y a un archer plus habile dans la région, on lui répond : « Oui, le bûcheron. »

Le bûcheron se présente devant lui dans ses vêtements bruns matelassés, le seigneur l'observe puis lui dit :

« Tu es bûcheron et un archer très habile, dit-on.

— On le dit, *so desu ne !*

— *So desu ka ?* Montre-moi cela ! Je veux que tu prennes le faucon blanc sans le blesser, sans toucher les saules car le saule est arbre de Bouddha ! »

Les hommes se figent : s'il réussit, c'est un exploit.

Mais la main du bûcheron est sûre et solide, habituée à tenir une hache toute l'année, il tire, le faucon tombe à peine touché à la patte, le saule pas même effleuré. Tous l'acclament, le seigneur est content, il veut le récompenser et lui demande ce qu'il désire. Le bûcheron répond qu'il vit seul et désire une épouse.

Le seigneur pourtant s'en va, la troupe quitte le village, disparaît dans le soir qui tombe. Le bûcheron se retrouve seul, ce soir-là il ressent le froid de la hutte.

Le village se trouve près de la mer, entouré de collines couvertes de forêts, le bûcheron vit dans une hutte au pied de la forêt à l'écart du village. Toute l'année il coupe le bois, jamais de distraction, seules les fêtes du village…

Un soir, il entend des pas aller sur le sentier, puis s'arrêter devant la porte, il ouvre : devant lui une jeune femme d'une beauté indicible. Elle porte une robe kimono couleur vert pâle, ses longs cheveux noirs très fins flottent dans la nuit, elle lui dit :

« Épouse-moi.

– Je ne puis, votre beauté est trop grande pour cette cabane, cette hutte est trop petite pour votre beauté…

– Épouse-moi. »

Il a fait le geste de bienvenue, elle est entrée, la porte s'est refermée sur sa lumière et protège leur amour. Dans une hutte si petite, pour un amour si grand, que les étoiles brillent plus fort au-dessus du toit où vivent le bûcheron et Oryû, sa femme.

La vie continue, un enfant naît, c'est un fils, ils sont heureux.

Un soir, Oryû sort pour recueillir l'eau dans le torrent, la neige est tombée, c'est la première neige de l'année, elle appelle le bûcheron et son fils. Tous trois contemplent la neige sous la lune, elle semble briller de mille cristaux. Dans la hutte, le bûcheron ranime le feu, Oryû prépare le thé, puis elle dit : « *Mukashi*, il était une fois… »

L'hiver est doux et tranquille au fil des histoires d'Oryû.

Au printemps, c'est le temps de réparer le temple. Il faut remplacer un des piliers, on cherche un saule de la même taille. Le seigneur envoie des guerriers au village, on ordonne au bûcheron de couper l'arbre. Oryû lui dit qu'elle ne sera plus là quand il reviendra ce soir, si on coupe les saules elle devra partir, il répond qu'il ne peut se dérober, il est au service du seigneur, il est pressé.

Les coups de hache résonnent, les copeaux de bois tombent alentour. Les hommes font la pause, quand ils reviennent, les copeaux de bois sont revenus sur le saule, l'arbre est intact. Le bûcheron recommence, on brûle les copeaux au fur et à mesure. Le bûcheron donne le dernier coup de hache, le saule tombe dans un grand fracas. Dans une poussière de feuilles vert argenté qui volent jusqu'au village. Quand le bûcheron revient le soir, Oryû n'est pas là.

Le lendemain, il faut tirer le tronc jusqu'au bateau, le mener à la ville, il est impossible de le bouger, les hommes s'épuisent. Le seigneur promet une récompense à celui qui parviendra à le mener à la ville.

La nuit, le bûcheron dort d'un sommeil triste, Oryû n'est pas revenue. Soudain, il perçoit un léger souffle caresser son visage, le parfum d'Oryû, elle est devant lui, il tend la main mais elle est insaisissable : « Tu ne me reverras plus, je suis l'esprit du saule que tu as épargné quand tu as pris le faucon blanc. Par cette attention que tu as eue, j'avais une dette envers toi, je suis devenue ta femme pour la remplir. Tu as été bon avec moi, je veux vous favoriser, toi et notre fils… Écoute, *kitte o kudasai* ! Dans le *tokonoma*, tu trouveras mes cheveux, fais-en une corde… Que notre fils tire le saule, toi tu chanteras… »

Son ombre s'évanouit, seul son parfum et lui, sans larmes, trouve la chevelure. Longs cheveux noirs de sa femme… Cette rivière de tant d'amour et de lumière, il la tresse en une corde solide, murmurant les chants qu'elle aimait.

Au matin, le bûcheron a noué la corde au tronc du saule. Le fils l'a tirée, le bûcheron a chanté, le tronc a glissé. Le bûcheron guidait les mouvements, et le tronc s'élançait par bonds, de sa voix puissante le bûcheron chantait, le garçon marchait à grands pas. Pluie qui jaillissait du ciel, sève divine de la terre.

Le saule s'ajustait parfaitement dans l'espace du pilier. Le seigneur était content, il a récompensé le bûcheron et son fils, tous deux ont désiré rester dans le temple. Ils sont devenus moines. Plus tard, ils sont devenus des bouddhas, on a placé leurs statues de part et d'autre du pilier.

Quand on s'assoit près du pilier, on entend un chant, un très léger chant d'amour qui émane et répand un parfum léger, très léger, de saule au printemps…

Le miroir de la mère

Mukashi ! Il était une fois, au pays du Soleil levant, un couple qui désirait un enfant. Ce fut une fille, on l'appela Sachiko.

Sachiko était jolie, sa mère prenait grand soin d'elle, souvent elle lui chantait une berceuse, sa chanson préférée : « *Konnichiwa, aka chan, anata no ino-*

chi, konnichiwa aka chan, anato no mirai-ni, kono shiawase ga papa no nozomi yo, hajimemashite, watashi ga mama yo[1]... »

Quand elle eut sept ans, son père partit en voyage, il revint avec des cadeaux, une poupée *hina* pour la fille, un objet étrange pour la mère.

Celle-ci le regarde, cet objet est petit et rond, en bronze poli. Une face est ornée de cercles et de carrés, elle le regarde puis le retourne et elle voit sa mère ! Elle sourit, sa mère sourit aussi, elle dit : « Bonjour », sa mère répond : « Bonjour, *konnichiwa* ! » Sa mère pourtant est morte depuis longtemps, elle semble si jeune, si belle. Elle est heureuse de la revoir...

Sachiko et sa mère s'amusent de cet objet. Le père leur dit : « Le miroir est le reflet du cœur, il faut en prendre soin, toujours ! »

Sachiko grandit, elle fait son premier chignon, y glisse la première épingle de jade, sa mère lui apprend à être une vraie Japonaise. Parfois Sachiko lui demande de chanter la berceuse d'autrefois.

La mère tombe malade, elle doit garder le lit, on place le lit près de la fenêtre pour qu'elle se distraie en regardant le paysage et la ville.

Elle voit peu de choses, elle prend le miroir, le fait jouer dans la lumière. Dans les reflets, elle voit les gens de la ville, puis plus loin les montagnes, plus haut le ciel, les oiseaux.

---

1. Berceuse japonaise très populaire : « Bonjour, petit enfant, cette vie est la tienne, bonjour, petit enfant, maintenant que chaque jour tu sois heureux, c'est le vœu de ton père, comment vas-tu, je suis ta maman... »

Quand elle regarde l'envers du miroir, elle lit dans les cercles et les carrés les lignes et les images du monde.

Elle est de plus en plus maigre, de plus en plus pâle, elle sent la fin proche, elle appelle Sachiko : « Bientôt je ne serai plus là, mais ce miroir sera pour toi, écoute : dans ce miroir, tu me verras te sourire, je serai avec toi, tu ne seras pas seule. »

Elle perd la vie. Le père et Sachiko se rapprochent l'un de l'autre, une belle complicité les unit.

Le père se remarie avec une femme plus jeune, très belle, qui prend soin de Sachiko. Au début, tout est bien mais, peu à peu, la belle-mère devient jalouse de l'amour qui lie Sachiko et son père. Elle trouve mille défauts à cette fille, elle veut la perdre aux yeux de son père, elle se fâche pour tout, rien n'est bien, elle la tourmente beaucoup.

Un jour, la belle-mère la suit, l'épie derrière la porte de sa chambre, l'entend parler à voix haute, elle court chez le père : « Ta fille fait de la magie noire avec cette poupée, elle parle tout haut, je l'ai entendue, elle me veut du mal, elle veut me faire mourir sûrement ! »

Le père se lève, va vers la chambre de Sachiko. Au moment où il ouvre la porte, elle dissimule prestement quelque chose dans la manche de sa robe, le père aussitôt se fâche :

« Ainsi c'est vrai ! Vous cachez quelque chose devant moi ! C'est signe de mal ! Montrez-moi cela ! Comment osez-vous faire du mal à ma femme !

– Comment pouvez-vous croire cela de moi, père ! »

De sa manche glisse l'objet dissimulé, le père reconnaît le miroir offert à la mère. Il est troublé, demande pardon à Sachiko. Pendant ce temps, derrière la porte, la belle-mère a tout écouté quand elle a entendu le père crier, elle s'est réjouie, peut-être allait-il chasser cette fille de la maison ! Aux pleurs de Sachiko, au pardon du père, elle voit combien la jalousie lui a mordu le cœur, combien Sachiko souffre de l'absence de sa mère. La belle-mère a honte. Que faire ?

Elle a le courage de faire glisser la porte, elle entre et demande pardon à Sachiko. Sachiko sourit, elle montre le miroir de sa mère : « Maintenant, il faudra penser au bonheur, au sien, et à celui de l'autre ! »

Tous les trois peuvent se contempler dans le miroir, dans l'amour de la mère.

Sachiko se marie, elle a une fille, elle prend soin d'elle et se souvient de la berceuse préférée. Sa fille grandit, elle fait son premier chignon, y glisse sa première épingle de jade…

Sachiko vieillit, un jour elle appelle sa fille : « Dans ce miroir, tu me verras te sourire, tu ne seras pas seule, je serai avec toi. »

Sa fille grandit, elle lui donne le miroir…

Le miroir est passé de mère à fille, de femme à femme, de moi à vous, de vous à moi, ainsi depuis toujours, ainsi toujours…

Kozaïsho

Kozaïsho servait l'impératrice au palais. Cette jeune fille allait sur ses seize ans.

Un jour, Michimori accompagne l'impératrice pour voir les fleurs du monastère Hosshô-ji, si belles. Il aperçoit Kozaïsho, son cœur s'ouvre.

De retour chez lui, ne pouvant l'oublier, il lui envoie de nombreux poèmes qui restent tous sans aucune réponse. Après trois années, il lui envoie une lettre, celle qui devait être la dernière.

Le messager ne trouve pas la dame. Son cheval lancé à vive allure croise son char, elle se rend au palais, demandée par l'impératrice. Au passage, il lance la lettre, elle tombe derrière les stores. Aucune dame ne réagit. Kozaïsho découvre que la lettre est de Michimori.

Elle ne peut la laisser dans le char, ni la jeter sur la voie, ne sachant que faire elle la cache sous la ceinture de sa robe.

Elle accomplit son service, mais la lettre glisse devant l'impératrice qui la ramasse prestement. Elle interroge : « À qui s'adresse cette lettre ? » Aucune dame ne sait, Kozaïsho rougit, confuse. L'impératrice lit.

Le poème évoque le désir d'amour de cet homme, s'il devait passer le ruisseau par une mince passerelle, ses manches, de larmes, seraient trempées, hélas, hélas…

C'est la lettre d'un amant désappointé. L'impératrice s'étonne et réprimande Kozaïsho : « Trop de rigueurs nuisent à la vie, rappelez-vous Ono no Komachi, d'une telle beauté qui dédaignait les amants. À la fin de sa vie, elle ne put se protéger des duretés du monde, elle cueillait dans la lande herbes et baies pour subsister. Elle fut grande poétesse, connaissait tous les sentiments. Ne l'imitez pas, il faut répondre ! »

L'impératrice, de sa propre main, rédige la réponse : « Que l'espoir franchisse la passerelle sur l'étroit ruisseau, la réponse ne tombera pas à l'eau, la réponse tant attendue… »

La passion naît dans les cœurs de Kozaïsho et Michimori. Un sentiment profond, telle la fumée du mont Fuji éternelle, qui dura toute leur vie.

Jamais ils ne se quittèrent et, sur le chemin sans retour, ensemble ils partirent…

L'épouse du serpent

Un couple a une jolie fille en âge de se marier.

Pour elle, ses parents rêvent d'un époux qui veille sur elle avec bonté, voilà leur souhait le plus cher.

Tous trois vont au temple, font offrandes et prières aux dieux protecteurs.

Sur le chemin du retour, la mère est prise de douleurs et ne peut plus marcher. Le père est trop vieux pour la porter, la fille trop frêle. Un jeune homme arrive, aussitôt il propose son aide.

Dans le pavillon, on le remercie chaleureusement, on lui offre un repas.

Il reviendra, dit-il, prendre des nouvelles de la mère, en réalité pour revoir la jeune fille. Si jolie…

Les jours suivants, ils se revoient, et le temps passe, dans le jardin, par le village…

Les gens marmonnent, on avertit le père, il en parle à la mère.

Si elle est heureuse, dit-elle, laissons…

Interrogeons-la, murmure le père.

La fille avoue son amour avec tant de bonheur.

Puis la fatale question : qui est-il, où habite-t-il, qui sont ses parents ?

À cette question, l'énigmatique réponse : là-haut dans la montagne…

« Mais il n'y a nul village !

– Au lac de la montagne… C'est le serpent du lac, le dieu qui protège ce lieu de la montagne.

– Un serpent ! Nous ne te verrons plus si tu pars là-haut, nous sommes vieux, qui prendra soin de nous ?

– Si tu pars là-haut, nous ne verrons plus notre chère enfant… »

Le père est perplexe. Sa fille aime un serpent ! La mère se dit : « Si elle l'aime, laissons… »

On choisit une date de bon augure pour le mariage.

Ce jour-là, la fille est vêtue d'une robe rouge, elle ne prend aucun bagage.

Les parents désirent l'accompagner, elle refuse, ils insistent.

Tous trois vont sur le sentier vers le sommet de la montagne.

Une lumière d'or se répand sur le lac à leur approche. Les parents sont émus.

Devant le lac, la fille dit adieu à ses parents. Ils veulent la suivre jusqu'au bout, elle répond que c'est impossible, ils résistent. Elle ne sait comment les dissuader.

Elle lève les yeux au ciel : « Oh ! Voyez, l'étoile du bonheur ! »

Les parents regardent là-haut.

Leur fille déjà a plongé dans le lac. Un sillage rouge
   entre les eaux...
Puis ils entendent un chant très léger, deux voix qui
   murmurent :
« Tu es venue, mon aimée, comme je suis heureux, je
   t'offre mille ans de bonheur !
– Mille ans d'âge avec toi, comme je suis heureuse, ô
   mon amour... »
Les parents sourient : mille ans de bonheur, quel
   homme aurait pu offrir cela à leur fille !

Ils redescendent chez eux. Le temps vieillit, ils gardent
   jeunesse.
Toute leur vie, ils ont vécu ensemble sans manquer de
   rien.
Les gens du village le disent : ce sont les dieux qui les
   protègent.
Au lac de la montagne, rouge et or s'enlacent, deux traces entre les vagues, à l'infini.

Le coquillage

   Un homme marié délaisse sa femme pour une autre. Il
part vivre chez la seconde.
   Un jour, il doit aller en voyage, il se rend au bord de la
mer. En se promenant sur la plage, il ramasse un
coquillage recouvert d'une algue très jolie. Il en est
charmé et ordonne à son serviteur de le porter chez son
épouse.

Le serviteur se trompe et l'apporte chez la première épouse. Celle-ci ne dit rien, elle se doute de l'erreur mais le coquillage est si joli. Elle le pose dans une coupe et passe son temps à contempler l'algue flottant au gré de l'eau.

Quand le mari revient chez sa seconde épouse, il demande ce qu'elle a fait du coquillage : « Je n'ai rien reçu ! Si je l'avais eu, je l'aurais mangé ! »

Le mari interroge le serviteur qui rougit, confus de sa bévue. Le mari le renvoie chez la première épouse. Elle a gardé le coquillage et le rend intact ! Un poème l'accompagne, disant qu'elle a eu tant plaisir à contempler sa beauté. Le poème est d'une telle délicatesse...

Le mari est revenu chez sa première femme !

La harpe de Pei Wou

Une grotte abrite un arbre millénaire
qui est de bois rouge, dur comme le roc
Un magicien vit dans ce lieu retiré

L'arbre chante dans le vent de la grotte
tout l'air, tout le ciel se marie aux branches
Le magicien écoute en ravissement
Il rêve de déesses et d'immortelles
D'une branche de cet arbre, il fait une harpe

Cette grotte façonnée par la main des dieux
l'empereur vient y faire ses dévotions

Il désire rendre hommage aux anciens héros
fondateurs de sa dynastie puissante

À celui-là, le magicien donne la harpe
L'empereur veut passer la main sur les cordes
Quelque chose le retient, de l'effleurer même
Le magicien, d'une voix forte, dit son vœu.

« Cette harpe. Seul un vrai musicien pourra
lui donner vie et faire chanter les cordes ! »
La harpe brille d'une lueur étrange
avant de quitter la grotte bénie

L'empereur rêve de la musique entendue
Il fait venir les musiciens de l'empire
Aucun ne peut faire résonner la harpe
Aucune corde ne vibre, rien ne chante

Un jour, Pei Wou, le musicien de la forêt
sort de sa retraite, vient au palais
Il prend la harpe, ce trésor de l'empereur
Il attend, se tait, parmi les regards
L'empereur, toute la cour restent immobiles

Sans en prendre conscience
soudain, on est dans la musique
La musique est là, belle
Sur les hauteurs, en haut
comme en bas, tout est mélodie.

Pei Wou joue toutes les saisons. La pluie sur les galets, la cascade dans le jardin, la confidence de l'amant, une femme qui rit avec son enfant tout petit, les enfants du village qui dansent le printemps au milieu des fleurs de cerisier…

Il joue le fracas des vagues, les armées ennemies qui s'affrontent, la tempête de neige, les torrents bouillonnants, tonnerres et éclairs et raz de marée…

Couleurs et sentiments s'expriment. Le jeu de la pluie et des nuages, le froissement d'une soie, la lampe qui veille doucement, une tendre confidence, les oiseaux dans le verger, la biche qui s'enfuit, le rire des bambous…

Il joue la pleine lune d'automne, l'envol des filles célestes, la danse des grands vents du ciel, enfin le lever du jour…

Est-ce la harpe qui joue, est-ce Pei Wou qui joue ?…

La rosée sur les fleurs
Sur cette note, l'infini
Au-delà du silence
Un tel enchantement…
Émue, toute la cour
L'empereur apparaît
Plus majestueux qu'autrefois
Pei Wou et la harpe
Contemplent le monde…

« Vrai musicien, confie-nous ton secret, demande l'empereur.

— Les autres musiciens jouent ce qu'ils sont, j'ai laissé la harpe jouer, elle s'est souvenue du temps où elle était arbre, dans une grotte... Je l'ai suivie ? Je l'ai menée ? Je ne sais... Est-ce la harpe, est-ce la main, est-ce musique ?... »

Le rosier Anmahakan

Autour de la ville
s'étendaient les jardins
appartenant au roi
Le peuple aimait s'asseoir
dans les vergers
et là pique-niquer
Tous goûtaient le vin
entre les abricotiers
les pêchers et les vignes
Les fruits fondaient de douceur
on chantait au son du luth
l'été était de splendeur

Mais au cœur du palais
était un jardin secret
Le roi s'y promenait
seul ou avec son épouse
son poète préféré
un ministre fidèle

Le jardin gardait un trésor
où régnait un rosier magique

Ce rosier portait le nom
« Anmahakan l'immortel »

Le roi amoureux de son parfum
rêvait d'immortalité…
Le roi attendait impatiemment
chaque printemps la jeune fleur
éclose de mille pétales
rouge et blanc dont le parfum
l'imprégnait, délicat,
entêtant parfois l'été.
Une fontaine rafraîchissait l'esprit
retombait en gerbes
murmurant l'amour
Anmahakan

Un seul jardinier, un seul
prenait soin de ce rosier
comme de sa propre vie

Un printemps
le rosier perdit
tous les pétales
Les branches restaient
d'épines, aucune
fleur n'y respirait
le jardin était
devenu sombre

Le jardinier
fut tenu
responsable

sa tête
roula à terre
de par la
fureur du roi

Puis on en chercha un autre plus capable
parmi les meilleurs jardiniers du royaume
Aucun ne réussit à faire refleurir
le précieux rosier, et tous y perdaient leur vie
Plus personne n'osa se présenter là-bas
Le roi demeurait morose et colérique

Un jour, un jeune étranger
entre dans le royaume
Il a le regard clair
d'une beauté limpide
Les gens le regardent passer
il leur sourit
ils lui sourient
Dans le premier village
il lit l'édit du roi :
« On cherche un jardinier.
– Mais je suis jardinier ! »
Il se rend au palais
On l'interroge longtemps :
« Tu es si jeune, bien trop jeune
Bien des jardiniers émérites, les savants,
les plus sages, ont échoué !
Toi si jeune, tiens-tu si peu à la vie,
veux-tu la perdre, la jeunesse est précieuse…
– Je ne perdrai pas ma vie

le rosier refleurira ! »
Il traverse des salles, entouré des gardes

Le roi l'attendait qui le mène lui-même dans le jardin
avec tristesse lui montre le rosier pitoyable
Ça ? L'immortalité ? Magie et charme
contre le mauvais sort ? Ce rosier ?
Nul ne l'aurait cru à voir ce squelette
d'une âme perdue nul ne l'aurait cru
Larmes de perles affleurent aux yeux du roi,
mouillent sa barbe
Mais le jardinier demeure heureux et confiant
dans le rosier

Il prend soin du rosier
l'arrose, met fumier, engrais, paille
Tout l'hiver il le protège du froid...
Au printemps, il guette les bourgeons
rien n'apparaît. Le rosier se tait
Le jardinier a mis tout son savoir !
Le rosier exige mieux de lui !

Il s'assoit à côté du tronc, il l'écoute, lui parle, l'attend
Soudain, un oiseau se pose puis chante
Un long ver, venimeux
surgit entre les racines,
grimpe le long du tronc
L'oiseau l'attrape et le mange
Un serpent a vu l'oiseau et l'avale
Le jardinier saisit la hache en main
Il l'abat, coupe le serpent en deux !
Au même moment apparaît une rose !

Joyau sublime !
Perle de vie !
Voie royale !
Parfum divin !
Anmahakan !

Le jardinier est pleinement heureux
Sa joie égale celle du jardin embelli
Le jardinier la contemple
Il laisse tout intact, laisse la fleur déployer
son parfum, sa beauté

Le lendemain matin, le rosier est fleuri
Le temps d'un matin, mille roses
Le jardin respire, ennobli par la main du jardinier

Entre lune et soleil, le jardinier
fait un bouquet des plus belles roses
et s'en va l'offrir au roi
C'est au petit matin
la rosée perle aux doigts
Le jardinier raconte au roi
cette incroyable histoire de la veille :
le ver blanc collé au tronc
« Ce ver blanc le paiera cher !
– L'oiseau l'a pris, l'a mangé !
– Cet oiseau le paiera cher !
– Un serpent l'a avalé ! »
Le roi s'empourpre et s'emporte :
« Ce serpent le paiera cher !
– D'une hache, je l'ai coupé
en deux !

– Tu le paieras !
– Mais le rosier a fleuri ! »
Le roi se tait

Le jardinier s'incline
offre le bouquet de roses
Le roi ferme les yeux de bonheur
Puis il se rend chez la reine Ciyané
elle est assoupie
Il pose une rose à côté d'elle
pour son réveil. Le roi les contemple
et ne sait laquelle est la plus belle
de la rose, de la reine…

La vie continue

le jardinier vit dans le jardin,
s'assoit souvent à côté du rosier,
restant de longues heures, invisiblement visible

Un matin, la reine Ciyané se promène,
le ciel est rose et clair
Elle ôte ses voiles et plonge dans l'eau du grand bassin
Le jardinier, assis près du rosier
invisiblement visible, contemple le monde…
La reine Ciyané sort de l'eau, remet ses robes de soie,
aperçoit le jardinier les yeux fermés,
éperdu de contemplation
Surprise, furieuse
elle se fâche auprès du roi
Le jardinier est mené devant lui, les poignets liés

Le roi l'accuse. Le jardinier n'a rien à dire
Pourtant, il prononce quelques paroles bien hautes :

« Roi, j'ai fait refleurir le rosier Anmahakan
Roi, écoute, écoute-moi bien
le rosier était rongé d'un ver, ce ver est sorti
avalé par un oiseau pris par le serpent
coupé par ma hache
Tu m'as crié : tu le paieras ! Roi,
tu disais vrai, aujourd'hui je le paie
mais toi aussi tu le paieras ! Plus cher encore ! »

Il se tourne vers les gardes : « Faites votre devoir ! »
Mais les gardes immobiles attendent un signe du roi
Ce signe ne vient pas…
Les gardes délient ses poignets, le roi a parlé :
« Jardinier, faire justice
trancher entre vie et mort, c'est le rôle du roi
Toi, tu fais vivre la vie,
Même au cœur de la mort, la vie passe à travers toi
Tu es libre, vie et rosier te rendent libre
Va, je désire connaître »

Le jardinier vit dans le jardin
Le rosier prend soin de lui
Quand il a besoin de pluie, la pluie tombe
Quand il a besoin de soleil, les rayons l'enveloppent
Les choses suivent l'ordre de la nature
Lui, il médite, invisiblement visible
dans le parfum du rosier magique
Anmahakan

Le temps a passé, le roi a vieilli
Il est allongé sur son lit, il va mourir
Il fait venir son jardinier :
« Jardinier, le rosier Anmahakan est mensonge !
Il ne m'a pas rendu immortel !
Vois, je vais mourir !
– Roi, le rosier ne ment pas !
Anmahakan offre l'immortalité
à celui qui prend soin de lui
à celui qui le fait vivre…
Anmahakan… »

*

Seulement,
Abandonnez tout, d'un coup,
Maintenant !

Nambôroku

*

Au temps d'autrefois…,
raconte le voyageur.
Longtemps, sa voix résonne.
La caravane déjà est levée.
Sur les routes, son ombre s'estompe.
À l'horizon, ces quelques traces :
les histoires….
pour vous
Cela !

Quelques mots sur le thé...

En Chine

Au VIIe siècle, le thé était un plaisir de lettrés, les poètes allaient dans la montagne le déguster entre amis au bord d'un torrent, ils contemplaient la lune et composaient des poèmes.

Sous la dynastie Tang, Lu Yu a écrit le *Classique du Thé*, le *Chajing*, bible que lisent tous les amateurs de thé, qui décrit les sortes de thé, les eaux, les ustensiles... Du seul thé, il créait un ordre du monde.

La maison de thé est appelée *chakuan*, « studio du thé ».

Dans la ville, les villages, c'était aussi un lieu de spectacle, les conteurs y venaient chaque soir offrir leurs histoires pendant des heures, une histoire pouvant durer plusieurs mois. Ils contaient avec leur instrument de musique, le luth. Parfois une troupe venait, il y avait alors flûtes et tambours.

À la cour impériale, les cérémonies étaient liées à un événement précis et très codées (vêtements, ustensiles, gestes) : le thé de l'impératrice, du Nouvel An, du culte des ancêtres, de l'anniversaire de l'empereur, des invités…

Les poètes ont chanté le thé, boisson d'immortalité, les ermites ne buvaient que cela, les lettrés sirotaient la coupe de thé dans le pavillon du jardin. Tien Yiheng le dit : on boit du thé pour oublier le bruit du monde.

Le communisme a interdit les maisons de thé, mais depuis une dizaine d'années, elles réapparaissent dans tout le pays, certaines avec le raffinement d'autrefois, et ouvertes aux étrangers.

Il y a des thés communs pour l'usage quotidien. D'autres, auxquels on joint des fleurs ou que l'on enfouit dans un mélange de terre et de feuilles, prennent des années de maturation, ceux-là sont des thés rares de collection. Il y a des catégories de thé, blanc, bleu-vert, rouge. Les thés proviennent d'une région ou d'un seul jardin, ils portent chacun un nom et une légende les accompagne.

Au Japon

Voici une brève histoire du thé :

– Yosai, au XIIe siècle, écrit un manuel pour conserver la santé en buvant du thé.

– Gen'e, moine, au XIVe siècle, écrit *Va-et-vient pour boire le thé* et décrit les réunions de thé de l'époque, les fêtes et cérémonies à la cour impériale.

– Shôtetsu, aussi au XIVe siècle, moine poète, transforme ces réunions de thé luxueuses en un moment de thé de style *yûgen* (*yû*, « mystérieux », *gen*, « obscur »).

– Murata Jukô, au XVe siècle, fonde la voie du thé, d'un style dépouillé. Il a vécu sous le shogun Ashikaga Yoshimasa. Il fut élève de Jukô, et créa sa philosophie du thé avec l'esprit du *wabi*.

– Du XIVe au XVIIe siècle deux styles : selon Kanamori Sôwa, style de cour, doux, élégant, empreint de beauté, appelé « princesse Sôwa » ; selon Kobori Enshû, style plutôt *sho-in*, « cabinet de travail ».

– Sen no Rikyû, ce grand maître de thé, au XVIe siècle, a servi le shogun Oda Nobunaga puis Toyotomi Hideyoshi. Il instaure une voie nouvelle, la « Pureté du Sentier dépouillé ».

Sôen exprime la voie de son maître Sen no Rikyû. Célèbre recueil du *Nambôroku*. Il considère le thé comme une culture de l'humanité, celle du corps aussi, une voie intérieure.

– Hideyoshi se passionne pour le thé, ouvre une école au sud de Kyôto.

– Furuta Oribe, grand guerrier, élève de Rikyû, maître de thé, crée la voie du thé pour les samouraïs. Céramiste, il invente un style nouveau à la fois naturaliste et abstrait, aux couleurs vives et noir profond, qui cultive la beauté de l'imperfection. Son style influence différentes disciplines artistiques. En ces temps de troubles, au XVIe siècle, ces hommes de bravoure et de loyauté avaient le sens de la fragilité de la vie, étaient sensibles à la beauté impermanente. Oribe crée un style de cérémonie plus somptueux pour les *daimyôs* (seigneurs).

– Après lui, Enshû fonde pour les *daimyôs* une voie d'un style élégant, sensible à la beauté de la nature et ses transformations, avec un code moral strict pour les guerriers.

Aujourd'hui existent plusieurs écoles de thé, Urasenke, Omotesenke, Oribe, Enshû, Sekishû …

Au Japon, on consomme essentiellement du thé vert, sous forme de feuilles finement coupées ou de poudre. Il y a des centaines de thés. Plus que les sortes de thé, c'est la cérémonie qui est la quintessence de la culture japonaise. La cérémonie de thé est une voie spirituelle, un chemin d'intériorité. On peut l'accomplir dans la vie quotidienne, chez soi, au monastère ou dans un ermitage, à la nouvelle année… Les cérémonies sont longues ou courtes selon l'événement.

L'esprit du thé est un certain dépouillement lié aux concepts de *wabi* et *sabi*. *Sabi* est la patine du temps, et le lien d'amour avec les objets, bol de thé ou pierres couvertes de mousse dans le jardin, ce sentiment léger de nostalgie. *Wabi* est la sobriété, sous deux aspects : impermanence, ombre et commencement, lumière. On cultive l'asymétrie, la simplicité, le rejet de la trivialité. La qualité d'un homme de thé est le naturel. « Préparer le thé avec l'eau puisée des profondeurs du cœur dont le fond est insondable, voilà le vrai *chanoyu* (cérémonie du thé) » (Ikkyû). Le thé est *wa, kei, sei, jaku*, harmonie, pureté, respect, sérénité.

Le pavillon de thé, la chambre de thé, est une hutte de bambou dans le jardin de thé, vers laquelle on se dirige sur un sentier de dalles inégales qui serpente entre les pierres et les buissons taillés. Les éléments du jardin eux aussi sont disposés selon le *sabi* et le *wabi*.

Les objets de thé sont très précieux : bol, théière, fouet, pot à thé… Les objets utilisés par les maîtres de thé portent un nom et se transmettent de génération en génération.

D'autres arts sont liés à la cérémonie de thé, où le zen, l'art et le thé sont en résonance : calligraphie et poésie, peinture, arrangement floral, poterie, objets divers nécessaires à la cérémonie, art du jardin, architecture, art culinaire également (puisqu'on déguste un biscuit avant de goûter le thé), le vêtement pour la cérémonie…

La poésie célèbre ce moment de thé. Poème court, le haïku montre le même esprit de dépouillement. Citons quelques poètes comme Bashô, Issa, Ryôta, Sobaku, Shiki, Chiyo-ni… Des poèmes expriment l'essence du thé, ceux de Fujiwara Ietaka et Fujiwara Teika, notamment. Une cérémonie s'achève sur une phrase poétique composée spontanément.

L'influence du zen est importante, c'est la voie d'approfondissement qui permet d'accomplir la cérémonie, de réaliser les œuvres d'art : méditation et concentration, naturel, ancrage dans le moment… Le thé est la voie du geste. Cultiver son goût et être approprié, selon les circonstances. Nulle hiérarchie ne prévaut : si le maître de thé est le plus important, les autres sont égaux. La disposition de la pièce, l'entrée minuscule invitent à cette humilité, même le sentier pour rejoindre la maison de thé prépare à ce dépouillement : il s'agit de quitter le monde flottant, se défaire des « poussières du monde ».

Le thé est une histoire japonaise qui perdure. Non seulement on l'évoque dans la littérature contemporaine (Kawabata), dans la poésie, mais la cérémonie est pratiquée de façon très courante.

Au Tibet

Le thé y est un aliment de base, il est bouilli, préparé avec de l'orge, du sel, du lait de *dri* (femelle du yak) ou du beurre, le tout est mélangé et battu, puis servi comme une soupe épaisse dans des bols en bois d'une jolie forme et ornés de feuilles d'argent ouvragées.

Il y a les briques de thé des nomades, que portent également les pèlerins.

Alexandra David-Néel décrit son thé : « Le tour du thé est venu. J'arrache un petit morceau de la brique compressée, aussi dure qu'une pierre, faite autant de bois que de feuilles de l'arbrisseau. Ceci est quelque peu broyé dans la main, puis jeté dans l'eau : sel et beurre sont ajoutés après une courte ébullition. En fait, c'est une seconde soupe, d'autant que nous ajoutons de la tsampa dans nos bols. »

Depuis toujours, une caravane de thé partait de la vallée des Trois Villages, du sud-est du Tibet jusqu'au lac Kokonor. Les Tibétains échangeaient le thé contre le feutre, le sel et les peaux, au nord, chez les nomades mongols, ils revendaient une partie aux Chinois du Yunnan à qui ils avaient acheté les briques de thé. La dernière caravane fit le voyage en 1972.

En Corée

Ch'o-ûi, moine bouddhiste du XIXe siècle, a vécu quarante ans dans l'ermitage Ichi-am. Il a écrit le *Chasinjon*, un guide sur le thé. Il est à l'origine du renouveau du thé en Corée. Plus tard, il réunira ses poèmes dans le recueil *Hymnes pour le thé coréen* à la demande de Hong Hyôn ju.

Le thé fait l'objet de cérémonies comme au Japon mais plus informelles. De nos jours, l'institut Panyaro a ouvert une école pour la voie du thé.

Les Coréens aiment beaucoup se promener dans les montagnes, prendre le thé dans les kiosques, ces petits pavillons aménagés dans de magnifiques sites, où ils goûtent le plaisir de la nature.

Sur la Route de la Soie

Imaginez ce que furent les caravansérails, où les caravanes chargées s'arrêtaient au milieu du désert, couvertes de poussière et de sable, où l'on était enfin un peu protégé des brigands et des dangers. Escales de repos et points de rencontre entre est et ouest, d'échanges de produits et d'objets, d'histoires. Nul n'avait besoin de mondialisation ni de lois au sommet, la Route faisait le travail, le désir et la curiosité le reste. Les caravanes faisaient vivre la terre, les déserts, la communication. Au XIIIe siècle, Jean du Plan Carpin, envoyé par le pape

Innocent IV sur la Route, a bien décrit les caravansérails et les coutumes des pays traversés.

En Perse

Sous la domination des Ottomans, le café ne pouvant plus parvenir au pays et les échanges entre l'Inde et l'Iran étant florissants à cette époque, on importa le thé indien par le Balouchistan et le thé chinois par le Turkestan.

Les maisons de thé s'appellent les *tchay khaneh*, elles existent depuis toujours, depuis la Route de la Soie. Le thé, le *tchay*, est servi brûlant, sucré, épicé et parfumé.

Dans la cour intérieure, on s'assoit, nonchalant, sur les estrades couvertes de tapis, le samovar garde le thé prêt pour tout voyageur. Sous les arbres, à l'abri de la chaleur, entre les hauts murs ornés de mosaïques où azur et turquoise rivalisent de splendeur, sous les coupoles sculptées, dentelles de pierre aériennes, tout est magie...

Les hommes eux aussi, d'une beauté fière, dans leurs robes tissées main et brodées de motifs qui exaltent jardins et paradis, ces couleurs, raffinement d'une infinie délicatesse qui montre au grand jour la beauté de la femme que l'on garde bien cachée, dans les maisons, dans son cœur, multiples voiles et paradoxes de l'histoire...

*

Le thé est universel, les Inuits également le boivent, le thé du Labrador.

En Europe, le thé est introduit tardivement. C'est le précieux *tea time* en Angleterre. En France, quelques thés célèbres : le thé dans le boudoir des princesses, le thé de l'impératrice Eugénie, plus prosaïques ou romantiques les thés dansants, les thés célébrés dans la littérature…

Dans la vie quotidienne, le thé est lié à des moments de détente et de plaisir, sans codification particulière si ce n'est les ustensiles utilisés et le cérémonial qui l'accompagne parfois, quand il joue aussi un rôle social, comme la petite cuillère, le petit doigt de la main droite levé, l'usage de la soucoupe et de la tasse, l'ordre hiérarchique avec lequel on sert les invités…

*

« Et comme dans ce jeu où les Japonais s'amusent à tremper dans un bol de porcelaine rempli d'eau, de petits morceaux de papier jusque-là indistincts qui, à peine y sont-ils plongés, s'étirent, se contournent, se colorent, se différencient, deviennent des fleurs, des maisons, des personnages consistants et reconnaissables, de même maintenant toutes les fleurs de notre jardin et celles du parc de M. Swann, et les nymphéas de la Vivonne, et les bonnes gens du village et leurs petits logis et l'église et tout Combray et ses environs, tout cela qui prend forme et solidité est sorti, ville et jardins, de ma tasse de thé. »

M. Proust, *Du côté de chez Swann*

Hommage à Okakura et Soshitsu Sen, Hozumi Roshi,
merci à M. Durand-Dastès
qui m'a donné ce manuscrit de légendes chinoises,
merci à Dominique, mon amie indochinoise,
pour sa traduction des légendes,
à François Cheng,
à Henri Gougaud,
aux Voies de l'Orient,
au public qui a écouté certains de ces contes
au fil des années
au Grand Palais qui m'a invitée pour les dire,
aux amis de par le monde,
à tous ceux qui se sont inspirés de moi,
tentés et tentant de dire leur thé,
à la vie qui, malgré tous les dénis, me fait vivre,
à moi-même pour savoir aimer sa beauté,
celle aussi que mes maîtres voulaient me faire voir.

Que ce livre soit un souhait
pour soulager les tristesses du monde,
avec les poètes, les gens de voyage, les minorités…
Pour tous les êtres :
le thé, pour partager un peu d'humanité…

Bibliographie sommaire

Japon

Kakuzô Okakura, *Le Livre du thé*, Picquier Poche, 1996.
Soshitsu Sen, *Vie du thé, esprit du thé*, Éd. Godefroy, 2005.
R.H. Blyth, *Zen and zen classics*, revue, Tokyo, Hokuseido, 1962 ; rééd. New York, Random House, 1978.
Suzuki Shôsan, *Zen et samouraï*, trad. par Shibata, Albin Michel, 1994.
P. Reps, *Le Zen en chair et en os*, Albin Michel, 1988.
La Saveur du zen. Poèmes et sermons d'Ikkyû, trad. par Shibata, Albin Michel, 1988.
Kamo no Chomei, *Les Notes de l'ermitage*, trad. par Sieffert, POF, 1995.
Ryôkan, *Contes zen*, trad. par C.S.Fontaine, Le Courrier du Livre, 2001.
Deshimaru, *Le Bol et le Bâton*, Albin Michel, 1980.
Chiwaki Shinoda, *De serpents galants et d'autres*, Gallimard, 1992.
Traduits par Sieffert (POF) : Le conte du coupeur de bambou ; Nô et Kyôgen ; Histoire de Demoiselle Jôruri ; le Dit des Heike.

Tibet

Guésar de Ling, épopée du Tibet, recueilli par M. Helffer.
Ayudatta, *La Vie merveilleuse des 84 grands sages de l'Inde ancienne*, Seuil, 2005.
Le Fou divin. Drukpa Kunley, yogi tantrique du XVIe siècle, trad. par D. Dussaussoy, Albin Michel, 1982.
P. Carré, *Cornes de lièvre et plumes de tortue*, Seuil, 1997.
Surya Das, *Contes tibétains*, Le Courrier du Livre, 1999.
A. David-Néel, *Voyage d'une Parisienne à Lhassa*, Plon, 1927.

Perse

Idries Shah, *Chercheur de vérité*, Albin Michel, 1984.
Ferdowsi, *Shah Nameh, Le Livre des rois*.
J. du Plan Carpin, *Recueil de voyages*.
J. de Thévenot, *Voyage au Levant*, Hachette, 1976.
J.-B. Tavernier, *Les Six Voyages en Perse et aux Indes*, Gérard Monfort, 2004.

Chine

R. Matthieu, *Anthologie des mythes et légendes de la Chine ancienne*, Gallimard, 1989.
J. Blofeld, *Thé et Tao*, Albin Michel, 1997.
L. Boulnois, *La Route de la Soie*, Olizane, 2001.
V. Sung, *Bonheur, bonheurs*, Seuil chronique, 2003.

Tchouang-tseu, *Œuvre complète*, trad. par Liou Kia-hway, Gallimard, 1969.
Wu Yuantai, *Pérégrination vers l'est*, Gallimard, 1993.
Manuscrits de Dunhuang, présenté par R. Stein.
Études diverses rédigées par Mac Donald.

Corée

Contes traditionnels de Corée.

Vietnam

Contes traditionnels du Vietnam.
Thich Nhat Hanh, *L'Enfant de pierre*, Albin Michel, 1997.

et

M. Tournier, *Le Médianoche amoureux*, Gallimard Folio, 1991.
H. Gougaud, *L'Arbre aux trésors. Légendes du monde entier*, Seuil, 1987.
D. Pasqualini, *Le Temps du thé*, Marval, 1999.
Monâjât Yultchieva, chanteuse de *maqâm* d'Asie centrale, CD.
Nous, le thé, spectacle de contes créé pour les Voies de l'Orient, Bruxelles, 1998.

Table

À l'origine...

Nous, le thé

Table 363

Les fleurs du thé

Ces regards...

Table 365

DU MÊME AUTEUR

Le Cachalot de Nunak : contes de la banquise
L'Harmattan, 2008

Song Ki et le Tigre : contes de Corée

(avec Virginie Marques de Suza)
L'Harmattan, 2008

Composition Nord Compo
Impression CPI Firmin Didot en août 2018
à Mesnil-sur-l'Estrée
Éditions Albin Michel
22, rue Huyghens, 75014 Paris
www.albin-michel.fr
ISBN 978-2-226-20739-5
ISSN 1147-3762
N° d'édition : 18506/02 – N° d'impression : 148871
Dépôt légal : mars 2010.
Imprimé en France